出口食品农产品 供给侧结构性改革 探索与实践

山东出口食品农产品质量安全示范省创建纪实

·技 术 篇·

山东省商务厅◎编

中国农业科学技术出版社

目　录

第一章　出口农产品质量安全示范区标准化体系概述

一、出口农产品质量安全示范区标准化体系制定的背景和意义

（一）背　景

为解决出口农产品质量安全问题，2007 年山东省开创性提出质量安全区域化管理理念，在国内率先开展出口农产品质量安全示范区（以下简称示范区）建设。截至 2017 年度，山东省共建成 106 个省级示范区，其中包含 49 个国家级示范区，13 个示范市。为持续提升出口食品农产品质量安全水平，促进外贸稳定发展，带动农业转型升级，2014 年山东省人民政府在积极推进出口食品农产品质量安全示范区建设的基础上，在全省开展了出口农产品质量安全示范省创建工作。到 2017 年，山东省在完善体制机制、全面提升质量安全水平、培育出口竞争新优势、推动食品安全社会共治等方面取得了显著成效，打造了出口农产品质量安全示范区升级版。经山东省人民政府申请、原国家质检总局考核，2017 年 6 月山东省被批准为“出口食品农产品质量安全示范省”。

随着我国农产品供给侧结构性改革及山东省出口农产品质量安全示范区建设的深入，“一个标准、两个市场、以外促内、统筹发展”成为山东省农产品的发展方向。国内外农业发展实践证明，农业标准化是促进科技成果转化为农业生产力的有效途径，也是保障食品农产品质量安全水平、增强农产品市场竞争力，增加农民收入的重要手段。农业标准化关系到人民群众的切身利益，关系到社会的和谐稳定，是发展现代农业的必由之路。

高质量产品需要高标准来支撑。要获得高质量产品就必须制定出适应市场经济发展的科学标准、先进标准并有效实施。山东省在示范区创建之初，建设者们在示范区标准化制定方面面临着一系列现实问题。

1. 标准内容不明确

示范区需要哪些标准，企业需要哪些标准，什么样的标准可以满足“一个标准，两个市场”的需求，如何建设、实施、推广示范区标准化，如何将标准化与品牌建设相结合，如何将标准化与信息化融合等一系列全新的课题摆在建设者面前。

2. 执行标准不统一

目前，很多农产品生产加工企业是复合型企业，既涉及种植养殖、生产加工，又有

物流配送等环节。而农产品种植养殖环节、生产加工环节和流通环节执行标准不统一，分别涉及农业农村部①、商务部②、美国、日本和欧盟等有关标准，各项标准相互交叉，企业执行难度较大。

3. 缺少全产业链标准

如今，在农产品产业链全过程实施农产品质量安全管理的思想已被广泛接受，但产业链过程是复杂的，企业了解产业链各过程管理要求又有一定的困难，缺乏针对特色农产品全产业链的标准要求。

因此，示范区建设者们不懈努力，希望通过与国内、国外最新的标准接轨，探索出一条适合示范区以及示范区内企业的发展之路。一方面要设计出区域内农产品质量体系标准，另一方面也要解决示范区内企业标准缺失、执行不统一以及无法有效获取国外标准的困难。

（二）意　义

1. 标准化是推动农产品出口转方式调结构的技术手段

实施标准化体系，推进出口农产品质量安全体系建设，有利于加快转变粗放经营的传统增长模式，推动农产品出口走上推行国际标准、创立国际品牌的良性发展轨道，是不断提升山东省农产品对外贸易可持续发展能力的技术手段。

2. 标准化是提高农产品竞争力、突破国际贸易壁垒的有效途径

近年来，农产品贸易的国内外市场正加速融合为一体，国内市场的质量安全问题会马上引起国外市场的敏感反应。在山东省范围全面推广出口农产品质量安全体系建设，统一标准、统筹国内外市场，能够全面提升全省出口农产品质量安全水平，真正树立起优质、安全的市场形象，做到既满足国内需求，又使国外消费者放心，有效突破形形色色的农产品国际贸易壁垒。

3. 标准化促进树立农业品牌制高点，拓展示范区发展新空间

品牌化是现代农业发展成熟的标志。农业品牌质量建设，标准化要先行。山东省出口农产品质量安全示范区品牌创建是以与国际接轨的标准体系为引领，通过最严格标准的实施、专业第三方机构评价、政府公共平台统一推介与宣传完成的山东省农产品产业链全过程管理理念的升级，是一项打造山东省安全、高端、高质量农产品品牌的系统性工作。

4. 标准化是统筹“两个市场”的必由之路

通过加强农产品质量安全体系建设，更好地统筹国际国内两个市场，实现内外贸融合发展，把山东省更多国际品牌农产品摆上老百姓餐桌，这不仅是贯彻“以人为本”执政理念的具体体现，也是“让发展的成果惠及全体人民、由人民共享”的必然要求。

（三）示范区标准化体系构成

自2007年以来，山东省出口农产品质量安全示范区标准化建设工作以立足“世界

① 中华人民共和国农业农村部，全书简称农业农村部。
② 中华人民共和国商务部，全书简称商务部。

眼光、国际标准、山东优势”为原则，逐步探索建立起适合山东省农产品质量安全发展的技术体系。从早期“安丘模式”“乳山模式”“威海经验”的区域技术探讨，到示范区考核办法、示范省考核办法的监管制度出台，到区域化管理体系要求、农产品产业链全过程管理规范等国家标准、地方标准的发布，山东省示范区标准化建设结出了一串串硕果。标准化建设从顶层设计一步步向区域、向基层、向企业延伸与完善。标准化技术体系越来越清晰，标准化水平不断提升。

1.《山东省出口农产品质量安全示范区考核管理办法》印发

2009 年 6 月，山东省政府办公厅正式印发了《关于加快推进出口农产品质量安全示范区建设的意见》，在全省范围内广泛开展出口农产品质量安全示范区创建，并进一步明确了示范区创建工作的推进机制、工作重点和考核管理措施。2009 年 6 月，山东省商务厅、财政厅、山东出入境检验检疫局①联合制定了《山东省出口农产品质量安全示范区考核管理办法》，规定对通过考核的县（市、区）授予“山东省出口农产品质量安全示范区”称号，颁发标牌，给予奖励。同时规定，对示范区实行动态管理，每两年组织一次监督审核工作。示范区考核管理办法是山东省示范区如何建设、验收以及动态监督的技术纲领文件，是示范区六大体系理论在实践中的应用评价准则，为指导各地示范区建设、在全省范围内推广以及中期创建示范市、示范省打下了扎实的理论基础。

2.《初级农产品安全区域化管理体系　要求》标准发布

为进一步探索确保食品安全的标准模式，促进我国农业标准化推进，山东出入境检验检疫局 2007 年年初在潍坊安丘市开展了初级农产品区域化管理试点。在总结试点的基础上，前期在全省 54 个市县进行推广并取得了良好成效。为进一步在全国范围推动初级农产品安全区域化管理体系建设，山东出入境检验检疫局于 2008 年向国家标准委申请了《初级农产品安全区域化管理体系　要求》（GB/T 26407—2011）国家标准立项，并组织有关专家开展了初级农产品区域化管理体系国家标准起草工作。2011 年 5 月 12 日，国家标准化管理委员会正式发布了国家标准《初级农产品安全区域化管理体系　要求》（GB/T 26407—2011），并于 2011 年 9 月 1 日正式实施，成为全国实施示范区创建的基础标准，在引领全国示范区建设上发挥了积极作用。

3.《关于创建出口农产品质量安全示范省的实施意见》印发

2014 年 7 月 29 日，山东省政府办公厅印发《关于创建出口农产品质量安全示范省的实施意见》（鲁政办发〔2014〕28 号，以下简称《实施意见》），确定在国家有关部委支持下，创建出口农产品质量安全示范省（以下简称示范省）。实施意见明确了创建示范省的重要意义、目标任务、重点工作、组织领导要求。意见指出通过连续 3 年的创建，到 2017 年基本实现 5 个方面的目标：一是初步建成全产业链标准体系；二是品牌建设走在全国前列；三是市场竞争力进一步提升；四是市场流通更加高效便捷；五是质量安全水平不断提升。在创建过程中，实施意见指出县级政府重在健全质量安全体系、夯实示范区建设基础；市级政府重在统筹整合区域资源、提升示范市建设水平；省直各部门重在加强公共服务平台建设、强化统筹引领作用。实施意见是山东省进行出口农产

① 2018 年 3 月，国务院机构改革将出入境检验检疫管理职责和队伍划入海关总署。

品质量安全示范省创建以及验收的技术性纲领文件，是对前期示范区建设工作的进一步提升和推广应用，为指导各地深入扎实地推进示范省建设，打下了扎实的理论基础。

4.《农产品产业链全过程管理规范》系列标准发布

为帮助企业识别农产品产业链各过程要求，按国际采购商普遍认可的管理要求实施全面管理提供引导，2014 年 2 月山东省商务厅委托中国检验认证集团山东有限公司起草了《农产品产业链全过程管理规范》系列标准，于 2015 年 11 月正式发布。标准体系由 3 部分组成，包括产业链全过程通用要求、专项产品技术指南、第三方评价规范。标准内容涵盖种植、畜禽、水产等三大类，包括鱼、禽肉、姜、苹果、辣椒等 10 个出口农产品类别，构建起覆盖生产、加工、包装、储存、运输、消费各阶段的全产业链技术标准体系。

2017 年 10 月，山东省商务厅向山东省技术监督局申请《农产品产业链全过程管理规范》地方标准立项，预计 2019 年初正式发布山东省地方标准《农产品产业链全过程管理规范》，首批标准包括《农产品产业链全过程管理规范　第 1 部分：果蔬　通用要求》《农产品产业链全过程管理规范　第 2 部分：生姜　技术指南》等。

《农产品产业链全过程管理规范》系列标准，首次在国内提出了基于示范区管理下的农产品种植、加工、流通等全产业链过程管理要求，成为示范区标准化工作中指导企业建立“一个标准，两个市场”的重要指导标准。

5. 地方农业综合标准化体系建立

此外，山东省大力支持农产品企业开展 JAS、GLOBALGAP、NOP 等国际农产品标准认证，广泛开展质量管理体系（QMS）、良好农业操作规范（GAP）、良好生产规范（GMP）、危害分析与关键控制点（HACCP）等标准的认证评价，提高农业经营主体标准化生产水平。在山东省示范区内，部分地区根据产地特点，在考虑生态平衡、环境保护、合理利用资源的基础上，以最终产品为对象，按生产流程将生产过程中各相关要素，按其性质、类别及相关制约关系，建立起农业标准综合体。山东省安丘市成立了农业综合标准化研究所，按照“有标贯标、无标建标”的原则，积极做好县级区域内农业生产标准的制定完善工作。目前已制定安丘大姜、安丘大葱、安丘肉鸡等六大类农业综合标准体，农业操作规程 33 个，生产技术标准 200 多个。各地积极探索应用各类标准，成为示范区标准化体系的有益补充，为示范区内因地制宜、配套管理提升农产品质量进行了多种尝试。

二、示范区农产品品牌建设与标准化管理

（一）示范区农产品品牌建设与标准化管理

中共中央、国务院高度重视农业品牌建设工作，习近平总书记多次对加强农产品品牌建设提出要求，指出“要加强品牌建设，积极争创名牌，用品牌保证人们对产品质量的信心”“推动中国产品向中国品牌转变”。2015 年山东省区域公用品牌已达 300 多

个，有 20 个进入全国农产品品牌百强榜，上榜数量居全国首位。尽管山东省在农产品品牌建设上取得了初步成果，但农产品总量大、品牌化率低的问题还比较突出，品牌农产品的标准体系、评价体系、营销推广体系亟待完善，优质优价的市场格局还未形成。

只有通过品牌化才能带动标准化，通过标准化才能引领品牌化。2015 年 5 月山东省政府办公厅印发了《关于加快推进农产品品牌建设的意见》（鲁政办字〔2015〕80 号），力争到 2020 年建立起完善的农产品品牌培育、发展和保护体系，形成标准化生产、产业化运营、品牌化营销的现代农业新格局，实现由农业产量大省向农业品牌大省的转变。

在示范省创建中，品牌体系建设是其中一项重要内容。发展区域公共品牌、企业品牌、产品品牌的意识已深入示范区建设各个领域。《农产品产业链全过程管理规范》系列标准是山东省出口农产品安全示范区品牌创建工作的重要组成部分。2015 年标准发布后，在全省广泛推广应用，发挥了品牌引领的积极作用。通过区域公用品牌的建立，使当地农产品的价格普遍高于市场平均水平。“出口食品农产品质量安全示范省”“食安山东”整体品牌在国内外市场知名度和影响力显著提高。

（二）示范区农产品品牌建设及管理模式

在示范区农产品品牌建设过程中，政府对创建及管理模式进行了大胆创新，跳出了在农产品质量管理过程中既当裁判员，又当运动员的窘境。政府职责界定为定标准、搭平台、购买服务、采信监督第三方机构的全新内涵。山东省政府针对示范区特点，构建了五大体系、五类主体以及两类管理的示范区农产品品牌建设管理新模式。

1. 五大体系

（1）品牌农产品质量标准体系

政府作为示范区品牌标准的主要制定者，根据国际标准、国家标准、行业标准和生产需要，修改、完善、提升现有各类农业生产技术规范和操作规程等地方标准，围绕山东省粮食、蔬菜、油料、果品、茶叶、畜产品、水产品等十大产业，以知名区域公用品牌农产品和知名企业产品品牌农产品为重点和突破口，有计划、有步骤地制(修)订一系列可操作性强的农产品质量标准，涵盖从生产环境、生产过程到产品品质、加工包装、流通等环节，形成一整套品牌农产品从土壤到餐桌的全过程质量控制标准体系。同时鼓励各类品牌创建主体开展合作，联合开发行业标准、企业联盟标准，增强品牌农产品的市场竞争力。2015 年，符合山东省实际与国际标准接轨的农业标准体系《农产品产业链全过程管理规范》在示范区内广泛实施，随着标准的推广，将逐步实现品牌农产品质量标准体系全覆盖。

（2）农产品质量标准培训、监管体系

在示范区标准化建设中，政府在农产品质量安全管理中有了更清晰、更科学的定位。政府设定专项培训资金，购买公共服务平台服务，每年组织对标准体系进行动态修订，使传统的标准化管理从重建设轻执行，调整为更注重标准实施的有效性和持续的监督。在省、市、县各级加大对已制定标准的宣传贯彻、推广实施和培训力度，提高生产者重视标准、制定标准、使用标准的意识。通过对企业、第三方机构的监督抽查，收集消费者反馈信息，确保标准执行的有效性。

（3）标准运行体系

积极引导企业实施运行品牌标准化。对希望进入省级质量信息公共服务平台的农产品食品企业，鼓励按照《农产品产业链全过程管理规范》相应要求取得认证或有效建立体系。同时为扩大标准影响力，便于消费者及采购方获得产品信息，政府组织第三方机构对企业实施结果进行验证、对产品进行检测。在品牌标准体系下，企业只有通过验证评价，其结果才能被政府采信。

2015 年山东省商务厅下发了《山东省商务厅关于开展“出口农产品安全示范区”品牌创建试点工作的通知》（鲁商字〔2015〕124 号），根据全省示范区发展现状，率先在威海、莱芜等 10 个示范区按照《农产品产业链全过程管理规范》系列标准，健全完善示范区各项工作，参与“出口农产品安全示范区”品牌认定工作。

（4）品牌农产品评价体系

在完善品牌农产品标准体系基础上，做好全省农产品品牌遴选和培育工作，通过建立科学的品牌评价体系，推出一批具有国际竞争力的区域公用品牌、适应国内外市场需求的知名企业产品品牌。2015 年 11 月山东省商务厅制定《山东省农产品产业链全过程管理通用要求评价规范》，明确第三方机构选择要求、评价范围、程序、审核要求及品牌企业具体推荐程序。2015 年年底对首批试点的 11 个示范区近 100 家企业进行“出口农产品安全示范区”品牌创建试点工作。通过采信第三方机构评价结果，对符合品牌标准体系的 37 家企业予以推荐。

（5）线上线下品牌农产品营销推广体系

按照“统一规划、统一形象、统一推介”的原则，以山东省农产品品牌形象的塑造和传播为推动力，以线上和线下相结合的营销体系建设为实现手段，大力实施山东名牌农产品国际国内市场拓展工程。通过建立省级农产品质量安全公共服务平台、网上对接平台，牵线农产品销售及采购方，搭建企业在线虚拟展厅。加快内外统筹，组织示范区推荐的品牌企业到日本、欧盟等重点市场开展推介活动，巩固提升传统市场，开拓海外新兴市场。创新开展“区超对接”，推动示范区与省内外连锁超市建立稳定营销渠道，实现农产品质量安全由出口保障转向全民共享。

2. 五类主体

（1）省级政府主管部门

省级政府主管部门是示范区品牌标准化的设计者，承担定标准、搭平台、购买服务、采信监督第三方机构的职责。

（2）地方政府主管部门

地方政府主管部门是示范区品牌标准化的监督者，承担对地方企业标准实施过程中组织培训、进行监督并对企业在公共服务平台运行数据监管查询。

（3）企　业

各类企业是示范区品牌标准化的实施者，通过实施品牌标准，提升产品质量，在质量公共服务平台上传运行数据，通过第三方机构评价，获得品牌推荐，实现“一个标准，两个市场”的目标。

（4）第三方机构

第三方机构是示范区品牌标准化的评价者，按照品牌标准评价准则，对实施标准化的企业进行评价，并在质量公共服务平台上传监督数据，向省级政府主管部门推荐合格品牌企业。

（5）消费者

消费者是示范区品牌标准化的使用者，通过质量公共服务平台的推荐获得品牌企业推荐信息，获得示范区产品标准要求，监督反馈产品质量。

3. 两类管理

（1）组织管理

确定示范区内各标准化参与主体的职责、权限、资源，落实相应政策，提供充分组织保障。做到示范区标准化体系策划、运行、监督、反馈的有机运转。

（2）信息管理

确定示范区内各标准化参与主体运行信息，包括追溯信息、评价信息、监督信息、统计信息、展示信息、采购信息等，建立完善覆盖农产品生产、加工、流通全过程的山东省农产品国际标准质量安全公共服务平台，推进省级平台与示范区及试点城市数据对接，实现省、市、县、镇、村五级信息资源共享。

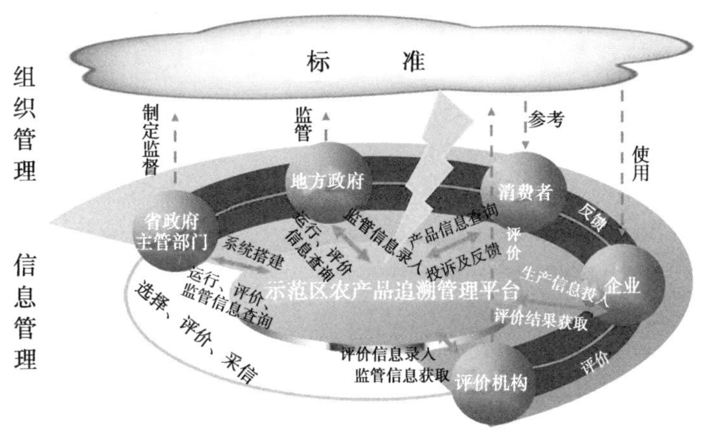

示范区农产品品牌建设及标准化管理

三、《农产品产业链全过程管理规范》系列标准简介

（一）《农产品产业链全过程管理规范》系列标准结构

《农产品产业链全过程管理规范》系列标准是山东省出口食品农产品安全示范区品牌创建工作的重要组成部分。该系列标准分为两大类别，一类为过程管理类标准，一类为评价规范类标准。

过程管理类标准按产品类别编制，分为 A、B 两个层次。A 层次为果蔬、禽肉、水产三大类别产品的通用管理要求；B 层次为具体产品品种（包括姜、蒜、辣椒、番茄、黄瓜、苹果、花生、鸡肉、鱼 9 个品种）的专项管理指南标准。

评价规范标准包括一个标准，该标准适用于所有类别产品、过程的评价活动。标准层次详见下图，在使用标准时，针对具体品种，采用 A+B 的组合方式。

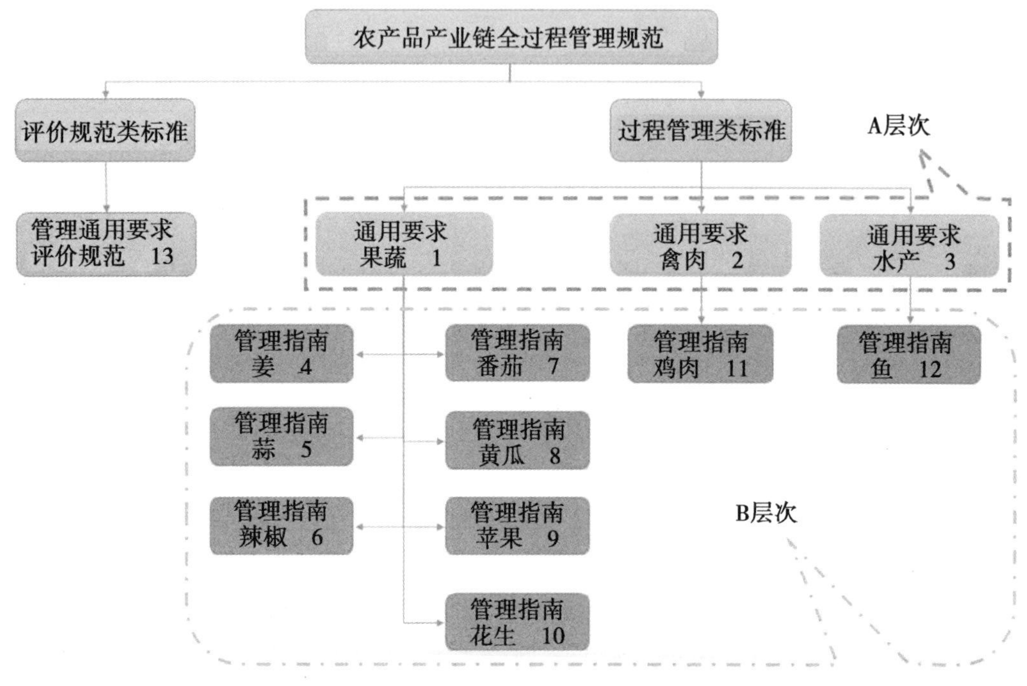

《农产品产业链全过程管理规范》系列标准层次

系列标准可用于以下方面。

①实施食品农产品质量安全示范区内品牌企业的评估，确定其是否采用国际接轨的标准要求，实施有效的过程管理，产品达到相应食品农产品质量安全标准要求。

②企业按本标准提出的管理要求和相关标准，实施自我检查与评估。

③企业按本标准提出的管理要求和相关标准，结合实际情况，实施内部质量管理。

（二）标准主要内容

标准引用、选用、参照国际标准，在管理体系上采用 GLOBALGAP、FSSC、HACCP、IFS、BRC 等被 GFSI 国际食品安全倡议认可、被国际采购商广泛采信的标准。标准编制以国家法律法规为基本要求，广泛吸收国内农产品生产、加工、流通领域行业标准，采用目前在农业、食品领域国际最前沿的良好农业生产规范、食品安全管理体系要求，结合目前在食品安全领域重点关注的农兽药残、重金属、食品添加剂等食品安全危害标准编制，内容涵盖了目前国际普遍关注的食品安全管理重点内容，包含了可追溯、产品召回、食品防护、信用管理、防欺诈、生态和环保要求等内容，规定了企业需要自建及信息平台展示的追溯信息内容。

为方便使用，通用标准在附录中列出了推荐性国际标准运行管理体系标准目录、法律法规以及标准条款涉及的体系运行记录；专项指南在附录中列出了针对具体产品的禁用物质清单、各国农残限量对比以及 CCP 等管理要求。

满足了本标准要求，就可以满足国际采购方的通用需求。

（三）标准特点

全产业链系列标准具有“五个统一、三个创新”的特点。

1. 五个统一

①统一标准。将山东省农产品产业链全过程管理要求整合，制定了统一的山东省出口农产品安全示范区品牌标准——《农产品产业链全过程管理规范》。

②统一评价准则。编制了山东省出口农产品安全示范区品牌标准的评价标准——《农产品产业链全过程管理通用要求评价规范》，按统一评价规则实施品牌推荐企业评价。

③统一品牌。统一了山东省优质农产品品牌“出口农产品安全示范区”。

④统一标识。所有评价合格的推荐企业由信息平台统一自动生成品牌企业二维码标识，实现推荐企业的信息查询。

⑤统一平台。由山东省商务厅建立统一的公共信息平台，对品牌企业及产品实现统一的宣传与推介。

2. 三个创新

①标准内容创新。在标准内容上，山东省出口农产品安全示范区品牌标准体系引用、选用、参照国际标准，易于直接被国际市场认可与采信。首次在标准中整合了自生产至消费各产业链环节的管理要求，为实现产业链全过程管理标准化提供了技术依据。标准的编制采用了国际目前通行的食品安全管理基本思想，以基于风险管理、国际通行的 HACCP 食品安全危害分析与关键控制点原理为基础，有效保障食品安全。标准有效解决了标准化与信息化结合的问题，规定了企业需要自建及信息平台展示的追溯信息内容。

②标准模式创新。本标准体系非传统的、单一的产品标准，创建了全新的、完整的农产品质量安全管理标准体系，采用通用标准+技术指南+评价规范三位一体的标准模式。

③管理方法创新。本标准体系将有效实现政府角色职能的转变，使政府在农产品质量安全管理中职责有了更清晰、更科学的定位。政府的职责将界定为定标准、搭平台、购买服务、采信监督第三方机构。

第二章　国际食品安全标准介绍

一、国际食品安全管理理念

食品生产和采购的全球化使食品链变得日趋复杂，最大限度地降低食品安全风险已成为现代食品行业追求的核心目标。为降低发生食品安全事件的风险，世界各国制定了相应的食品规范和标准。

各国在加强本国食品安全管理立法的同时，逐步意识到了全球食品安全管理的重要性。联合国粮食及农业组织（FAO）和世界卫生组织（WHO）也一直在为此做不懈的努力。在20世纪60年代初FAO和WHO联合组建了国际食品法典委员会（Codex Alimentarius Commission，CAC），协调各国的食品标准，负责制定国际食品加工良好规范，指导各国和全球食品安全体系建立。1969年CAC公布了《国际食品卫生通则法典》，法典将危害分析与关键控制点（Hazard Analysis Critical Control Point，HACCP）列为基本方法，以确保食品安全。

危害分析与关键控制点（Hazard Analysis Critical Control Point，HACCP）体系在食品安全管理中最早的应用是在20世纪60年代，美国的Pillsbury公司在为太空计划提供食品期间，第一次应用HACCP原理制定了食品安全管理方案控制产品质量。1985年，美国国家科学院提出HACCP体系应被食品行业采用，并于1987年美国成立了国家食品微生物标准咨询委员会（NACMCF），决定将HACCP体系作为保障食品安全的基本体系，而微生物标准可用于验证体系的关键点。NACMCF于1989年发表了“危害分析与关键控制体系”，并随后将其重新命名为“食品生产的HACCP原理”，提出了HACCP的7个原理，建立了现代HACCP体系。欧盟在1993年通过了关于食品生产应用HACCP体系的决定，并于1995年12月起对各类进出口食品统一执行这一体系。1993年，加拿大政府也推出一项食品安全促进计划（FSEP），要求在所有食品生产过程中推行HACCP体系，由各食品加工企业负责制定自己的HACCP计划，加拿大农业部根据HACCP计划具体执行情况的评估结果，帮助企业按照FSEP的要求实施HACCP计划。

20世纪80年代，HACCP原理被引入中国。中国商检部门对HACCP的应用进行研究，指导出口食品企业应用HACCP原理控制产品质量。同时商检部门还实施了一项“出口食品安全工程的研究和应用”计划，通过该计划多数出口食品加工企业接受了HACCP概念。1998年年初，国务院办公厅印发了《中国营养改善行动计划》，提出建立健全食品生产经营企业的质量控制与管理体系，在各类食品生产、经营过程中逐步推广使用 HACCP 系统分析方法。通过一系列政策的实施，有效推动了 HACCP 在食品行业的应用，使我国的食品安全控制体系与国际接轨，增强了在国际贸易中的竞争力。

二、全球食品安全倡议（GFSI）介绍

随着食品贸易全球化，各国食品安全法规、标准的不统一已经阻碍了国际食品贸易的发展，使食品制造商难以应对。各国采购商往往依据自身制定的标准对食品生产企业实施审核，而这些审核由于缺乏国际认证和认可，审核结果难以比较，导致同一制造商需要接受多次检查。为解决这一问题，2000 年 5 月来自全球 70 多个国家的 650 多家零售生产服务商以及利益相关方代表，共同创建了全球食品安全倡议（GFSI）组织，其目的是通过设立基准标准，协调现有食品安全标准，减少食品链的重复审核。

全球食品安全倡议（Global Food Safety Initiative，简称 GFSI）是一个以行业为主导的行动组织，致力于为持续完善的食品安全管理体系提供指导，从而确保整个食品供应链的安全。目前获得 GFSI 认可的食品安全标准主要有：BRC 食品安全全球标准、IFS 国际食品安全标准、食品安全体系认证 FSSC22000、食品安全与质量认证 SQF、全球良好农业规范认证 GLOBAL GAP、中国 HACCP 认证等。

三、国际食品安全认证介绍

1. BRC 食品安全全球标准认证

（1）BRC 食品安全全球标准的起源与发展

英国零售商协会（British Retail Consortium，BRC）是一个重要的国际性贸易协会，其成员包括大型的跨国连锁零售企业、百货商场、城镇店铺、网络卖场等各类零售商，涉及产品种类非常广泛。

1998 年，英国零售商协会应行业发展需要，发起并制定了 BRC 食品技术标准（第一版），用以对零售商自有品牌食品的制造商进行评估。该标准发布后不久就引起食品行业其他组织的关注，目前已经成为该行业良好操作规范的样本。该标准在英国乃至其他国家的广泛应用使其发展成为一个国际标准。它不但可用于评估零售商的供应商，还被众多公司作为基础准则，以此建立自己的供应商评估体系及品牌产品生产标准。目前，已在全球 100 多个国家颁发了 BRC 证书，总发证量约为 18 000 多张，其中在中国 BRC 证书的发证数量约 1 500 多张。获得认证的公司会在 BRC 公开目录中列示，网址为：www. brcdirectory. com。

2000 年 BRC 食品安全全球标准成为第一个被全球食品安全倡议组织（GFSI）认可的标准。2018 年，BRC 标准被 LGC 公司收购，并于 2018 年 8 月颁布食品安全全球标准（第八版），自 2019 年 2 月 1 日开始生效。

（2）BRC 食品安全全球标准的要求

BRC 标准与其他食品安全标准不同，对要求进行了划分，除了一般的具体要求外，BRC 还有两项非常重要的要求。一是意向声明，每一个条款都以突出显示的粗体文字段落开始，以强调意向声明。它列出了遵守特定条款的预期结果。这构成了审核内容的一部分，所有的公司都必须遵守意向声明。二是基本要求，在标准中某些要求被指定为基本要求，在章节标题之后直接以“基本”一词进行标记，并且标有符号☆。这些要求与体系相关，对于建立和运作有效的食品质量和安全操作规程至关重要。认定为基本要求的条款有 10 项，包括高级管理层的承诺和持续改进，食品安全计划——HACCP，内部审核，纠正措施，可追溯性，布局、产品流和隔离，内务管理和卫生，过敏原管理，操作控制，培训。

（3）BRC 全球系列标准适用范围

BRC 标准适用于生产或制作的产品，也包括生产过程需要直接控制的贮藏设施。BRC 制定了各类标准，以规定食品和消费品生产、产品所用的保护性包装以及这些产品存储与分销的要求。其他 BRC 标准对食品安全标准形成补充，并且为供应商审核和认证提供依据。BRC 包装与包装材料全球标准是规定食品和消费品材料生产要求的审核标准。BRC 存储分销全球标准是规定包装与非包装食品产品、包装材料和消费品存储、分销、批发和合约服务要求的审核标准。BRC 消费品全球标准是适用于消费品生产和装配的审核标准。

2. IFS 国际食品安全标准认证

（1）IFS 国际食品安全标准的起源与发展

德国零售业联合会（HDE）和法国批发和零售联合会（FCD）为了用统一标准评估供应商的食品安全与产品质量管理体系，在 2003 年共同起草了零售商品牌食品质量与安全标准，即国际食品标准（International Featured Standard，IFS）。IFS 国际食品标准作为一项由零售商发起的食品质量和安全标准，普遍被德国及法国零售商接纳，IFS 也是获得 GFSI 认可的食品安全管理体系标准之一。

IFS 第三版由德国零售业联合会（HDE）在 2003 年发布并执行。2004 年 1 月，在法国批发和零售联合会（FCD）的协作下，第四版 IFS 发布并出版。在 2005—2006 年，意大利零售联合会（ANCC、ANCD）加入了第五版 IFS 标准制定。目前已正在使用的标准为第六版 IFS 标准，于 2012 年 7 月 1 日正式实施。目前 IFS 在全球 90 多个国家拥有 135 个成员组织，在全球发证数量约 16 000 张。获得认证的公司会在 IFS 官方网站中列示，其网址为：www. ifs-certification. com。

（2）IFS 国际食品安全标准的要求

IFS 标准涵盖 HACCP、品质管理、产品控制、流程控制、工厂环境及人员管理等内容。IFS 标准与其他食品安全标准不同，部分标准条款有特殊，这也是此标准的突出特点。第六版 IFS 标准中主要考察了 69 个方面的内容，69 个内容的考察主要通过食品的质量管理体系以及食品安全管理体系两个管理体系进行控制，其中 HACCP 体系和前提方案是构成 IFS 标准的主要内容。

除一般的具体要求外，IFS 还有一项非常重要的要求。在 IFS 中，有特殊要求的条款被确定为 KO 要求。如果审核期间审核员发现企业的这些要求不符合，将导致不能通过审核、认证被撤销或暂停。被认定为 KO 要求的条款有 10 项，包括高层管理者的职责、每个关键控制点的监控体系、个人卫生、原材料规范、配方符合性、异物管理、可追溯体系、内部审核、撤回和召回程序、纠正措施。

（3）IFS 标准适用范围

IFS 标准适用于所有出农场后的食品加工和物流运输过程。IFS 标准与其他国际食品安全标准最大的区别在于 IFS 标准包含食品物流标准，IFS 物流标准适用于食品物流过程中运输工具、装载、卸载、运输、管理、分销等各个物流活动。假如一家食品加工企业有自己的物流和运输部门，此部门也需要达到 IFS 国际食品标准中相应章节对运输和库存的要求。如果后勤和运输活动由第三方物流公司代理，则第三方物流公司则需要按照 IFS 物流标准进行认证。

3. 食品安全体系（FSSC22000）认证

（1）FSSC22000 认证的起源与发展

食品安全体系认证（FSSC22000）是近几年快速发展起来的一个食品安全认证项目，食品安全认证基金会（2004 年在荷兰成立的独立非营利性机构）于 2009 年 5 月 15 日正式发布了食品安全体系认证项目。这一项目的目的就是协调食品链中食品安全体系的认证要求和方法，确保颁发的食品安全认证证书的内容、范围的可信性。

2013 年食品安全认证基金会推出了第三版 FSSC22000 认证方案，目前 FSSC22000 认证得到了欧盟食品饮料行业联盟（CIAA）的支持，2010 年被欧洲认可合作组织（EA）所接受，并获得了全球食品安全倡议（GFSI）组织的认可。可口可乐、麦当劳、卡夫、雀巢、联合利华等食品制造巨头已经或逐步把它作为供应商准入制度中的一项标准；同时，家乐福、沃尔玛等国际零售商巨头逐步把这个全球性食品安全认证作为供应商准入制度中的一项要求。目前 FSSC22000 在全球 139 个国家共颁发了认证证书 11 000 多张，其中食品加工企业 10 000 多张。

（2）FSSC 标准要求

FSSC 标准主要基于国际标准 ISO 22000 食品安全管理体系，并针对食品链各环节制定了技术规范，FSSC22000 认证针对食品链不同的行业类别明确了其前提方案要求。如 BSI-PAS 220（已转化为国际标准 ISO/TS 22002-1）针对食品加工业，BSI-PAS 223（已转化为国际标准 ISO/TS 22002-4）适用于食品包装材料，BSI-PAS 222 针对饲料生产。

（3）FSSC 标准适用范围

目前 FSSC22000 标准认证领域包含以下 6 个方面：易腐烂动物产品（如肉类、禽类、蛋类、乳制品和水产品）；易腐烂植物产品（如新鲜水果和果汁、果脯、新鲜蔬菜、腌菜和咸菜）；常温下具有长货架期的产品（如罐装食品、饼干、小吃、食用油、饮用水、饮料、面条、面粉、糖、盐）；（生物）化学制品（如维生素、添加剂和生物培养产品），但是技术辅助加工助剂除外；食品包装制品（如直接、间接接触食品的材料）；饲料。

4. 食品安全与质量认证 SQF2000

（1）食品安全与质量认证（SQF2000）的起源与发展

1995 年，澳大利亚农业部建立了食品安全与质量标准（SQF），这是第一个格式化的食品安全供应链标准，SQF2000 标准为食品供应商提供了一整套以 HACCP 为基础的食品安全与质量管理认证方案，使他们能够满足产品追溯、法规、食品安全和质量标准要求。SQF2000 是将 HACCP 和 ISO 9000 这两套体系进行了融合，同时也最大限度地减少了企业在质量、安全体系上的双重认证成本，该标准具有很强的综合性和可操作性。

SQF2000 标准最初由澳大利亚农业委员会于 1994 年开发并加以实施。2003 年 8 月美国食品营销研究院（Food Marketing Institute，FMI）取得了 SQF 的所有权并建立 SQF 研究院来管理这一项目。2004 年 SQF2000 标准获得全球食品安全倡议组织（Global Food Safety Initiative，GFSI）的认可。2008 年 8 月 SQF 研究院发布了 SQF2000 第六版标准。2012 年 SQF2000 标准得到了重新设计，以满足食品链从初级生产到运输和分销各环节的应用。2013 年 5 月 SQF 研究院发布了第七版 SQF2000 标准，取代了第六版 SQF2000 标准以及第五版 SQF1000 标准。

（2）SQF2000 标准要求

第七版 SQF 标准采用模块化设计，共计 17 个模块。模块 1 为范围、参考文献和定义；模块 2 为 SQF 体系要素，适用于食品链所有行业；模块 3 和模块 4 为动物饲料和宠物食品安全基础—复合饲料生产 GMP 和宠物食品加工 GMP；模块 5 和 6 为食品安全基础—动物产品养殖 GAP 和水产品养殖 GAP；模块 7、模块 7H、模块 8 为食品安全基础—植物产品种植 GAP、谷物种植 GAP；模块 9、模块 10、模块 11 为食品安全基础—动物产品预加工 GMP、植物产品预加工 GMP、食品产品加工 GMP；模块 12 为食品安全基础—食品产品运输和分销 GDP；模块 13 为食品安全基础—食品包装材料生产 GMP；模块 14、模块 15 为食品安全基础-食品代理商 GMP、食品餐饮、批发和零售供应商 GMP（尚在制定中）；模块 16 为总部管理的多场所认证要求。食品供应商可根据所处食品行业类别选择相应的模块。例如，某水产加工厂需满足模块 2 体系要素和模块 11 食品产品加工 GMP 两部分要求。供应商可根据客户的需要以及自身食品安全和质量管理体系发展阶段选择认证等级。

（3）SQF2000 标准适用范围

SQF2000 标准是过程和产品认证标准。SQF2000 标准的主要特性是强调 HACCP 的系统应用，以控制食品质量和食品安全危害。SQF 管理体系的实施注重于采购商的食品安全和质量要求，并为当地和全球食品市场供应商提供解决方案。

根据 SQF2000 标准（第 7 版）所进行的认证有 3 个等级：等级 1 为食品安全基础，等级 2 为经认证的 HACCP 食品安全计划，等级 3 为全面的食品安全和质量管理体系。只有通过 SQF2000 等级 3 认证，食品企业才可以将认证标志直接使用在企业的广告和产品包装上，这也是 SQF2000 与其他认证体系（诸如 HACCP、ISO 9000 等）最大的区别。在独立第三方认证机构的监督管理下，该标志体现了企业展示其生产高质量、安全食品的能力和承诺，通过实施 SQF2000 认证体系，企业能够提升其良好的社会效益，扩大产品市场占有率。

5. 全球良好农业规范（GLOBAL GAP）

（1）GLOBAL GAP 认证起源与发展

全球良好农业规范（GLOBAL GAP），原名是欧洲良好农业规范（EUREP GAP）是 1997 年由非官方组织欧洲零售商协会发起，并组织零售商、农产品供应商和生产者制定了有关农业生产的标准。其目的是促进良好农业操作规范发展，确保农产品的质量与安全。2004 年，欧洲批发商应零售商组织的要求，只接收经 EUREP GAP 认证的产品，至此它成为农产品进入欧洲大型超市的“门票”。2005 年 7 月起，EUREP GAP 的 31 个零售商成员（代表着欧洲 31 家连锁超市集团）强制执行该标准。

鉴于良好农业规范在国际上的影响日益扩大，经零售商和供应商的同意，于 2007 年 9 月正式将欧洲良好农业规范更名为全球良好农业规范（GLOBAL GAP），2015 年 GLOBAL GAP 第五版标准正式发布，并于 2016 年 7 月 1 日起正式实施。目前 GLOBAL GAP 认证也是 GFSI 认可的标准之一。

（2）GLOBAL GAP 标准要求

GLOBAL GAP 标准对农产品种植、养殖过程的可追溯性、食品安全、环境保护、员工健康安全和福利以及动物福利等提出综合性要求，规范了农产品生产操作流程，提升了消费者对 GLOBAL GAP 认证产品的信心，促使 GLOBAL GAP 认证成为欧盟成员国农业生产可持续发展的基本要求。目前 GLOBAL GAP 标准已经包含了综合农场保证控制点与符合性规范（IFA）、作物基础控制点与符合性规范、畜禽基础控制点与符合性规范、水产基础控制点与符合性规范等系列标准。

（3）GLOBAL GAP 标准适用范围

GLOBAL GAP 标准作为初级农产品生产使用的标准，目前适用的产品主要包括大田作物、水果、蔬菜、花卉、咖啡、畜禽养殖、水产养殖等主要农产品。GLOBAL GAP 标准分为农场基础、种类基础和产品模块标准 3 类，在实施认证时，应将农场基础标准、种类标准和产品模块标准结合使用。对某个产品的认证应同时满足农场基础标准及其对应的种类标准和产品模块标准的要求。例如，对番茄进行认证应依据农场基础、作物基础和水果蔬菜标准进行检查。

6. 危害分析与关键控制点（HACCP）体系认证

（1）HACCP 体系认证起源与发展

为促使中国食品安全管理与国际接轨，增强中国食品企业国际竞争力，中国国家认监委于 2002 年发布了《食品生产企业危害分析与关键控制点（HACCP）管理体系认证管理规定》，正式在中国推行 HACCP 体系认证。2011 年国家认监委发布了新版《危害分析与关键控制点（HACCP）体系认证实施规则》，HACCP 认证实施规则在我国 HACCP 标准和认证制度的基础上，考虑了包括国际食品法典委员会（CAC）标准和 GFSI 认可的标准和要求，目前中国 HACCP 体系认证已经获得了 GFSI 等效性认可。

（2）HACCP 体系标准要求

中国 HACCP 标准包含管理要求、良好操作规范、卫生标准操作程序、人力资源保障、食品防护计划、前提计划和 HACCP 计划等多项内容。HACCP 体系不是孤立的，GMP 和 SSOP 共同作为 HACCP 体系的基础，构建成针对具体产品和加工过程完整的食品安全体系，没有适当的 GMP 为基础，工厂不会成功地实施 HACCP。如同金字塔的结构一样，仅有顶端 HACCP 计划文件的执行是不够的，HACCP 体系必须建立在牢固地遵守现行良好操作规范（GMP）和可接受的卫生标准操作程序（SSOP）的基础上，只有具备这样牢固的基础才能使 HACCP 体系有效地运行。

（3）HACCP 标准适用范围

国家认监委 2011 年 12 月发布了《危害分析与关键控制点（HACCP）体系认证依据与认证范围》，该要求规定了 HACCP 认证适用范围。

7. 海洋管理委员会（MSC）认证

（1）MSC 认证起源与发展

海洋管理委员会（Marine Stewardship Council，MSC）是一家独立的、全球性的、非营利的组织，其目标是通过逆转全球鱼类种群的退化现象、改善海洋环境 、保护渔民的生活等方法改变海产品市场，使渔业生产保持可持续性。MSC 由海产品购货商联合利华（Unilever）和国际保护组织世界野生生物基金会（WWF）在 1997 年创立，自 1999 起 MSC 开始独立运作。其总部位于英国伦敦，目前已在美国、日本、澳大利亚及荷兰成立办事处，主要支持机构包括欧洲及美国的零售商、制造商以及食品服务运营机构。

全球范围内海产品消费日益增长，造成海洋渔业资源过度开发、海洋环境破坏、鱼类种群退化等问题持续发生，在这种情况下，消费者、零售商、餐厅和加工业者都在寻求“可持续性海产品”。为解决这一问题，MSC 与专家们共同研发制定了可持续渔业和海产品可追溯性标准，确保标有 MSC 环保生态标签的海产品源自可持续渔场。

（2）MSC 标准要求

MSC 标准有 3 个核心原则，每个可持续渔场必须证明自己符合这些原则。原则一：可持续的鱼群资源。捕捞活动应该维持在一个允许鱼群可持续繁衍的水平，任何获得认证的渔场必须如此运营，以确保捕捞可以永久持续下去，且资源不会被过度开采。原则二：对环境的影响最小化。捕捞作业应该受到良好管理以便维持生态环境的结构、生产率、功能以及生态多样化。这些都是渔场赖以生存的基础。原则三：有效的管理。渔场必须遵守所有当地、国家以及国际法律，并且必须有一个适当的管理系统应对不断变化的情况，维持可持续性。

（3）MSC 标准适用范围

MSC 认证分为渔场认证和产销监管链两部分，申请认证的渔场需符合可持续的，良好管理的水产业环保标准，以促进可持续捕鱼。通过认证的渔场为可持续和管理良好的渔场。MSC 标准只适用于进行野生捕捞的渔场，人工养殖渔场不论规模大小、种类或者所处位置不适用于 MSC 标准。水产品产销监管链认证是对水产品从原产海洋区域的鱼类及其运输、加工、流通直至最终消费者的整个过程进行认证。由于水产品从原产海洋区域的鱼类到产品再到达最终消费者手中这个过程形成了一条链，所以水产品认证又称为产销监管链认证。

第三章 《初级农产品安全区域化管理体系 要求》标准解读

一、初级农产品安全区域化管理体系应用原则

目前，食品安全是世界各国高度重视和亟待解决的重大问题，食品安全从源头抓起已得到广泛共识。GB/T 26407—2011《初级农产品安全区域化管理体系 要求》标准就是在指定区域内，建立和实施初级农产品安全方针、目标，通过整合行政管理、土地利用、农业投入品、检测技术等资源，采用文件化管理方式，保证系统化、标准化管理的实现。初级农产品安全区域化管理的对象是区域内地方政府及其相关单位。初级农产品安全区域化管理的控制对象是初级农产品食品安全危害。良好农业规范（GAP）、危害分析与关键控制点（HACCP）是区域化管理的主要技术支撑。在实施初级农产品安全区域标准化管理过程中，按照策划—实施—检查—改进（PDCA）的运行模式，强调充分发挥地方政府的主导作用，通过地方政府相关部门各司其责，倡导企业当好第一责任人，加强对食品安全的监控，把初级农产品安全风险控制在可接受的水平，消除食品链源头环节可能存在的安全隐患。要做好区域化管理体系的建立和实施，须遵守以下原则。

（一）政府主导原则

地方政府是建立实施初级农产品安全区域化管理体系的行为主体，领导和协调区域内所有单位满足体系的各项要求。建立实施该体系是地方政府按照《中华人民共和国食品安全法》和《中华人民共和国农产品质量安全法》的要求、对辖区食品农产品安全负总责、有效履行法律职责的重要途径之一。地方政府作为一个区域的领导者（或领导集团），为切实做好辖区内初级农产品安全的各项工作，履行对消费者健康安全的责任，应确立当地实施初级农产品安全区域化管理的宗旨及方向，创造和保持使辖区内所有单位（包括企业、农村合作经济组织及农户等）能够充分参与实施管理目标的内部环境和条件。例如：做好发展规划、制定方针、搭建合适的平台；在区域内设定质量安全目标，尽量量化并分解到相关部门；创造宽松、和谐、有序和透明的环境，激发、鼓励全员参与；保证各类资源的提供和沟通渠道的畅通等。

（二）联合推动原则

地方政府要因地制宜地整合行政管理资源，突破传统行政管理模式，形成合力，建

立和完善、务实、高效的初级农产品安全管理机制，解决内部信息沟通不畅、协作欠佳、服务不周等问题，真正使地方政府各部门通力配合、密切协作。地方政府领导辖区内各相关单位联合行动，组织宣传和培训工作，提高初级农产品生产的安全意识，自觉地在种植养殖等生产活动中拒绝使用违禁化学投入品，规范操作，诚实守信，满足初级农产品安全区域化管理体系的要求，共同构筑食品安全防线。

（三）企业带动原则

地方政府要高度重视和发挥大型、出口食品加工企业在建立实施初级农产品区域化管理体系中的龙头作用，要求他们认真落实《中华人民共和国食品安全法》和《中华人民共和国农产品质量安全法》的规定，真正起到产品质量安全第一责任人的作用，带动区域内其他单位满足初级农产品安全区域化管理体系的各项要求。在初级农产品生产加工的各个环节，特别是原料基地的建设方面，充分发挥龙头企业在人才、信息、资金和设施设备等方面的优势，建立健全产品追溯体系、防护体系和企业诚信体系。在人员教育培训、原料基地建设、化学投入品配送和使用、产品自检自控等方面，真正起到典型示范、正确引导和榜样带动的作用。

（四）科学指导原则

地方政府要以 GAP、HACCP 等标准和风险评价原理为科学依据，实事求是，因地制宜，正确引导企业和农民牢固树立食品安全和环保意识，科学生产，有效控制农药、兽药、化肥、添加剂等化学投入品对食品链源头的污染，以科技标准作为支撑，保证产品质量安全，并通过产品质量安全促进企业经营效益的实现，从根本上消除农产品安全危害隐患。

（五）合作发展原则

地方政府在建立初级农产品安全区域化管理体系时，要高度重视农村合作经济组织的建立和发展，将分散的农户组织起来，合作发展，保证初级农产品安全方针和目标的实现。农村合作经济组织作为连接政府宏观管理、企业微观管理、农户自主经营的纽带，能够有效引导和保障农民进入市场，并以组织的形式建立实施初级农产品安全区域化管理体系，大幅减少单个农户难以实施体系管理的弊端。各类农村合作组织提高了农民组织化程度，是推进农业产业化经营、增加农民收入的有效组织形式，是推广先进技术、健全新型农业社会化服务体系的重要载体，也是社会主义新农村建设的主力军，做好区域化管理工作的组成单位。

（六）持续改进原则

持续改进是实施初级农产品安全区域化管理体系过程中永无止境的活动，地方政府应提供持续改进的框架和内容，以增加下游产业、消费者和其他相关方的满意度，提供持续满足其需要的产品，增加信任，积极推动区域内所有单位和人员积极参与持续改进的各项活动，落实整改方案，保证区域化管理体系的有效运行。

二、《初级农产品安全区域化管理体系 要求》的主要内容

《初级农产品安全区域化管理体系 要求》标准主要包括以下 4 个部分：策划、实施与运行、检查与纠正、改进。

（一）初级农产品安全区域化管理体系的策划

主要包括对区域内的农产品安全危害进行风险分析、评估，确定初级农产品安全目标和区域化管理方案，并确保在建立、实施和保持初级农产品安全区域化管理体系时符合相关法律法规的有关要求。具体如下。

1. 建立体系的依据和要求

标准中引用的 GB/T 19000《质量管理体系 基础和术语》、GB/T 22000《食品安全管理体系 食品链中各类组织的要求》和 GB/T 20014. 1～24《良好农业规范相关控制点与符合性规范》标准是初级农产品安全区域化管理体系建立的重要依据和要求，组织应收集并遵守。地方政府应确定初级农产品安全区域化管理体系的范围，包括本体系管理的行政区域，产品或产品类别以及涉及的组织单位。管理的行政区域应确定市、县或乡镇；产品或产品类别应是地方政府管理区域内的全部或部分产品，如畜禽产品及其制品、果蔬及其制品、水产品及其制品等。

2. 最高管理者的作用

最高管理者是指实施初级农产品安全区域化管理的地方政府最高行政长官，如市长、县长、区长等，可以是一个人或一组人，必须具有决策、调动和保证相关资源的能力。最高管理者应开展以下方面的活动并提供证据，证明其履行了初级农产品安全区域化管理体系的组织领导工作：参与制定、批准地方政府的初级农产品安全方针并形成文件；确保在地方政府长期、年度工作目标中包括对初级农产品安全方面的要求和目标，并在区域化管理体系涉及的相关单位和层次上进行分解，初级农产品安全目标应与安全方针的要求相一致并形成文件；采取措施，确保在初级农产品安全区域化管理体系涉及的单位制定了与地方政府的初级农产品安全目标相一致的目标，并形成文件；通过会议、培训、刊物、宣传栏、电视、网络等各种形式向初级农产品安全区域化管理体系涉及的所有人员传达满足本标准要求、顾客要求和法律法规要求的重要性，提升各级人员关注本标准要求、顾客要求和法律法规要求的意识；主持管理评审，对区域化管理体系的适宜性、充分性和有效性进行评审，并保持评审的记录；提供或协调获得必要的资源，以确保建立、保持和持续改进区域化管理体系。

3. 职责、权限的确定

地方政府应确定体系建立、实施、保持和持续改进过程中发挥作用的政府部门、管理者及相关单位，规定职责和权限，形成文件，并予以传达和沟通。应建立初级农产品安全小组，任命初级农产品安全小组组长。初级农产品安全小组成员应具备多学科的知

识和建立与实施初级农产品安全区域化管理体系的经验，组长应具有较高的指挥权和管理权，具备初级农产品安全管理的基本知识，负责以下工作：管理初级农产品安全小组，并组织其工作；组织建立、实施、保持和持续改进初级农产品安全区域化管理体系；向最高管理者报告体系运行情况，并将此作为体系改进的基础；为初级农产品安全小组成员安排相关的培训和教育，使其了解区域内的产品、过程、设备和安全危害，以及与体系相关的管理要求；与区域化管理体系有关事宜的外部沟通。最高管理者应正式发布该地方政府初级农产品安全方针，作为地方政府主导建立、实施和保持初级农产品安全区域化管理体系的基础。

4. 管理体系文件的策划

对初级农产品安全区域化管理体系进行策划是保证体系建立、实施有效性的基础，对涉及的区域环境、农业活动、初级农产品进行危害分析和风险评估，是区域化管理体系的核心内容，是初级农产品安全危害管理的重要基础，包括以下 4 个过程。

（1）初级农产品安全危害分析

初级农产品安全危害分析就是识别出区域化管理体系覆盖的产品、过程和活动所存在的和可能带来的初级农产品安全危害，并确定每种危害的特性的过程。地方政府在组织进行初级农产品安全危害分析时，应考虑如下几方面。

①对初级农产品安全有影响的环境，如空气、水、土壤等。

②除初级农产品生产、加工过程中应有的常规活动，如正常条件下的种植、养殖、产品前处理和加工等活动外，还应考虑发生异常情况和紧急情况下采取措施的活动，如发生自然灾害组织的抢险活动、发生动植物流行病采取的处置措施等活动。

③来自体系管理区域之外，但对区域内控制下的初级农产品安全产生有害影响的食品污染物，如区域内使用的来自上游或周边区域的灌溉水或养殖水，在区域外但对区域内生产和加工的初级农产品安全有影响的污染源等。

④区域内人员个人的行为，如故意添加、隐瞒使用禁用化学品等。

⑤初级农产品本身或在其种植、加工、储存、流通过程中具有的危害，其类型应包括物理性、化学性和生物性危害等。初级农产品安全危害因素主要包括：农业种养殖过程可能产生的危害，包括因农业投入品不合理使用和控制而造成的农药、兽药、添加剂等有毒有害物质残留超标，以及农产品生产区域因环境污染而带来的食品污染物，如含有汞、砷、铅、铬、镉等重金属毒物和氟化物等非金属毒物；初级农产品包装、储运过程可能产生的危害，包括产品包装过程中使用的包装材料含有害化学物，贮存过程中使用保鲜剂、催熟剂，以及流通渠道中导致的二次污染；初级农产品自身生长或发育过程中产生的危害，如初级农产品本身的天然毒素；农业生产中新技术的应用产生的危害，主要是可能由于技术发展（转基因技术）或物种变异而带来新的危害。

（2）初级农产品安全风险评价

在对初级农产品安全危害进行全面分析的基础上，要根据初级农产品安全危害带来的安全影响，组织进行风险评价，包括确定风险可接受水平和进行风险优先权排序或风险分级。

①风险可接受水平的确定。在确定风险可接受水平时应考虑：与产品有关的标准要

求，包括但不限于国家标准、国际标准和产品进口国标准；初级农产品的使用范围和途径；根据与顾客达成一致的意见，由初级农产品安全小组制定的可接受的最高水平；地方政府制定的区域化初级农产品安全目标的要求。

②风险分级。在进行风险分级时，通过分析危害发生的严重性与可能性，对识别分析出的初级农产品安全危害进行分类，确定风险等级。评估危害的严重性：严重性与危害的可接受水平相关，一般可分为“不可接受”“严重”“中度”和“可接受”；在评估危害严重性时，应考虑将产生多大的有害作用。评估危害发生的可能性：危害发生的可能性与基础管理水平、设备设施条件相关，可通过经验、历史数据等进行判断。一般分为“极可能”“经常”“偶然”“很少”“不可能”。

（3）初级农产品安全风险控制策划

初级农产品安全风险控制策划是确定并采取措施将风险降至可容许程度。选择风险控制措施时应考虑下列因素。

①如果可能，完全消除危害因素或风险，如不使用农药、化肥，采取人工或天敌的方法消灭虫害。

②如果不可能消除，应采取替代措施，努力降低危害的影响程度和风险，如使用低毒农药。

③对区域外的影响采取隔离或进行前处理等方式进行控制。

④利用技术进步，采取工程方法，如改变土壤、兴建新水利设施等控制措施。

⑤将技术管理与程序控制结合起来。

⑥对潜在的安全事故制定应急预案，事故发生时实施，以最大限度地降低事故的损失。

应根据风险评价结果进行策划，见表 3-1、表 3-2。

表 3-1 风险评估报告

作业内容	潜在危害	可能性	严重性	应对措施
引 种	有害生物传入，购入转基因作物	极低	重	①产地检疫合格后引入 ②发现后立即消杀 ③种前对没包衣的种子进行物理处理 ④不购转基因作物的种子，出具种子说明
耕 作	水土流失	低	轻	种植草或树林。
	机械作业中工作人员受创伤	极低	轻	对工作人员进行安全生产教育，严格按规程操作
施 肥	硝酸盐含量高 污染环境	低	轻	①通过土壤监测，合理使用农药 ②增施生物肥，改善土壤生态环境，消除农药污染
	未腐熟有机肥	低	中等	①发酵处理 ②检测合格后方可施用 ③用提供的专用有机肥

（续表）

作业内容	潜在危害	可能性	严重性	应对措施
灌　水	水体污染	极低	极轻	①采取环境处理技术化解污染物 ②用化验合格的水源
农药施用	高毒高残	极低	重	只用已监制的农药
	违禁农药	极低	重	只用已监制的农药
	大量施用	低	轻	①按农药施用程序施用 ②控制用药次数、品种
	调节剂	低	重	禁止施用
	废农药瓶、包装物污染	低	中等	按农药施用方法和废弃农资管理办法处理
采　收	异物混入 运输	低	中等	①按基地卫生管理办法操作 ②按运输车辆管理办法操作

注：①发生概率分为 6 级：极高（80% 以上）、高（60% ~ 80%）、一般（40% ~ 60%）、低（10%~40%）、极低（0%~10%）、无（0%）。

②损失程度分为 6 级：极重（80% 以上）、重（60% ~ 80%）、中等（40% ~ 60%）、轻（10%~40%）、极轻（0%~10%）、无（0%）。

表 3-2　风险控制措施策划

风　险	措　施
可接受	不需另外的控制措施，应考虑投资效果的解决方案或不增加额外成本的改进措施，需要监视来确保控制措施得以维持，对控制效果应进行记录
中　度	应尽可能降低风险，但应仔细测定并限定预防成本，并应在规定时间期限内实施降低风险措施。在中度风险与严重伤害后果相关的场合，必须进一步评价，以更准确地确定伤害的可能性，以确定是否需要改进的控制措施
严　重	直至风险降低后才能进行。为降低风险有时必须配给大量资源。当风险涉及正在进行中的活动和产品时，就应采取相应应急处置措施
不可接受	如果无限的资源投入也不能降低风险，就必须禁止

5. 法律法规和其他要求

遵守法律法规和其他要求是地方政府建立初级农产品安全区域化管理体系的最基本要求，是进行初级农产品安全管理活动和确定重要安全危害的依据。应建立并保持程序，确定与初级农产品安全区域化管理体系有关的活动、产品或服务中所适用的法律法规和其他要求，并及时更新。明确法律法规要求与危害分析与风险评估所确定的安全风险的关系，作为进行风险评价的重要依据。

初级农产品安全目标应是具体，并可测量的，与初级农产品安全方针保持一致，实现初级农产品安全区域化管理体系的符合性和有效性。管理方案是地方政府针对特定风险制定的具体行动计划，一般包括：需控制的风险及相关部门/人员的职责权限；达成的目标，包括分解到相关职能和层次的目标；具体措施，包括可选技术方案及规定；资源需求；实施方案措施的时间表和进度计划；验证的要求及监督部门的职责确定。

（二）初级农产品安全区域化管理体系的实施与运行

主要包括在组织内部要明确职责和权限，提供实施管理的相应资源，形成培训、文件控制、记录控制、信息交流、运行程序及追溯系统、应急准备与响应等保证程序和实施规定，确保初级农产品安全区域化管理体系的有效实施和运行。具体如下。

1. 资　源

资源是初级农产品安全区域化管理体系及其过程建立、实施和保持改进其有效性的必要条件，包括人力资源、资金、基础设施以及技术和专项技能等。应制定培训制度、计划和程序并在明确人员岗位职责和分工的基础上，进行相应的培训，未经正规安全培训，没有取得任职和上岗资格的，不得从事相关的工作。特殊作业人员必须持证上岗。信息交流包括外部信息交流和内部信息交流，目的是为确保体系实施的有效性，并为体系更新和持续改进打好基础，只有指定的具有规定职责和权限的人员才能进行有关初级农产品安全信息的对外沟通。

2. 文件要求

文件是信息及其承载媒介。文件的作用是能够沟通意图、统一行动，是体系建立和运行所必需的，包括5项要求：初级农产品安全方针、目标；对初级农产品安全区域化管理体系的覆盖范围、初级农产品安全区域、农业活动的描述；对初级农产品安全区域化管理体系主要要素及其相互作用的描述，以及相关文件的查询途径；本标准要求的文件，地方政府为确保对涉及重大安全危害的过程进行有效策划、运行和控制所需的文件。所使用的文件应予以控制，编制形成文件的程序，并根据程序要求对文件的评审、批准、发放、使用、更改、处置等活动实施控制。

3. 初级农产品管理

地方政府应建立、实施并保持形成文件的运行控制程序，在种植、养殖、捕捞等过程中应按照良好农业规范（GAP）组织生产，以确保将初级农产品安全危害防止、消除或降低到可接受水平，适用时，包括但不限于以下方面。

（1）产地管理

①畜禽养殖场：应建在地势平坦、干燥、交通方便、背风向阳、排水良好的地方。场地水质良好、水源充足。无有害气体、烟雾、灰尘及其他污染。畜禽养殖场周围3 000米无大型化工厂、矿厂或其他畜牧污染源，距离学校、公共场所、居民居住区不少于1 000米，距离交通干线不少于500米。排污应符合国家相应的法律法规和标准。

②种植基地：要对基地适宜性进行判定，种植者需要评价要种植的作物是否确实可以耕作，是否存在提高杀虫剂剂量的风险和提高化肥的使用量，是否会对地下水造成污染等，通过有效的管理能否最大限度地降低这些风险，并对降低后的风险是否影响农业项目的引进做出判定。制定科学合理的轮作计划，改变农田生态系统，改善土壤的理化特性，减少农业化学投入品的使用，把用地和养地结合起来。

③水产养殖场：水产养殖场要符合水源充足、水质良好的条件。淡水水产养殖用水要符合《渔业水质标准》（GB 11607）、海水水产养殖用水要符合《海水水质标准》

（GB 3097）。周围无畜禽养殖场、医院、化工厂、垃圾场等污染源，具有与外界环境隔离的设施，内部环境卫生良好，布局合理，符合卫生防疫要求，进排水分设。

（2）生产用水管理

①灌溉水质量符合 GB 5084《农田灌溉水质标准》的要求，未经净化处理的污水不能用于灌溉、施肥。处理后的灌溉用水质量应符合我国有关规定和 WHO 的《农业和水产业废水和排泄物安全使用指南》的要求。

②淡水水产养殖用水要符合 GB 11607《渔业水质标准》。

③海水水产养殖用水要符合 GB 3097《海水水质标准》。

④畜禽养殖要求符合 GB 5749《生活饮用水卫生标准》。

⑤食品加工用水（冰）要求符合 GB 5749《生活饮用水卫生标准》。

（3）农药、兽药的选择和使用

①农药的选择：选择农药要根据农药的性质、作用方式、机理和病虫草的特点及对天敌的影响等进行选择。

②兽药的选择：选用农业部允许使用，且不会造成药物残留的营养性等品种，如甜菜碱、氯化胆碱、亚硒酸钠、维生素类、微量元素类等和酶制剂、微生态制剂，使用这些种类可起到提高畜禽抗病力，促进生长作用。

禁止使用违禁药物。目前，我国规定禁用的药物有近 70 种，分为兴奋剂类、性激素类、蛋白同化激素、精神药品类、氯霉素、硝基呋喃类、抗生素滤渣等。采购兽药必须有专人负责，所有的兽药产品必须来自农业部 GMP 认证的兽药生产企业生产，采购前，必须先审查兽药标签和说明书，如外包装标签是否有兽用标志、兽药名称、主要成分、适应症、用法与用量、含量规格、包装规格、批准文号、生产日期、生产批号、有效期、贮藏、生产企业信息等；说明书要重点审查不良反应、注意事项、停药期等内容。若兽药名称只有商品名而无通用名、主要成分不标示、含量规格含糊不清的不能采购。批准文号过期的、有效期已过的兽药属假、劣兽药，绝对不能采购。

③农药、兽药储存：农药、兽药应独立设置储存室，不得存放与农药、兽药无关物品，不得与化肥、种子、苗木和新鲜产品存放在一起。

④农药使用：应简明扼要地描述药品的类别、性能和作用特点，按照登记部门批准的使用范围介绍使用方法，包括适用作物/畜禽/水产、防治对象、施用时期、施用剂量和施用次数等。

⑤兽药使用：严格区分食用动物用药和非食用动物用药。根据病因用药，正确和明确的诊断是正确选择用药的前提。当发生疾病时，要先请兽医诊断，必要时结合实验室检测后用药。严格执行停药期，停药期长的药物，说明该药物在畜禽体内代谢时间长、排泄慢，因此，对快要出栏上市的畜禽，用药时间和用药剂量要严格控制，力争做到不用药。

⑥植保工作人员、兽医：植保工作人员、兽医须由具备专业能力的人员胜任。植保人员、兽医应该相对固定，最好有专门的人员负责，使用农药、兽药时，应了解病虫草害的名称、发病规律和防治指标。

⑦施药器械：施药器械是保证喷药效果、合理控制药液使用量和保证防治效果的重

要工具，防治效果的影响因素包括药剂选择、施药器具和喷洒质量。

⑧剩余药液或清洗废液处理：剩余药液或清洗废液应妥善处理。

（4）环境保护

通过制定实施环境风险评估计划、地方政府保护计划、良好管理规范等来评估农事活动可能对环境的影响。

（5）有害生物控制

经常对有害生物进行检查，并提供详细的检查和跟踪记录。

（6）机械、运输设备

①运送谷物等初级产品的运料车、卡车和拖车等运输工具需要及时进行清洁，以防止对产品的污染。

②装载设备应保持清洁、干燥，无故障，以防承载货物受损。应有设备的维护和清洁记录及设备的使用说明书。

（7）垃圾和污染物的管理、回收与再利用

对生产过程中形成的垃圾进行分类处理。收获前120天内，任何农作物都不允许使用未处理的动物粪便。不允许使用人类的粪便作为肥料。

（8）品种种源、种苗和种畜

①种子和根茎处理是生产过程中影响初级农产品安全的第一道程序，优先采用物理和生物处理，必要时可以采用化学处理，播种、种植记录应记录，以便随时查阅和检查。

②严格执行国务院第304号令《农业转基因生物安全管理条例》。种植和养殖的品种必须是国家法律允许的，并持有国家批准的证明。

（9）土壤和基质管理

建立土壤耕作图，应包括地块平面图、土壤性质或土壤类型。对土壤检测，预防水土流失。

（10）肥料与饲料的使用

对肥料的使用需要专门的人员指导，正确施用各种肥料；饲料产品需严格按GB 13078《饲料卫生标准》。

（11）畜禽与水产品健康

畜禽与水产养殖场具有专职的专业技术人员，制定并执行文件化的健康计划。

（12）收获物和（或）产品的处理

储存条件应根据作物类型和储存要求（如防风雨、防潮、硬化地面、合适的墙和门等）确定，所有用在收获物上的生物灭杀剂、蜡和植保产品都须经过登记或得到相关部门的使用许可。

4. 可追溯系统

建立可追溯性系统是区域化管理体系持续改进、及时撤回不安全产品、消除危害的要求。

地方政府应识别与初级农产品安全有关的潜在紧急情况，例如，火灾、洪灾、生物恐怖主义和蓄意破坏、能源缺乏、车辆事故、疫情疫病和初级农产品安全区域污染等，建立、实施并保持应急准备和响应程序。一旦发生紧急情况和事故，应根据程序做出响应。事后宜分析原因，对应急程序进行评审，必要时进行修订。条件可行时，可以对应急程序进行演练，以判断和证实现有设施及程序的有效性。

（三）初级农产品安全区域化管理体系的检查与纠正

主要包括结合实际建立、实施、保持检查和纠正程序，对关系到初级农产品安全危害的关键环节进行监视、测量和验证，并及时做出纠正与预防。定期进行内部审核和数据分析，对于不符合的环节进行有效控制，及时采取措施消除发现的不符合情况并分析产生的原因。具体如下。

1. 监视和测量

应统一负责、领导、组织、协调区域内的初级农产品安全监督管理工作，建立和保持监视与测量程序，对初级农产品安全目标实现状况、初级农产品安全区域化管理方案和运行控制中的关键环节进行监测和测量。应对监测和测量设备进行定期的校准或检定，妥善维护，并做好相应的校准或检定以及维护记录，以确保监测和测量数据的准确性，客观、准确地反映全区域化管理体系运行的状况和遵守法律法规的情况。

2. 不符合产品的控制

应确保不符合要求的产品得到识别和控制，以防止其非预期的使用或交付。应制定文件化程序，对不合格品进行识别，做好不合格的记录。对不合格品进行评审，根据不合格品评审结果，采取相应的处置方法；采取措施，防止其非预期的使用或应用；当产品已交付，并被确定为不安全时，应通知相关方，并启动撤回。撤回应由最高管理者授权的人员启动并明确相关人员的职责，根据需要及时通知相关方（如立法和监管部门、顾客和（或）消费者），并明确撤回工作程序。对撤回的产品及未交付的同批不安全产品应按规定要求进行处置，处置前应对不安全农产品隔离，避免误用。

3. 纠正及纠正预防措施的制定

对各类不符合，包括不满足初级农产品安全区域化管理体系标准、适用的法律法规及相关要求的情况，应建立、实施并保持程序，用来分析实际或潜在的不符合的原因，采取纠正与预防措施。不符合处理、纠正和预防措施的有关记录应予以妥善保存。

4. 文件和记录

应编制形成文件的程序，以规定记录的标识、储存、保护、检索、保留和处置所需的控制；保持适当的记录是初级农产品安全区域化管理体系重要的管理要求。记录应保持清晰、易于识别和检索，才能发挥上述作用。记录的保留应基于初级农产品的预期用途并至少高于其保存期限 6 个月。

5. 内部审核

实施内部审核，证实初级农产品安全区域化管理体系的符合性和有效性，并针对发现的问题，及时采取纠正措施和预防措施，以确保体系的有效性和持续性；内部审核应制定文件程序，对审核频率、时间间隔、审核人员的职责、审核方案制定和审核发现的处置均做出规定。

6. 数据分析

应确定、收集和分析适当的数据，以证实初级农产品安全区域化管理体系的适宜性和有效性；包括对顾客满意的信息、过程的监视和测量、内部审核，以及来自外部审核、市场调查、政府发布的检查结果等。这些数据一般包括与初级农产品有关的数据、与过程能力有关的数据和顾客满意或抱怨等。

（四）初级农产品安全区域化管理体系的改进

主要包括定期对建立的初级农产品安全方针、安全目标进行改进，对初级农产品安全区域化管理体系的内容进行管理评审，以确保其持续适用性和有效性，并持续改进。管理评审典型周期为每年一次，应事先策划，明确管理评审的时间、地点、依据、参加的人员和管理评审的具体内容。最高管理者主持管理评审，并对管理评审的有效性负责。管理评审输入包括审核结果、沟通信息、安全目标实现程度、合规性评价的结果、紧急情况、事故和撤回、数据分析、预防和纠正措施的状况、以往管理评审后采取的跟踪措施、可能影响初级农产品安全区域化管理体系的变更、改进建议等内容；管理评审的输出为管理体系是否具备持续的充分性、有效性、适宜性，一般形成管理评审报告；识别出改进措施需求，制定相应的措施计划，采取积极措施落实管理评审输出的任务，实现初级农产品安全区域化管理体系的持续改进。

第四章 《农产品产业链全过程管理规范》标准解读

一、《农产品产业链全过程管理规范 第 1 部分：果蔬 通用要求》解读

本部分对将于 2019 年发布的山东省地方标准《农产品产业链全过程管理规范 第 1 部分：果蔬 通用要求》的内容进行解读。

【标准条款】

1 范围

本标准规定了山东省出口农产品质量安全示范区内果蔬的种植、加工、流通等各个环节管理体系及产品质量安全的技术管理要求。

本标准适用于山东省出口农产品质量安全示范区内果蔬的种植、初级农产品处理、加工、运输贮存、流通等产业链上的组织。

2 规范性引用文件

下列文件对于本文件的应用是必不可少的。凡是注日期的引用文件，仅所注日期的版本适用于本文件。凡是不注日期的引用文件，其最新版本（包括所有的修改单）适用于本文件。

GB 2760 食品安全国家标准 食品添加剂使用标准

GB 2761 食品安全国家标准 食品中真菌毒素限量

GB 2762 食品安全国家标准 食品中污染物限量

GB 2763 食品安全国家标准 食品中农药残留限量

GB 5084 农田灌溉水质标准

GB 5749 生活饮用水卫生标准

GB 7718 食品安全国家标准 预包装食品标签通则

GB 8978 污水综合排放标准

GB 14881 食品安全国家标准食品生产通用卫生规范

GB 15618 土壤环境质量 农用地土壤污染风险管控标准（试行）

GB/T 19000 质量管理体系基础和术语

GB/T 19575 农产品批发市场管理技术规范

GB/T 20014 良好农业规范系列标准

GB/T 21720 农贸市场管理技术规范

GB/T 22502 超市销售生鲜农产品基本要求

GB/T 26432 新鲜蔬菜贮藏与运输准则

GB/T 27320 食品防护计划及其应用指南

GB/T 27341 危害分析与关键控制点体系食品生产企业通用要求

GB 28050 预包装食品营养标签通则

GB/T 29372 食用农产品保鲜贮藏管理规范

GB/T 33300 食品工业企业诚信管理体系

ISO 9001 idt GB/T 19001 质量管理体系要求

ISO 22000 idt GB/T 22000 食品安全管理体系—食品链中各类组织的要求

全球良好农业规范标准（Global GAP IFA All Farmbase Corp Base and FV ）

CAC-RCP1 食品卫生总则/HACCP 体系及其应用准则

FSSC 22000 欧盟食品及饮料产业联盟食品安全管理体系标准要求

CAC/RCP44 新鲜水果和蔬菜包装与运输操作规范

SQF2000 食品安全标准（Comprehensive SQF2000 System Implementation）

IFS 国际食品安全标准（IFS International Food Standard ）

BRC 国际食品安全标准（BRC Global Standard-Food Safety）

CODEX STAN 1 预包装食品标签通用标准（General Standard for the Labeling of Prepackaged Foods）

美国国家有机项目标准 NOP

日本有机农业标准 Japanese Agriculture Standard

日本肯定列表《食品中农业化学品残留限量》

国际食品法典委员会（CAC） 农残限量标准

EU08-04 欧盟食品中农药残留限量标准

EC2073 欧盟食品中微生物的要求

《出口食品生产企业备案管理规定》（国家质量监督检验检疫总局令第 192 号）

3 术语和定义

GB/T 19000、GB/T 20014、GB/T 22000 界定的术语和定义适用于本文件。

3.1 组织

为实现目标，由职责、权限和相互关系构成自身功能的一个人或一组人。

注 1：组织的概念包括但不限于代理商、公司、集团、商行、企事业单位、行政机构、合营公司、协会、慈善机构或研究机构，或上述组织的部分或组合，无论是否为法人组织，公有的或私有的。

注 2：本标准中的组织指出口农产品质量安全示范区中从事各类农产品种植、养殖、加工、运输、贮存、流通等活动的机构（注 1）。

3.2 食品链

从初级生产直至消费的各环节和操作的顺序，涉及食品及其辅料的生产、加工、分销、贮存和处理。

注 1：食品链包括食源性动物的饲料生产，和用于生产食品的动物的饲料生产。

注 2：食品链也包括与食品接触材料或原材料的生产。

3.3 农产品产业链

各类农产品种植、养殖、加工、运输、贮存、流通等食品链过程活动的环节。

3.4 供方

提供产品或服务的组织。

示例：产品或服务的制造商、批发商、零售商或商贩。

注 1：供方可以是组织内部或外部的。

在合同情况下，供方有时称为“承包商”。

4 管理体系

4.1 管理体系的建立与保持

4.1.1 组织应按适用的国际通行管理体系标准（附录 A），建立有效的管理体系，加以实施并保持，必要时进行更新。

4.1.2 组织每年应至少实施一次内部审核或委托有资质的第三方机构对管理体系进行审核，提供管理体系评价报告，并持续改进。

【标准理解】

①管理体系是为实现特定目标而建立的包含方针策略、过程和程序的制度架构。管理体系可以包括质量管理体系和环境管理体系，也可以包括技术管理体系和行政管理体系。管理体系的运作包括体系的建立、实施、保持和持续改进。组织建立山东省农产品产业链全过程管理体系时，应依据本标准附录 A 给出的国际通行标准进行参考，选择本组织的供应链阶段如种植、加工、仓储、运输、批发、零售所适用的标准。

②全产业链标准在内容上引用、选用、参照国际标准，更易于组织直接被国际市场认可和采信。组织在进行全产业链标准评价活动时，如果已通过相应供应链阶段的国际标准认证，第三方机构将基于组织已获认证的结果作为风险评估信息输入，减少重复评审和组织的额外负担。

【标准条款】

4.2 食品安全风险管理

4.2.1 组织应建立机制，跟踪国际、国家、行业食品安全风险监测信息及与组织有关的食品安全危害信息。

4.2.2 组织应策划、评估食品安全状况，对可能存在的安全隐患，应依据食品安全风险评估结果采取相应的措施。

4.2.3 组织应按 HACCP 原理识别食品链相关过程中的食品安全危害，并建立有效的控制措施。

4.2.4 组织应预留与食品安全风险相对应的食品安全风险基金或投保食品安全责任险。

【标准理解】

①全产业链标准编制采用目前国际通行的食品安全管理基本思想，以基于风险管理、国际通行的 HACCP 食品安全危害分析与关键控制点管理原理为基础，有效保障食品安全。

②目前针对食品安全管理的主流管理体系包括 ISO 22000：2005 食品安全管理体系—食品链中各类组织的要求、GB/T 27341—2009 危害分析与关键控制点（HACCP）体系、BRC、IFS 等，这几个体系的核心都是依据 HACCP 原理，根据产品工艺流程、外部环境、设施设备、法律法规等信息，进行危害分析，确定需要控制的危害，建立有效的控制措施组合。

③组织在建立体系时也要关注客户需求，BRC 和 IFS 是国际零售商巨头牵头制定的标准，也是全球食品安全倡议（GFSI）认可的主要食品安全管理体系标准。不同地区的客户可能对认证标准有不同的要求。比如 BRC 是由原英国零售商协会制定的标准，证书在英国、澳大利亚等英联邦国家得到更多的认可，IFS 证书在德国、法国、意大利等国家认可度更高。

④食品安全责任保险是承担食品生产经营者民事赔偿责任的一种保险，在发生食品安全事故时，可以为食品生产经营者承担风险，保障消费者权益。

【标准条款】

4.3 食品链供方管理

4.3.1 组织应与食品链供方进行沟通，获得充分的食品安全信息。

4.3.2 组织应有效实施供方能力评价，选择合格供方，确保供方产品持续满足相应的质量安全标准要求。

【标准理解】

①全产业链标准注重组织在整个供应链阶段中的信息传递与沟通。为确保供方产品持续满足组织食品质量安全标准要求，必须对供方能力进行评价。

②根据供方提供产品性质的不同，确定对供方不同的控制类型、程度和要求。一般常见的控制活动包括验收检验分析报告、委托第二方审核、统计数据和绩效指标评价等。组织应每年对供方的资质（营业执照、食品生产许可证、出口备案证明等）进行评价，每年索要供方有效的外部检测报告，保留评价的证据。索要合格证据，也是出现质量纠纷时免责的证据。

【标准条款】

4.4 人员能力、培训与管理要求

4.4.1 组织应确保食品安全检验人员、不合格评审人员、质量管理与控制人员、农药及各类植保产品使用与管理人员，化学品管理及使用人员、关键岗位操作人员、内审员接受过专业培训并具备相应能力。

4.4.2 组织应持续识别培训需求，制定培训计划，实施培训并保持培训记录。

4.4.3 组织应对所有与食品安全有关的人员实施食品安全法规标准、食品安全意识、HACCP 理论、食品安全管理体系标准及文件培训。

4.4.4 组织应保持与食品安全有关的有效人员名单，食品加工、管理人员应持有健康证明。

【标准理解】

①在食品企业中，与食品农产品直接接触或对食品安全有影响的职工每年应进行健康检查，确保人员健康符合食品或农产品加工要求。

②组织应根据食品安全目标提出对员工教育和培训需求，并制定满足培训需求的政策和程序。培训计划既要考虑组织当前和预期的任务需要，也要考虑组织内人员的资格、能力、经验、意识符合岗位要求。组织可通过实际操作考核、内外部质量控制结果、内外部审核、利益相关方的投诉、人员监督评价和管理评审等多种方式对培训活动的有效性进行评价，并持续改进培训以实现培训目标。

【标准条款】

4.5 信息保持、记录与通报要求

4.5.1 组织应按适用的管理体系标准要求建立文件、记录管理程序并保持相关记录。

4.5.2 组织应保持农产品产业链相关信息及记录，以提供产业链全过程标准化体系有效运行的证据。相关记录按附录 C 执行。

4.5.3 组织应策划有效的内部监督活动，根据内、外部监督结果实施持续改进，并保持所有内、外部监督管理信息。

4.5.4 组织应按要求通报产品质量安全重大事件。

【标准理解】

①组织按照全产业链标准建立体系时，可参考附录 C 中涉及的记录。记录的设计应简单、清晰、包含必要的信息，易于填写，考虑与食品安全追溯系统的关联。填写时要关注填写的时效性、真实性。记录保存年限要根据产品保质期和法规要求来确定。

②内部监督活动是组织对内部特定体系运行的有效性开展的内部审核活动，是企业完成 PDCA 系统管理、持续改进的重要内容，应对内部监督活动进行策划，以实现有计划的、系统的、独立的审核活动。内部监督活动有内部审核、管理评审、其他各层次的监督等各多种形式。

③ 外部监督活动包括官方监管、第三方认证审核、采购商审核、消费者投诉等多

种形式，外部监督活动的结果应保持，并作为企业持续改进的信息输入。

【标准条款】

4.6 可追溯管理

4.6.1 组织应建立且实施可追溯性系统，识别本标准要求的基本信息，确保能够识别产品批次及其与原料批次、生产和交付记录的关系，识别直接供方的进料和终产品初次分销的途径。

4.6.2 应按规定期限保持可追溯性记录。应采用适当方式公开向相关方展示追溯信息。可追溯性记录应符合相应标准、规范要求、顾客要求。

【标准理解】

①可追溯体系是农产品食品安全的重要组成部分，包括产品及其成分在整个或部分生产与使用链上所期望获取信息的全部作业和数据。可追溯体系建设是组织食品安全管理体系持续改进、潜在不安全产品处理、及时撤回不安全产品的前提条件。追溯体系设计可参考 GB/T 22005 饲料和食品链的可追溯性体系设计与实施的通用原则和基本要求中的内容。

②追溯应能够沿整个食品链进行追溯。针对一个组织生产的产品要求能够从原料追溯到最终顾客。

③追溯记录保持是实现可追溯的必要条件。通常记录的保存期需要满足法律法规和客户的要求。

【标准条款】

4.7 食品防护

组织应识别人为故意污染和蓄意破坏的可能性，建立食品防护计划并实施。

【标准理解】

①组织应制定产品防护计划，防止产品在生产、储存、运输过程中遭受人为故意污染和蓄意破坏，保障食品安全。

②食品企业在制定食品防护计划时，可参照 GB/T 27320—2010《食品防护计划及其应用指南　食品生产企业》的要求制定。

【标准条款】

4.8 召回和不合格品管理

4.8.1 组织应识别法规要求，建立书面的召回和不合格品管理程序。

4.8.2 当发现产品不符合质量安全标准或存在潜在危害时，应隔离不合格产品，对不合格品情况进行评审，实施处置，分析原因并采取纠正措施。

4.8.3 需要召回处理的，应在规定时间内通知相关生产经营者、消费者及监管部门。

4.8.4 每年对召回程序进行演练并保持纪录。对实际发生的召回应按规定的期限保持完整记录。

【标准理解】

①评估后产品不能证实符合要求时应对产品进行处置。可采取返工或进一步加工方式实现危害控制，如食品安全危害无法消除，不合格产品需销毁或废弃。

②当终产品交付后发现不安全时，组织应及时召回。召回通常是紧急事件快速处理，因此组织应经过完整的策划并形成召回文件，每年进行召回演练，以有效实现不安全产品的召回。

③召回应考虑法规的要求，按法规要求实施信息通报。

【标准条款】

4.9 信用管理

4.9.1 组织应建立食品安全信用管理程序，对供应商、经销商及相关食品链组织违规行为进行记录，并采取相应限制措施。

4.9.2 加工组织应参照 GB/T 33300 实施食品诚信管理。

4.9.3 批发、零售市场应建立信用记录制度，对场内经销商违规经营行为应进行警示通告。建立对场内交易农产品的价格、检测、计量、质量等相关信息的公示制度。

【标准理解】

①组织应建立信用档案，记录原料供应商、采购商以及其他与生产相关设备、包材产品供应商的诚信状况。

②批发市场应对在市场进行交易的经销商建立信用档案，对经销商信用进行考核，对在市场上销售不合格产品经销商进行公示，严重时应取消该经销商在市场的销售资格。

③交易市场应建立农产品信息公开制度，对农产品价格、检测信息、产地信息等进行公示，保障消费者的知情权。

【标准条款】

4.10 生态、环保要求

4.10.1 组织应实施环境和生态保护。种植者应建立野生动植物管理和保护方案，了解农事活动对环境造成的影响。

4.10.2 组织应尽可能使用可持续的能源并进行监视，确保绿色环保、低碳节能、资源节约。

4.10.3 组织应采用最有效的灌溉方法以利于水土保持。

4.10.4 组织应实施废弃物和污染物管理，回收、处置并再利用。

【标准理解】

①组织应对农事操作对环境的影响进行评估，避免农事活动对土壤或者作物的污染以及对生态的破坏。应制定有效的农场生态保护计划，例如采取种树等方式。

②企业可以实现农业生态系统内部循环，推广生态养殖。

③组织应制定废弃物和污染物管理规程，对生产废弃物和污染物进行统一管理，其中有国家法律法规规定的废弃物，应按照规定处理。

【标准条款】

5 农产品质量安全要求

5.1 农产品质量安全基本标准

农产品品质、食品安全应满足目标市场相关标准要求，标准包括但不限于 GB 2760、GB 2761、GB 2762、GB 2763。详见附录 B。

5.2 产品监控、验证计划

5.2.1 组织应策划、制定产品质量安全验证计划，以提供对组织生产产品食品质量安全水平符合相应标准的证实。

5.2.2 应综合考虑产品特性、工艺特点、原料控制情况等因素合理确定检验项目和检验频次以有效验证生产过程中的控制措施。

5.2.3 监控验证计划应符合目标市场的相应标准、要求。

5.2.4 监控计划应包含食品链过程中重要食品安全危害的验证活动。

5.2.5 监控计划应考虑适宜、可操作、有效的检测、验证方法。适宜时，可考虑对相关过程配备快速检测设备实施检测与验证。

5.2.6 每年应至少实施一次产品标准全项目验证检测，并提供检测报告。

5.3 检验机构、取样抽样及检验方法要求

5.3.1 应通过自行检验或委托具有相应资质的检验机构对原料和产品进行检验，建立出厂检验记录制度。

5.3.2 自行检验应具备与所检项目适应的检验室和检验能力。由具有相应资质的检验人员按规定的检验方法检验。组织应确保检验设备设施满足检验需求，并对设备按期检定。使用快速检测设备实施验证活动的，应建立快速检测设备校准计划及不合格复验程序。

5.3.3 检验室应有完善的管理制度，妥善保存各项检验的原始记录和检验报告。应建立产品留样制度，及时保留样品。

5.3.4 不同产品抽样要求，应按相关产品标准规定执行。

【标准理解】

①对果蔬质量安全提出了要求。应识别法律法规及客户对产品的要求，制定产品检测计划；根据检验项目配备检测设备及检验人员，或委托有资质的第三方实验室进行检测；出厂检验项目至少包含法规及标准中要求的项目及客户要求的项目，出口果蔬应符合进口国家（地区）的要求；每年委托有资质的实验室进行型式检验。

②随着生活水平的不断提高，消费者对食品安全的要求不断提高，我国农产品食品的法律标准不断完善，监管日益严格。加上国际市场对食品安全的要求，国际贸易的需要，对产品检测提出了更高的要求，完善的检验检测活动是果蔬质量安全的有力保证。企业应提供农产品品质、食品安全满足目标市场相关标准要求的检测结果证明。

【标准条款】

6 种植过程管理

6.1 总要求

组织应按良好农业规范 GB/T 20014 系列标准（GAP）要求建立体系，实施并保持。

6.2 产地环境、场所管理

6.2.1 应按合理的参照系统建立地图或示意图，确定场所准确位置及边界，并清晰识别场所内各独立区域及可见的实物标识。保持有效的图示。

6.2.2 应从食品安全、环境保护、生态可持续性、员工健康安全几个方面实施种植场所风险评估，确保适合农业生产，变更场所时应实施重新评估。

6.2.3 应策划、制定土壤、空气、水质监测计划，实施监测活动并提供测试证据。监测可采用、采信官方或有资质的第三方结果。

6.3 繁殖材料管理

6.3.1 繁殖材料来源和质量

6.3.1.1 购买的繁殖材料应有可追溯到供方的证实资料，应保留供方资质文件并提供质量证明。

6.3.1.2 自繁育种子应建立质量控制计划，且保持最新的记录。

6.3.2 繁殖材料处理

6.3.2.1 购买的繁殖材料如经过处理，应保留处理记录。

6.3.2.2 自繁育繁殖材料应保留处理记录。

6.3.3 转基因管理

6.3.3.1 应保持并提供证明文件证实转基因使用符合国家相关的法律法规要求，包括种植、使用转基因品种和/或源自转基因产品的记录。

6.3.3.2 应提供书面文件，阐述对转基因材料（作物和试验品）处理和储藏的控制方案。

6.3.3.3 应建立防护计划，防止转基因的意外污染，转基因作物应与其他作物分别处理和储存。

6.4 土壤管理

6.4.1 应对土壤实施分析，保持分析报告。土壤环境质量应满足 GB 15618 要求。

6.4.2 应使用合理方法改良或保持土壤结构，避免土壤板结和土壤侵蚀。采用适宜的耕作技术（如轮作和间套种），保持或提高土壤有机质和肥力水平。

6.4.3 需要熏蒸处理时，应使用合理熏蒸技术，保持使用土壤熏蒸剂的书面记录。遵守种植前熏蒸剂使用的时间间隔要求。

6.4.4 使用化学品对基质消毒时，应保持消毒记录。

6.5 肥料要求

6.5.1 肥料使用

6.5.1.1 肥料使用应考虑果蔬的营养需要和土壤肥力，留存分析记录或其他特定的文献作为证据。在肥料种类选择上鼓励使用堆肥、绿肥等农家肥以及沼液沼渣、商品有机肥、微生物肥等有机肥，适量使用化肥。

6.5.1.2 应在足以证实有能力的技术人员指导下进行施肥。

6.5.1.3 应保持购买的肥料营养成分和含量的文件说明。

6.5.2 施肥记录

应对施肥情况进行记录。包括但不限于施肥的种类、方式、时间、用量、施肥人员等。

6.5.3 肥料储存

6.5.3.1 肥料应与植保产品分开储存，有适宜的遮盖等保护措施。肥料不得与已收获的产品共同储存。

6.5.3.2 保持最新肥料库存清单及使用记录，至少每 3 个月更新一次。

6.5.4 有机肥

6.5.4.1 使用有机肥应符合相关标准要求。

6.5.4.2 不得使用人类生活污水淤泥、城市垃圾等。

6.5.4.3 使用前应进行风险分析，确定有机肥来源、特性及预期用途。

6.5.4.4 制作堆肥、沼液沼渣应符合相应卫生标准要求。有机肥堆制和储存应于指定区域并实施有效防护。

6.6 灌溉水质要求

6.6.1 应从可持续的水源取水，保持水利部门用水许可证明。

6.6.2 对灌溉用水应进行水质检测，水质符合 GB 5084 要求

6.6.3 不得使用未经处理的污水。

6.7 田间管理

应建立田间管理规范，明确整地、施肥、播种、浇水、追肥、培土等过程要求。

田间操作应建立相关记录。

6.8 病虫草害综合防治

6.8.1 优先使用农业综合防治措施，创造不利于病虫草害滋生和有利于各类天敌繁衍的环境条件，保持农业生态系统的平衡和生物多样化，减少各类病虫草害所造成的损失。

6.8.2 优先采用农业措施，通过选用抗病虫品种，非化学药剂种子处理，培育壮苗，加强栽培管理，中耕除草，秋季深翻晒土，清洁田园，轮作倒茬、间作套种等物理措施防治病虫草害。应尽量利用灯光、色彩诱杀害虫，机械捕捉害虫，机械和人工除草等措施，防治病虫草害。

6.8.3 应采取观察和监控等措施，证实至少实施了一种活动以确定有害生物及其天敌出现的时间和程度，并采用适宜的有害生物防治技术。

6.8.4 当采用化学方法防治病虫草害时，应选择法规允许的植保产品，并按植保产品标签标示的范围及方法使用。

6.9 植保产品

6.9.1 选择、购买、使用、储存

6.9.1.1 应从有资质的单位购买植保产品，保留购买植保产品票据。

6.9.1.2 植保产品的使用应符合相关标准要求。应优先使用无毒或低毒的植保产品，严禁使用禁用植保产品。

6.9.1.3 应保留使用植保产品清单。植保产品的使用目的应与产品标签推荐一致。

6.9.1.4 使用、储存植保产品的人员应有相关资质或培训并证实具备能力。

6.9.1.5 应保持植保产品使用记录。

6.9.1.6 应按照标签要求的温度储存。储存设施满足相应标准、规定要求，安全、合理。防止与其他材料的交叉污染。保存过程应保护标签，换标签时应包含原标签上所有信息。应保持有效植保产品的库存清单，且至少3个月更新一次。

6.9.2 残留分析

6.9.2.1 应保持产品目标市场最高残留限量（MRLs）标准。

6.9.2.2 建立书面程序，规定当植保产品的残留检测结果显示超过限量标准时，应采取的补救步骤或措施（包括与顾客沟通、实施产品召回、产品追踪演练等）。

6.9.2.3 应策划实施残留分析并保持记录。

6.9.3 其他要求

6.9.3.1 应建立事故处理程序并进行演练。

6.9.3.2 应配备处置及防护设施。

6.9.3.3 通过认可或批准的方式妥善保管、标识和处置弃用的植保产品，符合相应标准要求。

6.10 采收

6.10.1 应建立程序保证收获、采收过程卫生管理。

6.10.2 采收工器具应清洁、卫生、无污染，包装材料应采用食品级材质，专用并保持清洁。

6.10.3 应采取食品防护措施保证收获安全及防止有害生物的进入。

6.10.4 使用冰（或水）时，应按程序保证水（冰）的卫生和安全。

6.10.5 适当时应对温度和湿度进行监控并记录。

【标准理解】

①该部分对果蔬种植过程提出了要求。包括产地环境、场所管理、农业投入品管理、田间管理、残留分析和采收等方面的要求。果蔬种植场所应选择周围无化工厂、无被污染的河流经过、无放射性等污染源的区域。种植前对土壤和灌溉水进行检测，土壤应符合 GB 15618 的要求，灌溉水应符合 GB 5084 的要求。要具有良好的排涝抗旱能力，土质要适宜所种植果蔬品种的生长。

②应有具备农学、植保等专业知识，有一定的实践经验的专职或兼职技术人员，指导负责种植场种植技术及病虫害防治的培训和指导。

③种子、化肥的选定及管理。应选择正规、大规模、信誉好的生产厂家。每批种子应先做出芽率实验，合格后再使用。应使用腐熟的有机堆肥，未经处理的畜肥应当在萌芽之前（若为木本作物）使用，若为其他作物应在采收前至少 60 天使用，若为绿叶菜类，则不得在种植后施加此类粪肥（即使其生长周期超过 60 天）。

④植保产品管理。选择的农药必须符合中国及进口国的法律要求，禁止使用违禁药品；选择正规、大规模、信誉好的农药生产厂家，并从有资质的单位购买，购买时应索要农药生产许可证、农药登记证或在中国农药信息网上核实农药信息。有条件的种植场可对首次购买的农药进行检测，确认农药成分，保证不含有标识外成分；建立专用仓库，根据农药特性及保管条件进行上锁保管，建立“农药出入库记录”。基地植保员根据各类蔬菜的病虫害发生状况制定农药使用方案，经基地管理部门负责人审核后，领取农药发放给种植者。农药喷洒前基地植保员对农药稀释场所、农药喷洒器具、作业人员的安全防护措施、作业环境等进行监督确认。农药配制应在植保员的指导下进行，按照标签或使用说明书规定的条件和方法，准确配制农药，确保用药效果，同时做好农药使用记录，记录农药的商品名、有效成分、登记号、登记有效期、生产厂家、安全间隔期、打药时间、配制浓度、施用量、打药器具、技术人员及操作人。作业人员喷洒农药时应戴口罩、乳胶手套，穿雨衣、水鞋等进行必要的防护，喷洒完毕后及时用肥皂水清皮肤的裸露处，避免对人体造成伤害。

⑤采收时间要符合植保产品安全间隔期的规定。采收前抽样进行检测，检测合格后采收，检测项目应重点关注当季的用药及周边作物的用药。

⑥记录。为符合可追溯的要求，应对农业投入品购买、储存、发放、使用以及种植过程中的相关农事操作进行记录，并保存相关证明文件，记录内容应尽可能涵盖便于追溯的所有信息。

【标准条款】

7　初级农产品处理

7.1　处理程序及记录

7.1.1　应建立农产品处理规程并实施。

7.1.2　使用化学品处理时，应建立化学品使用规程并保持化学品使用记录。

7.2　筛选、分级控制

组织应按相应农产品品质及分等分级标准要求，对初级农产品进行筛选，分级。

7.3　清洗

清洗用水应符合 GB 5749 要求。应保存清洗记录。

7.4　包装

7.4.1　应根据农产品属性进行适当包装，为产品提供恰当保护。

7.4.2　包装材料应符合相应安全卫生标准要求，全新、清洁，不得带有异物和异味。使用标有商品信息的材料应使用无毒油墨或胶水。

7.4.3　包装材料应符合相应安全卫生标准要求，保证通风及强度要求，确保对产品的适宜处理、运输和保存。包装不得带有异物和异味。

7.4.4　新鲜果蔬产品应根据 CAC/RCP44 要求进行包装。

7.5　标识

7.5.1　组织应对包装销售的农产品在包装物上标注或者附加标识标明品名、产地、生产者或者销售者名称、生产日期。

7.5.2　有分级标准或者使用添加剂的，还应当标明产品质量等级或者添加剂名称。

7.5.3　未包装的农产品，应当采取附加标签、标识牌、标识带、说明书等形式标明农产品的品名、生产地、生产者或者销售者名称等内容。

7.5.4　产品中含有转基因成分时，应明确标识。

7.5.5　农产品标识所用文字应当使用规范的中文。标识标注的内容应当准确、清晰、显著。

7.5.6　销售获得无公害农产品、绿色食品、有机农产品等质量标志使用权的农产品，应当按认证要求及相应标准正确标识。

【标准理解】

①初级农产品的加工一般是指生鲜农产品简单的筛选、分级、清洗、贮藏和包装，需要清洗的会涉及清洗用水，硬件设施设备相对简单，可以在采收地点进行或指定的加工厂进行。应保持加工场所清洁卫生，面积与生产能力相适应，应有与加工品种相配套的设备设施，布局合理，避免交叉污染，并定期对设备设施进行维护保养，保持清洁卫生。应对员工进行培训，使其具备相关的清洁卫生方面的知识。所有参与产品有关操作的人员应遵守良好卫生规范。

②储存时以批次号为单位分开存放并挂牌标识，详细记录产品名称、产地、批次

号、数量等信息。对温湿度进行监控并记录；包装农产品的材料和使用的保鲜剂、防腐剂、添加剂等物质必须符合国家强制性技术规范要求，并做好使用记录。如果有清洗用水，每年委托有资质的实验室进行水质检测，保留检测的证据。

【标准条款】

8 农产品加工

8.1 基于 HACCP 的食品安全管理要求

组织应依据目标市场要求，按 HACCP 原理实施食品安全危害的识别与管理，参考附录 A 选择适用的国际通行管理体系标准建立并实施管理体系。

8.2 生产企业资质要求

组织应按法规要求取得相应食品生产企业资质，有食品生产许可证要求的企业应获得食品生产许可资格，出口食品生产组织应符合《出口食品生产企业备案管理规定》，并持续保持。

8.3 良好生产规范 GMP 的要求

组织应符合 GB 14881 要求；专项产品生产企业良好生产规范及目标市场 GMP 标准要求。

8.4 食品添加剂和非食用物质的管理

8.4.1 食品添加剂使用应符合 GB 2760 要求及目标市场要求，应保持添加剂使用清单。

8.4.2 复合添加剂应明确具体成分并符合使用规定，所有使用的添加剂应与产品标签标注相符。

8.4.3 应在风险分析的基础上对使用的食品添加物质策划检验验证活动，保持检验结果证明。

8.5 包装、标识

8.5.1 包装

8.5.1.1 产品包装应符合相应产品标准中包装要求的规定。

8.5.1.2 包装材料应符合 GB 4806 等包装材料卫生标准的要求。

8.5.2 标识

8.5.2.1 产品标识应符合 GB 7718、GB 28050 营养标签标准要求以及相关产品专项标签标准要求。

8.5.2.2 出口产品应符合 CODEX STAN 1 预包装食品标签通用标准及相应目标市场标签标准要求。

8.5.2.3 认证产品标识应符合相关认证要求。

【标准理解】

①HACCP 是危害分析和关键控制点（Hazard Analysis Critical Control Point）的简称，包括 7 个原理。它是指导食品企业建立食品安全控制体系的基本原则。以 HACCP

为基础的食品安全控制体系，被称为 HACCP 体系。果蔬加工企业应确保资质符合要求，有食品生产许可证要求的企业应获得食品生产许可资格，出口食品生产组织还应取得出口食品生产企业备案证明。果蔬加工企业相关的标准规范包括 GB 14881《食品安全国家标准　食品生产通用卫生规范》及相应的良好生产规范，出口果蔬生产企业应按照《出口食品生产企业安全卫生要求》和《出口食品生产企业备案需验证 HACCP 体系的产品目录》和相关规范要求建立体系并持续运行，这些规范包括《出口罐头生产企业注册卫生规范》《速冻果蔬生产企业注册卫生规范》《出口饮料生产企业注册卫生规范》《出口速冻方便食品生产企业注册卫生规范》《出口泡菜生产企业注册卫生规范》《出口脱水果蔬生产企业注册卫生规范》等。根据要求建立 HACCP 管理体系。

②果蔬生产企业应确定辅料（包括食品添加剂等）的卫生质量标准，建立辅料的采购、验收、贮存、使用等方面的卫生要求和管理程序，建立并实施辅料合格供应商管理体系。辅料采购应来自具有合法资质的生产企业。辅料验收应符合国家有关规定，严禁使用国家不允许使用的辅料。辅料进厂时应有出厂合格证，同时检查其感官品质、卫生状况。辅料贮存应设专库存放，专人保管，避免污染。辅料库应防虫防鼠，保持清洁、卫生、干燥。辅料使用应符合国家有关规定（如食品添加剂的使用要符合 GB 2760《食品添加剂使用标准》的规定）和进口国（或地区）要求。使用添加剂时，必须确认是否是允许使用的品种，对复配添加剂，应识别具体成分，确保添加量符合 GB 2760《食品添加剂使用标准》的规定。严格执行规定的使用范围和使用量，不得随意超出使用范围和使用限量，操作人员不得凭经验随意加入，应使用计量器具准确添加并做好记录。超过保质期和变质的辅料不应用于果蔬加工。

③对加工过程实施卫生管理。应建立并有效执行食品加工卫生控制程序，确保加工用水（冰）、食品接触表面、加工操作卫生、人员健康卫生、卫生间设施、外来污染物、虫害防治、有毒有害物质等处于受控状态，对关键的卫生控制操作要进行记录。

④包装容器和包装物料应由国家批准可用于食品包装的材料制成，直接接触食品的包装、标签符合食品卫生要求，并保证不褪色，不含有有毒有害物质，对内容物不造成直接或间接的污染。包装容器和包装物料经验收合格后方准使用。包装容器和包装物料应保持清洁卫生，不应落地堆放，并采取覆盖等防尘措施，在干燥通风的专用库内存放，内外包装物料分开存放。对温湿度敏感的包装容器和包装材料，应控制储存库的温湿度并定时检查和记录。包装物料库应防虫防鼠，保持清洁、卫生、干燥。

⑤果蔬产品外包装的标识，应符合我国的法律法规、部门规章和进口国的法律法规要求，出口果蔬产品至少应在外包装上标明产品名称、生产企业名称、备案号、生产日期、生产批号等。通过产品标识，使得产品具有可追溯性 。

【标准条款】

9　贮藏与运输

9.1　总要求

贮藏与运输应符合 GB/T 26432、CAC/RCP 44、GB/T 29372 的要求。

9.2 物流设备设施

9.2.1 应使用符合国际、国家通用规格、性能、材质的标准装备，在其堆码、包装、装载、搬运、运输及仓储过程中按照统一的规范进行。

9.2.2 在供应链过程中，物流设备设施应树立单元化、模块化、标准化理念，促成物流设备设施循环共用系统建立。

9.3 贮藏

9.3.1 贮藏方式

9.3.1.1 根据果蔬的品种特性和用途，采取适宜的贮藏方法，可采用通风库贮藏、冷藏贮藏、气调贮藏等贮藏方式。

9.3.1.2 组织应对贮藏设备实施维护，保证贮藏设施符合相应贮藏技术管理规范要求。应确保库房栈板、货架、叉车的使用不会对果蔬造成污染，使用的材料应保持完整，不得生锈。

9.3.1.3 组织应制定贮藏管理程序。入库前进行消毒灭菌，消毒物质及使用方法应符合相应标准要求。入库后定时检查，确保贮藏库正常运行。应保持产品出入库记录。

9.3.2 贮藏条件

应符合相应农产品温度、湿度、气体成分、光照、通风等贮藏条件要求。

9.3.3 贮期管理

9.3.3.1 食品不得与其他有异味的产品混放。易造成串味的农产品和食品应单独存放。获得无公害农产品、绿色食品、有机产品等质量标志使用权的农产品应根据相关标准要求单存单放或在指定区域存放。

9.3.3.2 应制定防护制度，防止装卸货其他操作过程对农产品和食品产生损伤，防止人为恶意污染食品。

9.3.3.3 应定期对库房设施、制冷系统进行巡检，确保设施设备满足储藏要求。

9.3.4 标识与追溯

9.3.4.1 应根据农产品和食品种类确定保存期限。

9.3.4.2 库房应做好进出库品、在库品的信息登记及标识，实现追溯，并确保产品先进先出。

9.3.4.3 在库品应根据品种、规格、产地、加工程度、洁净度、成熟度、采收日期等因素分类储藏，并对品种、来源、质量等级、采收及入库日期等标识，保持记录并登记业务系统。

9.4 运输

9.4.1 应根据果蔬的种类、特性、运输季节、距离及产品保质储藏的要求选择不同的运输工具和运输方式。运输方式和工具的选择符合 GB/T 26432 要求，出口产品可参照 CAC/RCP 44 相关要求和规定。

9.4.2 运输温度和相对湿度等环境条件应符合相应果蔬品种要求。运输过程中应定时观测并记录温度和湿度等环境调整，并保持运输工具内的气流通畅。

9.4.3 运输果蔬严禁与可能造成气味或有毒化学物质污染的其他货物混装在一起。应制定并执行车辆清洁消毒制度或要求，装车前对车辆状况和卫生进行检查。
9.4.4 果蔬的运输期限应根据产品特性、运输条件、季节、产地及运输距离进行确定。装载及运输过程中应做好运输档案记录，包括运输果蔬的品种、产地代码、入库日期（批次）、数量、质量等级、储藏时间、装车时间、运输人员、车牌号和货柜号、卸载时间、地点、箱体温度等可追溯性信息并登记业务系统。

【标准理解】

①在贮藏过程中，果蔬生产企业保持贮存库的清洁、卫生、堆垛整齐，专库专用，是防止库存产品受到污染的重要措施，也是保证产品持续符合食品安全的基本要求。原料与半成品、成品应分开存放，生熟产品分开存放，库内不得存放有碍卫生的物品，同一库内不得存放可能造成相互污染或者串味的食品。产品储存库，应保持保鲜、冷藏或冷冻产品所需要的温度，温度波动范围控制在2℃以内，严禁忽高忽低，以免影响产品的品质。冷藏（冻）库配备有温度显示装置和自动温度记录装置，并定期校准。储存库应定期整理、清扫，保持清洁卫生、无异味，定期消毒，有防霉、防鼠、防虫设施。库存产品按品种、规格、日期、批次分别码放整齐，库内物品与墙壁、地面、天花板保持一定距离便于空气的循环流动，也有利于防止产品受到来自墙壁、地面、天花板等可能存在的污染物的污染。物品与天花板所保持的距离还应同时满足搬运过程中便于搬运，物品及搬运人员不与天花板产生接触。库内物品应分垛存放，并标识清楚，这样有利于贮存管理，并实现“先进先出”。垛位密度应便于出入库的操作。

②应根据食品的类型、特性、运输季节、距离以及产品保质贮藏的要求选择不同的运输工具。运输工具应卫生清洁、干燥，不得与有异味、化学品、放射性、有毒有害品等货物混装。货物堆码层数不得超过要求层数，不得挤压货物。运输过程中应采取防腐、防雨、防鼠、防蝇、防尘等措施，用清洁的遮盖用具将食品覆盖严密，以防污染，避免人为破坏。速冻果蔬、保鲜果蔬等对温度有特殊要求的，运输过程中采取控温措施，定期检查运输工具温度，防止有害的微生物滋生造成产品变质。

③对产品进行适当标识，保证产品具有可追溯性。水产品生产企业应建立产品标识、质量追溯程序并加以实施，程序应包括原料、辅料、加工过程、成品、仓储、运输的标志要求、标志信息传递要求。标志信息应能够支持实现从原辅料验收到产品出库、从产品出库到直接销售商的全过程跟踪或逆向追溯。

【标准条款】

10　批发和零售

10.1　总要求

批发市场应符合GB/T 19575要求，农贸市场应符合GB/T 21720要求，超市销售应符合GB/T 22502的要求。

10.2 交易设施

10.2.1 商品应按大类设置经营区域，明确标识。蔬菜、水果、肉类、水产、畜禽等分区销售。

10.2.2 生鲜果蔬储藏应配备保鲜冷库。

10.2.3 零售场所应配备果蔬陈列货架，电子条码秤和冷藏设施等。

10.2.4 应设有产品索证查询系统。

10.2.5 应设立检测室，配备定性或定量检测设备和农残快速检测设备，检测条件（如温度、湿度等）满足相应产品检测要求。

10.2.6 批发市场应有污水处理设施，污水排放应符合 GB 8978 的要求。批发市场应设有垃圾分类收集及处理设施。

10.3 交易管理

10.3.1 交易市场应建立入市果蔬商品市场准入制度。市场与业户之间应签订市场果蔬质量卫生安全责任协议书。

10.3.2 交易市场应建立商品可追溯制度，认真做好商品索证索票和产地、来源、数量等信息的记录工作，应记录果蔬质量检测情况和不合格果蔬销毁情况。

10.3.3 零售时销售标识应包括超市（市场）名称、果蔬名称、产地、等级、重量、价格和销售日期等。

10.3.4 应建立产品质量公示制度。果蔬检测工作应在营业前检测完毕并对结果公示。

10.3.5 应设立并明确标识不合格果蔬销毁场所，对检出不合格果蔬予以销毁处理，并填写销毁记录。

10.3.6 应建立计量管理制度。

10.3.7 应设立专门的投诉处理机构，制定投诉管理制度，并实施。

10.4 人员管理

10.4.1 批发市场检测室须配备足够的专职果蔬检测人员，检测人员须经技术培训合格后持证上岗。

10.4.2 批发市场应有负责质量安全检查、环境卫生、设施设备检修、装卸搬运、治安管理、信息宣传、消防安全管理等方面的服务人员，其从业人员应具备当地劳动和保障部门以及有关部门要求的从业资格。应定期检查市场服务人员的健康状况。

10.4.3 应对市场从业人员进行卫生管理和食品安全方面知识的宣传和培训。

10.5 采购端引导

应实施采购端引导，引导各类果蔬消费、加工单位应采购经检测合格的果蔬，并索取带有追溯码的购买凭证。

【标准理解】

产品销售流通环节的基本模式是农户—批发商—零售—消费者，本章规定了销售过程中批发和零售的相关要求，批发、零售有关的人员管理、交易管理和交易设施的要求、采购端引导等内容。在实施过程中，可参考标准 GB/T 19575《农产品批发市场管理技术规范》和 GB/T 21720《农贸市场管理技术规范》中内容。

【标准附录】

附　录 A
（资料性附录）
推荐性国际通行管理体系标准

ISO 9001　质量管理体系要求
ISO 14001　环境管理体系
ISO 22000　食品安全管理体系—食品链中各类组织的要求
GB/T 27320　食品防护计划及其应用指南
CAC-RCP1　食品卫生通则/HACCP 体系及其应用准则
全球良好农业规范标准（Global GAP IFA All Farm-base Crop-base and FV）
IFS　国际食品安全标准（IFS International Food Standard）
FSSC22000　欧盟食品及饮料产业联盟食品安全管理体系标准要求
BRC　国际食品安全标准（BRC Globle Standard-Food Safety Issue6）
SQF2000　食品安全标准（Comprehensive SQF2000 System Implementation）
美国国家有机项目标准 NOP
日本有机农业标准 Japanese Agriculture Standard

【标准理解】

附录 A 为国际通行管理体系标准，便于企业参考执行。其中 ISO 9001 质量管理体系要求、ISO 22000 食品安全管理体系—食品链中各类组织的要求、ISO 14001 环境管理体系、HACCP 体系及其应用准则、全球良好农业规范标准等为通用管理体系标准，而欧盟食品及饮料产业联盟食品安全管理体系标准要求、NOP 美国国家有机项目、Japanese Agriculture Standard 日本有机农业标准等为出口目的国针对性要求。

【标准附录】

附录 B
（资料性附录）
法律法规清单

GB 2760　食品添加剂使用标准
GB 2761　食品安全国家标准　食品中真菌毒素限量

GB 2762 食品安全国家标准 食品中污染物限量
GB 2763 食品安全国家标准 食品中农药残留限量
日本肯定列表《食品中农业化学品残留限量》
国际食品法典委员会（CAC）农残限量标准
EU08-04 欧盟食品中农药残留限量标准
EC2073 欧盟对食品中微生物的要求

【标准理解】

附录B列出了我国及主要出口国的农残、微生物、污染物等食品安全标准，是必须执行的强制性标准要求。法规的索取途径：上级监管部门、客户提供、网站查询等。

【标准附录】

附录 C
（规范性附录）
符合性信息清单

本标准条款中体系文件、体系信息见表 C.1。

表 C.1 体系文件信息汇总表

条款	体系文件	体系信息
4.1 管理体系的建立与保持	管理体系文件	管理体系认证证书 管理体系评价报告 不符合及整改报告
4.2 食品安全风险管理		食品安全风险基金或食品安全责任险投保证明 食品安全法律法规标准清单
4.3 食品链供方管理		合格供方名录 合格供方评价及证明材料
4.4 人员能力、培训与管理要求		培训实施记录 食品安全有关工作人员名单及能力证明 食品加工管理人员健康证明
4.5 信息保持、记录与通报要求	食品安全管理体系文件	内审、外审、监督结果报告与记录
4.6 可追溯管理		原料批次、生产、交付信息记录
4.7 食品防护	食品防护计划	
4.8 召回和不合格品管理	不合格品管理程序 产品召回程序	产品召回信息（包含产品名称、批次、数量、时间） 不合格品评审及处置记录 纠正、预防措施记录 产品召回演练证据

（续表）

条款	体系文件	体系信息
4.9 信用管理	食品安全信用管理程序	食品安全诚信体系认证证书 信用管理记录（包含供方、经销商及相关食品链组织违规行为及采取相应限制措施的记录）
4.10 生态、环保要求	野生动植物管理和防护方案	
5.2 产品监控、验证计划	原材料、过程、成品检验程序	产品标准全项目检验报告 原材料、过程、成品检验记录 重要食品安全检验验证记录
5.3 检验机构、取样抽样及检验方法要求	实验室管理制度 检验方法标准 校准及不合格复验程序	检验原始记录 留样记录 检验设备清单 校准检定记录
6.1 总要求	GAP 体系文件	GAP 认证证书
6.2 产地环境、场所管理		场所位置图 土壤、空气、水质检测报告 种植场所风险评估记录
6.3 繁殖材料管理	自繁育种子质量控制计划 转基因材料处理和储藏控制方案 转基因防护计划	繁殖材料供方清单及供方资质证明 繁殖材料处理记录 繁殖材料转基因情况说明 种植、使用转基因和/或源自转基因的证明
6.4 土壤管理		熏蒸剂使用清单 使用消毒剂清单 土壤熏蒸记录 土壤消毒记录
6.5 肥料要求		使用肥料清单及产品说明书、来源等证明文件 肥料检测报告 肥料库存清单及使用记录 有机肥来源说明及使用记录
6.6 灌溉水质要求		水源使用说明及许可证明
6.7 田间管理	田间管理规范	田间管理信息
6.8 病虫草害综合防治	病虫害综合防治计划	
6.9 植保产品		植保产品清单及使用记录 产品农残分析报告 植保产品购买地点、票据、标签 植保产品保管、处置记录 植保产品使用人员资质及培训记录
6.10 采收	收获、采收卫生管理程序	收获、采收卫生实施、监控记录
7.1 初级农产品处理	产品初级处理程序	产品初级处理记录

（续表）

条款	体系文件	体系信息
7.2 筛选、分级控制		产品品质及分等分级标准
7.3 清洗		清洗记录
7.5 包装		产品包装材料清单 产品包装标准要求及检测报告
7.6 标识		产品销售包装标识 产品认证证书
8.1 基于 HACCP 的食品安全危害管理要求	食品安全管理体系/HACCP 体系文件	食品安全管理体系/HACCP 认证证书 危害分析表及 HACCP 计划表
8.4 食品添加剂和非食用物质的管理		食品添加剂使用清单 食品添加剂供方评价及资质证明 食品添加剂检验计划及检测报告
8.5 包装、标识		产品标识 产品认证证明 产品包装标准及检测报告
9.3 贮藏		产品贮藏方法 库房温湿度监控记录 库房清洁消毒记录 产品贮藏出入库记录
9.4 运输		运输过程监控记录
10.1 批发和零售总要求	批发/零售市场管理文件	
10.3 交易管理	市场准入制度	入场产品索证证明 市场商品检测记录 不合格产品处置记录 市场投诉记录
10.4 人员管理		市场人员培训记录

【标准理解】

附录 C 为通用要求符合性文件与信息清单，企业可参考清单，对照通用标准要求，建立适合的管理体系文件。

二、《农产品产业链全过程管理规范 第 9 部分：禽肉 通用要求》解读

本部分对将于 2019 年发布的山东省地方标准《农产品产业链全过程管理规范 第

9部分：禽肉　通用要求》的内容进行解读。

【标准条款】

1　范围

本标准规定了山东省出口农产品质量安全示范区内禽类的养殖和禽肉的生产、储运、销售等各个环节管理体系及产品质量安全的技术管理要求。

本标准适用于山东省出口农产品质量安全示范区内禽肉的养殖、加工、运输贮存、流通等产业链上的组织。

2　规范性引用文件

下列文件对于本文件的应用是必不可少的。凡是注日期的引用文件，仅注日期的版本适用于本文件。凡是不注日期的引用文件，其最新版本（包括所有的修改单）适用于本文件。

GB 2707　食品安全国家标准　鲜（冻）畜、禽产品

GB 2760　食品安全国家标准　食品添加剂使用标准

GB 2761　食品安全国家标准　食品中真菌毒素限量

GB 2762　食品安全国家标准　食品中污染物限量

GB 2763　食品安全国家标准　食品中农药残留限量

GB 4806　食品安全国家标准　食品接触材料及制品安全要求

GB 5749　生活饮用水卫生标准

GB 7718　国家标准预包装食品标签通则

GB 12694　食品安全国家标准　畜禽屠宰分割卫生规范

GB 13078　饲料卫生标准

GB 13457　肉类加工工业水污染物排放标准

GB/T 16548　病害动物和病害动物产品生物安全处理规程

GB/T 16569　畜禽产品消毒规范

GB 16869　鲜、冻禽产品

GB 18394　畜禽肉水分限量

GB 18596　畜禽养殖业污染物排放标准

GB/T 19000　质量管理体系 基础和术语

GB/T 19480　肉与肉制品术语

GB/T 20014　良好农业规范系列标准

GB/T 20799　鲜、冻肉运输条件

GB/T 22468　家禽及禽肉兽医卫生监控技术规范

GB/T 24616　冷藏食品物流包装、标志、运输和储存

GB/T 27301　肉及肉制品生产企业要求

GB/T 27320　食品防护计划及其应用指南

GB 28009　冷库安全规程

GB 28050 食品安全国家标准 预包装食品营养标签通则营养标签标准

GB/T 28640 畜禽肉冷链运输管理技术规范

GB 29921 食品安全国家标准 食品中致病菌限量

GB/T 29372 食用农产品保鲜贮藏管理规范

GB/T 33300 食品工业企业诚信管理体系

GB 50072 冷库设计规范

SN/T 3197 出口动物及动物源性食品残留监控技术规范

3 术语和定义

GB/T 19000、GB/T 20014.1、GB/T 19480 和 GB 12694 界定的术语和定义适用于本标准。

3.1 组织

为实现目标，由职责、权限和相互关系构成自身功能的一个人或一组人。

注 1：组织的概念包括但不限于代理商、公司、集团、商行、企事业单位、行政机构、合营公司、协会、慈善机构或研究机构，或上述组织的部分或组合，无论是否为法人组织，公有或私有。

注 2：本标准中的组织指出口农产品质量安全示范区中从事各类农产品种植、养殖、加工、运输、贮存、流通等活动的机构（注 1）。

3.2 食品链

从初级生产直至消费的各环节和操作的顺序，涉及食品及其辅料的生产、加工、分销、贮存和处理。

注 1：食品链包括食源性动物的饲料生产和用于生产食品的动物的饲料生产。

注 2：食品链也包括与食品接触材料或原材料的生产。

3.3 农产品产业链

各类农产品种植、养殖、加工、运输、贮存、流通等食品链过程活动的环节。

3.4 供方

提供产品或服务的组织。

示例：产品或服务的制造商、批发商、零售商或商贩。

注 1：供方可以是组织内部或外部的。

注 2：在合同情况下，供方有时称为“承包商”。

4 管理体系

4.1 管理体系的建立与保持

4.1.1 应建立和实施适用的管理体系，符合国际通行管理体系标准（附录 A）要求。

4.1.2 每年应至少对管理体系实施一次审核，并持续改进。

【标准理解】

①管理体系是为实现特定目标而建立的包含方针策略，过程和程序的制度架构。管理体系可以包括质量管理体系和环境管理体系，也可以包括技术管理体系和行政管理体系。管理体系的运作包括体系的建立、实施、保持和持续改进。组织建立山东省农产品

产业链全过程管理体系时，应依据本标准附录 A 给出的国际通行标准进行参考，选择本组织的供应链阶段如养殖、加工、仓储、运输、批发、零售所适用的标准。

②全产业链标准在内容上引用、选用、参照国际标准，更易于组织直接被国际市场认可和采信。组织在进行全产业链标准评价活动时，如果已通过相应供应链阶段的国际标准认证，第三方机构将基于组织已获认证的结果作为风险评估信息输入，减少重复评审和组织的额外负担。

【标准条款】

4.2　食品安全风险管理

4.2.1　组织应建立机制，跟踪国际、国家、行业食品安全风险监测信息及与组织有关的食品安全危害信息。

4.2.2　组织应策划、评估食品安全状况，对可能存在的安全隐患，应依据食品安全风险评估结果采取相应的措施。

4.2.3　组织应按 HACCP 原理识别食品链相关过程中的食品安全危害，并建立有效的控制措施。

4.2.4　组织应预留与食品安全风险相对应的食品安全风险基金或投保食品安全责任险。

【标准理解】

①目前针对食品安全管理的主流管理体系包括 ISO 22000 食品安全管理体系—食品链中各类组织的要求、GB/T 27341 危害分析与关键控制点（HACCP）体系、FSSC、RC、IFS 等，这些体系标准的核心都是 HACCP 原理，根据产品工艺流程、外部环境、设施设备、法律法规等信息，进行危害分析，确定需要控制的危害，建立有效的控制措施组合。全产业链标准编制采用目前国际通行的食品安全管理基本思想，以基于风险管理、国际通行的 HACCP 食品安全危害分析与关键控制点管理原理为基础，有效保障食品安全。

②不同地区的客户可能对认证标准有不同的要求。比如 BRC 是原英国零售商协会制定的标准，证书在英国、澳大利亚等英联邦国家得到更多的认可，IFS 证书在德国、法国、意大利等国家认可度更高。组织在建立体系时也要关注客户需求，BRC 和 IFS 是国际零售商巨头牵头制定的标准，也是全球食品安全倡议（GFSI）认可的主要食品安全管理体系标准。

【标准条款】

4.3　食品链供方管理

4.3.1　组织应与食品链供方进行沟通，获得充分的食品安全信息。

4.3.2　组织应有效实施供方能力评价，选择合格供方，确保供方产品持续满足要求。

【标准理解】

①全产业链标准注重组织在整个供应链阶段中的信息传递与沟通。为确保供方产品持续满足组织食品质量安全标准要求，需要对供方能力进行评价。

②根据供方提供产品性质的不同，确定对供方不同的控制类型、程度和要求。一般常见的控制活动包括验收检验分析报告、委托第二方审核、统计数据和绩效指标评价等。组织应每年对供方的资质（营业执照、食品生产许可证、出口备案证明等）进行评价，每年索要供方有效的外部检测报告，保留评价的证据。索要合格证据，也是出现质量纠纷时免责的证据。

【标准条款】

4.4 人员能力、培训与管理要求

4.4.1 组织应确保食品安全检验人员、不合格评审人员、质量管理与控制人员、农药及各类兽药产品使用与管理人员，化学品管理及使用人员、关键岗位操作人员、内审员接受过专业培训并具备相应能力。

4.4.2 组织应持续识别培训需求，制定培训计划，实施培训并保持培训记录。

4.4.3 组织应对所有与食品安全有关的人员实施食品安全法规标准、食品安全意识、HACCP 理论、食品安全管理体系标准及文件培训。应确保专业兽医技术人员、动物检疫人员、养殖人员、产品安全检验人员、质量管理与控制人员、化学品管理及使用人员、内审员和关键岗位操作人员接受过专业培训并具备相应能力。

4.4.4 组织应保持与食品安全有关的有效人员名单，畜牧养殖、食品加工、管理人员应持有健康证明。

4.4.5 养殖场员工应经过业务培训且保持培训记录，能够处理可能发生的对人体健康安全、动物健康福利造成伤害的紧急事故。

【标准理解】

①在食品企业中，与食品农产品直接接触或对食品安全有影响的职工每年应进行健康检查，确保人员健康符合食品或农产品加工要求。

②组织应根据食品安全目标提出对员工教育和培训需求，并制定满足培训需求的政策和程序。培训计划既要考虑组织当前和预期的任务需要，也要考虑组织内人员的资格、能力、经验、意识符合岗位要求。组织可通过实际操作考核、内外部质量控制结果、内外部审核、利益相关方的投诉、人员监督评价和管理评审等多种方式对培训活动的有效性进行评价，并持续改进培训以实现培训目标。

【标准条款】

4.5　信息保持、记录与通报要求

4.5.1　组织应按适用的管理体系标准要求建立文件、记录管理程序并保持相关记录。

4.5.2　应保持农产品产业链相关信息及记录，以提供产业链全过程标准化体系有效运行的证据。相关记录按附录 C 执行。

4.5.3　应策划有效的内部监督活动，根据内、外部监督结果实施持续改进，并保持所有内、外部监督管理信息。

4.5.4　应按要求通报产品质量安全重大事件。

【标准理解】

①组织按照全产业链标准建立体系时，可参考附录 C 中涉及的记录。记录的设计应简单、清晰、包含必要的信息，易于填写，考虑与食品安全追溯系统的关联。填写时要关注填写的时效性、真实性。记录保存年限要根据产品保质期和法规要求来确定。

②内部监督活动是组织对内部特定体系运行的有效性开展的内部审核活动，是企业完成 PDCA 系统管理、持续改进的重要内容，应对内部监督活动进行策划，以实现有计划的、系统的、独立的审核活动。内部监督活动有内部审核、管理评审、其他各层次的监督等各多种形式。

③外部监督活动包括官方监管、第三方认证审核、采购商审核、消费者投诉等多种形式，外部监督活动的结果应保持，并作为企业持续改进的信息输入。

【标准条款】

4.6　可追溯管理

4.6.1　组织应建立且实施可追溯性系统，识别本标准要求的基本信息，确保能够识别产品批次及其与原料批次、生产和交付记录的关系，识别直接供方的进料和终产品初次分销的途径。

4.6.2　应按规定期限保持可追溯性记录。应采用适当方式公开向相关方展示追溯信息。可追溯性记录应符合相应标准、规范要求、顾客要求。

【标准理解】

①生产与使用链上所期望获取信息的全部作业和数据。可追溯体系建设是组织食品安全管理体系持续改进、潜在不安全产品处理、及时撤回不安全产品的前提条件。追溯体系设计可参考 GB/T 22005《饲料和食品链的可追溯性体系设计与实施的通用原则和基本要求》中的内容。

②追溯应能够沿整个食品链进行追溯。针对一个组织生产的产品要求能够从原料追

溯到最终顾客。

③追溯记录保持是实现可追溯的必要条件。通常记录的保存期不小于产品的货架期，法律法规和客户有要求的应满足其记录要求。

【标准条款】

4.7 生产防护

组织应识别人为污染和蓄意破坏的可能性，建立产品防护计划并实施，应符合GB/T 27320要求。

【标准理解】

①组织应制定产品防护计划，防止产品在生产、储存、运输过程中遭受人为污染和蓄意危害，保障食品安全。

②食品企业在制定食品防护计划时，可参照GB/T 27320《食品防护计划及其应用指南　食品生产企业》的要求制定。

【标准条款】

4.8 召回和不合格品管理

4.8.1 组织应识别法规要求，建立书面的召回和不合格品管理程序。

4.8.2 当发现产品不符合质量安全标准或存在潜在危害时，应隔离不合格产品，对不合格品情况进行评审，实施处置，分析原因并采取纠正措施。

4.8.3 需要召回处理的，应在规定时间内通知相关生产经营者、消费者及监管部门。

4.8.4 每年对召回程序进行演练并保持纪录。对实际发生的召回应按规定的期限保持完整记录。

【标准理解】

①评估后产品不能证实符合要求时应对产品进行处置。可采取返工或进一步加工方式实现危害控制，如食品安全危害无法消除，不合格产品需销毁或废弃。

②当终产品交付后发现不安全时，组织应及时召回。召回通常是紧急事件快速处理，因此组织应经过完整的策划并形成召回文件，每年进行召回演练，以实现及时、有效的不安全产品的召回。

③召回应考虑法规的要求，按法规要求实施信息通报。

【标准条款】

4.9　信用管理

4.9.1　组织应建立食品安全信用管理程序，对供应商、经销商及相关食品链组织违规行为进行记录，并采取相应限制措施。

4.9.2　加工组织应参照 GB/T 33300 实施食品诚信管理。

4.9.3　批发、零售市场应建立信用记录制度，对场内经销商违规经营行为应进行警示通告。建立对场内交易农产品的价格、检测、计量、质量等相关信息的公示制度。

【标准理解】

①组织应建立信用档案，记录原料供应商、采购商以及其他与生产相关设备、包材产品供应商的诚信状况。

②批发市场应对在市场进行交易的经销商建立信用档案，对经销商信用进行考核，对在市场上销售不合格产品经销商进行公示，严重时应取消该经销商在市场的销售资格。

③交易市场应建立农产品信息公开制度，对农产品价格、检测信息、产地信息等进行公示，保障消费者的知情权。

【标准条款】

4.10　生态、环保要求

4.10.1　组织应实施环境和生态保护。种植者应建立野生动植物管理和保护方案，了解农事活动对环境造成的影响。

4.10.2　组织应尽可能使用可持续的能源并进行监视，绿色环保、低碳节能、资源节约。

4.10.3　组织应实施废弃物和污染物管理，回收、处置并再利用。养殖污染物排放应符合 GB 18596，加工废水排放符合 GB 13457 要求，畜禽产品消毒应符合 GB/T 16569 要求。

【标准理解】

①组织应对农事操作对环境的影响进行评估，避免农事活动对土壤或者作物的污染以及对生态的破坏。应制定有效的农场生态保护计划，例如采取种树等方式。

②企业可以实现农业生态系统内部循环，推广生态养殖。

③组织应制定废弃物和污染物管理规程，对生产废弃物和污染物进行统一管理，其中有国家法律法规规定的废弃物，应按照规定处理。

【标准条款】

5 农产品质量安全要求

5.1 禽肉质量安全标准

农产品品质、食品安全应满足目标市场相关标准要求，标准包括但不限于 GB 2761、GB 2762、GB 2763、GB 29921、GB 2707、GB 16869 和 GB 18394。

5.2 产品监控、验证计划

5.2.1 组织应策划、制定产品质量安全验证计划，以提供对组织生产产品食品质量安全水平符合相应标准的证实。

5.2.2 应综合考虑产品特性、工艺特点、原料控制情况等因素合理确定检验项目和检验频次以有效验证生产过程中的控制措施。

5.2.3 监控验证计划应符合目标市场的相应标准、要求。家禽及禽肉兽医卫生监控应符合 GB/T 22468 要求，出口肉类残留监控应符合 SN/T 3197 要求。

5.2.4 监控计划应包含食品链过程中重要食品安全危害的验证活动。

5.2.5 监控计划应考虑适宜、可操作、有效的检测、验证方法。适宜时，可考虑对相关过程配备快速检测设备实施检测与验证。

5.2.6 每年应至少实施一次产品标准全项目验证检测，并提供检测报告。

5.3 检验机构、取样抽样及检验方法要求

5.3.1 应通过自行检验或委托具有资质的检验机构对原料和产品进行检验，应建立出厂检验记录制度。

5.3.2 自行检验应具备与所检项目适应的检验室和检验能力，应有相应资质的检验人员按规定抽样、检测。应确保检验设备设施满足检验需求，并对设备按期校准或检定。使用快速检测设备实施验证活动的，应对快速检测设备校准，并实施不合格复验程序。

5.3.3 检验室应有完善的管理制度，妥善保存各项检验的原始记录和检验报告。应建立产品留样制度，及时保留样品。

5.3.4 不同产品抽样要求，应按相关产品标准规定执行。

【标准理解】

①产品安全应有明确的标准要求，标准应与满足目标市场相关标准要求等效。

②应对产品质量和过程卫生控制进行定期监控，根据风险提前制定监控验证计划，以证实产品质量与预期的一致性。

③检验机构、取样抽样及检验方法应该科学合理。机构具有相应资质，检测过程应保留相关记录。

④检测设备应能保证结果精确、准确。

【标准条款】

6　养殖过程管理

6.1　场址的选择和设施布局

6.1.1　养殖场应建在地势平坦、交通方便、背风向阳、排水良好的地方，水源足充、水质良好，周围 3 000 米内无大型化工厂，无有害气体、烟尘及其他污染。

6.1.2　养殖场布局应合理，便于卫生防疫，养殖场内应分设生活管理区、生产区及粪污处理区，养殖场内净道与污道应分开，应有废弃物处理和销毁设施。

6.1.3　污染防制应遵循减量化、无害化、资源化和综合利用的原则。

6.1.4　消毒剂等化学物质的使用应不影响禽的健康，储存有污染风险的化学物质应远离禽和饲料。

【标准理解】

①在兽医的监督下，建立包括动物养殖、饲料加工和环境卫生的良好卫生规范，场址的选择和设施布局是前提和基础。厂区应设施齐全，布局合理，能够满足卫生防疫要求。

②按国际通行的良好养殖规范要求，养殖场应符合兽医卫生要求，实施养殖过程管理，实施疫病预防控制。

③应选址在生态良好，无或不直接接受污染区域，符合环境保护和卫生防疫要求。应从食品安全、环境保护、生态可持续性、员工健康安全几个方面实施养殖场所风险评估，确保适合农业生产。

④变更场所时应实施重新评估。

⑤选址应按照国家相关规定，避开水源保护区、风景名胜区、人口密集区等敏感地区，符合环境保护和卫生防疫要求。

【标准条款】

6.2　种禽管理

6.2.1　种禽养殖场应得到国家批准。

6.2.2　应确保种禽的出生或孵化和饲养符合 GB/T 20014 规定。

6.2.3　应保存关于种禽来源的书面记录，应能追溯到禽出生或孵化的养殖场。

6.2.4　引入的种禽应有畜牧兽医部门出具的检疫合格证明。

【标准理解】

①禽只进出场均需经过规范的检验检疫，确保健康状况良好。

②养殖场应保存禽只运输记录，批次识别码应是唯一的，在运输时附有国家法律法规要求的检疫证明。

【标准条款】

6.3 饲料和饮水

6.3.1 禽饮用水应充足，水质应符合 GB 5749 要求，并保留水质定期监测报告。

6.3.2 养殖场应确保饲料符合 GB 13078 的要求。

6.3.3 养殖场购买的配合饲料应能够追溯至合法供应商，应记录并保持饲料来源信息，包括供应商名称，饲料类型、数量和交付日期。

6.3.4 自制配合饲料应得到主管部门的授权或登记，并保存自配饲料配方、饲料原料标签或来源证明，每一种外购的饲料原料应来自合法供应商，应保存饲料原料供应商清单。

6.3.5 饲料应分类储藏，加药饲料应单独存放，标识清晰，防止饲料变质和交叉污染。

6.3.6 对供给饲料和饮水的设施设备应制定卫生清洁程序，并定期清洁。

6.3.7 应制定并执行饲料和饮水供给程序，并针对供给饲料和饮水的异常事故制定应急程序。

【标准理解】

①肉禽应能获得足够的饮用水，水源安全卫生，饮水设施保持清洁，保证肉禽饮用水安全卫生。肉禽饮用水应有企业或官方实验室的检验报告，保证肉禽饮用水符合国家饮用水卫生标准。

②饲料、饲料原料及饲料添加剂应符合国家主管部门关于食用动物饲料的规定，不含任何违禁药物，须符合饲料卫生标准，定期做好卫生安全检测，并保持纪录。

③应采取预防措施来控制啮齿类动物和虫害，应采取措施防止家养动物污染饲料。

④自制配合饲料的畜禽养殖场应有饲料配方，以表明饲料中各成分的百分含量。进行自制配合饲料的应有专业人员的指导或生产人员应具有专业资质。自制配合饲料不能直接添加兽药，允许添加的兽药应制成药物饲料添加剂并经过批准后方可添加。除草料除外，应购买符合标准要求的企业生产的饲料和工业产品。

⑤饲料生产商提供的每一种饲料原料来源的记录文件（例如发票），内容应包括饲料的类型、数量、交付日期。配合饲料和动物源性饲料原料供应商的记录文件应包括饲料成分。

⑥所有盛装饲料的容器和运输饲料的车辆应定期清洗消毒，应建立保证饲料系统定期清洁的程序。

【标准条款】

6.4　禽健康

6.4.1　舍内环境不应对禽健康产生负面影响。

6.4.2　专业兽医技术人员对养殖场每年至少一次全面检查。

6.4.3　应在专业兽医技术人员协助下制定并执行动物健康计划。计划应包括疾病预防策略、常见问题处置措施、饲料和水进行药物处理要求。

6.4.4　所有治疗应由专业兽医技术人员完成，兽医用具和设备应清洁且维护良好。

6.4.5　养殖场应制定并实施卫生防疫规范，做好日常卫生清理、消毒，应建立饲养日志，记录动物健康检查、饲料投喂、卫生防疫和死亡淘汰等内容。

6.4.6　应按我国动物防疫法要求选用符合质量标准的疫苗，结合当地实际制定并实施科学的免疫程序。

6.4.7　应对每次使用的疫苗种类、批号、产地、有效期、禽批次标识等详细记录。

6.4.8　应制定并实施疫病监测计划，按法律要求向有关部门通报相关疾病情况。

【标准理解】

①应保持圈舍光照满足要求，通风（无论是自然通风还是人工通风）良好、有效。禽舍内的空气流通情况、温度、湿度、有害气体浓度、可吸入颗粒物应符合标准，不能对禽的健康产生负面影响。特别是温度和有害气体浓度要符合相应的要求。化学物质的储存应远离畜禽和饲料。

②养殖场应有专职兽医人员，可根据生产开展工作，可根据需要增加现场检查频率。

③养殖场应有健全的卫生防疫管理制度，建立完善的专职兽医工作记录，制定并落实卫生防疫计划。建立规范的养殖日志，养殖日志记录的内容包括养殖过程中的疫苗、饲料、饲料添加剂、兽药、药物停药期、病死禽处理等情况。卫生防疫管理制度包括日常卫生管理、消毒程序、免疫程序、人员和车辆进出控制、粪便垫料处理、疫情报告等。

④同一养殖场内所有禽舍全进全出，出栏后和进新一批禽苗前要彻底清洗、消毒棚舍及周围环境，整个空舍期间要进行多次防疫消毒处理，设备应清洁且维护良好。每批禽出栏后，应对养殖场内的饲料、兽药、消毒药等统一登记数量、进行封存并统一消毒；下一批禽进场时应对有无来源不明的饲料、兽药和消毒液等确认。

⑤应关注动物福利，养殖密度合理，保持圈舍清洁卫生，动物处于适宜的状态。防止其他动物伤害禽。对濒临死亡的禽进行屠宰或淘汰处理时，应遵守人道主义原则。

⑥在同一养殖场内不得同时养殖护卫犬外的其他动物。

⑦定期进行疫病监测及残留物质监控，做好检测、调查和评估，及时落实疫情通报要求。

【标准条款】

6.5 用药

6.5.1 养殖场应完整保存兽药合法购买记录。记录应包括购买日期、产品名称、数量、批号、有效期和生产厂家。

6.5.2 应使用主管部门批准注册的兽药，应保存使用过的药物清单。

6.5.3 应遵守主管部门制定的兽药安全使用规定，并建立用药记录。记录应包括兽药批号、用药日期、用药禽标识代码、用药禽数量、用药总量、用药结束日期、休药期，药物管理者姓名。

6.5.4 应严格遵守兽药休药期，并遵守药物使用说明书规定。

6.5.5 不应将原料药直接添加到饲料及动物饮用水中，不应将人用药品用于动物。

6.5.6 兽药应由专人管理，管理药物员工应经过培训且具备相关知识。药物应储藏在安全、环境适宜且与其他材料分开的场所。

6.5.7 过期药物和使用过的药物包装，应按照兽医建议的方式进行处理，以避免误用。

6.5.8 当药物残留超过规定限值时，应执行由专业兽医技术人员批准的整改程序。

【标准理解】

①购置兽药的养殖投入品之前，应由专业技术人员核定，不得擅自使用任何药物，不使用禁用药物、疫苗、兴奋剂和激素等，不在饲料和动物饮用水中添加激素类药品和国务院兽医行政管理部门规定的其他禁用药品。

②管理和使用药物的员工应经过培训且具备相关的能力和知识，严格兽药存储管理，避免药物不当，过期药物应被清晰标识和分开处理。养殖场不得将人用药品用于动物。

③药物的储藏应符合使用说明书的要求，储藏在良好的、安全的、上锁的、光线适合的、与其他材料分开的地方。应只允许受过足够药物管理方面培训和有丰富经验的人员进出药物储藏间。所有药物应储藏在原有的容器中，并附带原有的标签。使用过的空药物容器不应被重复使用。过期药物和使用过的药瓶，应按照兽医建议的方式进行处理，以避免导致误用。空的药物容器和其他医疗设备应存放在安全的地方，应遵守当地有关处理或销毁药物容器和包装的法规。

④应清楚且严格遵守兽药的休药期。使用有休药期规定的兽药，应能向购买者或者屠宰者提供准确、真实的用药记录，使购买者或屠宰者能确保畜禽及其产品在用药期、休药期内不被用于食品消费。

⑤在休药期结束前出场的禽只，应有记录证明，应被清楚的标识，并证明它们曾经接受过相关治疗。用药的禽数量、用药总量、服用药物的剂型应与实际情况保持一致。

⑥兽药残留检测结果能够追溯到具体的养殖场。当药物残留越过最大残留限值（MRL）时，应启动纠偏计划。畜禽养殖场如果声明其产品准备出口或用于加工出口产品，其检测结果应符合出口国家或地区要求。

【标准条款】

> **6.6　病死禽处理**
> 病死禽存放应远离禽舍，盛放病死禽的容器应密闭，易于清洗和消毒。

【标准理解】

应有受控的专用场所或容器储存病死禽。病死禽的隔离、剖解、送检记录、处理意见、送检结果报告单和最后诊断结果、处理措施应体现在兽医工作记录上。

【标准条款】

> **6.7　活禽配送**
> **6.7.1**　配送禽时应随附识别禽批次等初级生产信息文件。
> **6.7.2**　运输过程中应注意动物福利，避免增加禽的不适感。
> **6.7.3**　禽装运前应由政府主管部门进行检疫并出具动物检疫合格证明。
> **6.7.4**　装运禽的运输工具应及时清洗和消毒。

【标准理解】

①肉禽出场前应由兽医进行群体感官检查，出具健康证明，并随附养殖日志。任何情况下，应保证肉禽免受伤害、痛苦和疾病折磨。

②提倡禽肉加工企业对备案养殖场直接管理，实行“五统一”管理方式（即统一供应禽苗、统一防疫消毒、统一供应饲料、统一供应药物、统一屠宰加工）。

【标准条款】

> **7　禽肉生产加工**
> **7.1　基于 HACCP 的食品安全管理要求**
> 组织应依据目标市场要求，按 HACCP 原理实施食品安全危害的识别与管理，选择适用的国际通行管理体系标准建立并实施管理体系，包括但不限于附录 A 列明标准。

【标准理解】

①本条规定是禽肉生产加工系统管理的一般原则性要求，与禽肉产品安全卫生有关的各方应建立初级生产、屠宰、分割、肉制品加工、包装、储存和运输全过程的肉类食品安全控制体系，并且体系能够有效运行。

②禽肉加工企业应遵循相关法律法规，有提供肉类卫生信息的责任，有配合主管部

门做好兽医卫生和公共卫生的工作义务，对生产过程进行自控，对产品能够自检。

【标准条款】

7.2 加工企业资质要求

应按法规要求取得相应食品生产企业资质，有食品生产许可证要求的企业应获得食品生产许可资格，并持续保持。

【标准理解】

本条是对禽肉加工企业合法性的基本要求，企业应能够承担法律责任，履行相应义务。

【标准条款】

7.3 良好生产规范要求

7.3.1 一般要求

7.3.1.1 应遵循相关法规和标准，建立原辅料接收、屠宰、分割、肉制品加工、包装、储存和运输全过程的卫生质量控制良好操作规范，符合目标市场要求。

7.3.1.2 屠宰加工应符合 GB 12694 要求，肉制品加工应符合 GB/T 27301 的要求。

【标准理解】

①企业应坚持良好卫生操作，按 HACCP 原理识别食品链相关过程的安全危害，并实施有效的控制和管理。

②加工企业应按照相关的法律、法规和政府主管部门的规定对生产加工过程实施有效控制，确保产品符合食品安全卫生要求。

③生产加工应建立操作规范，并将规范进行清晰的文件化，包括生产设施设备的维护保养、人员健康和培训、采购、运输安排、虫害控制、过敏原的控制、清洁消毒、预防交叉污染等。

④企业应随时关注国际、国家和行业的食品安全风险信息，举一反三进行自查，定期对产品进行风险监测和合格性验证，保证符合客户和消费者的要求，必要时符合传统工艺、宗教习俗等特别要求。

【标准条款】

7.3.2 原料接收和宰前检查

7.3.2.1 供宰禽应来自经批准的养殖场，具有动物检疫合格证明，必要时运载工具应有消毒证明。

7.3.2.2 执行宰前检查的人员应能够科学实施运输过程中死亡禽的处理、传染病或疑似传染病的处理、来源不明或证明不全的禽的处置。

7.3.2.3 宰前检查应考虑禽饲养状况、用药及疫病防治情况等。

7.3.2.4 应将宰前检查信息向养殖场和宰后检查人员的反馈，保存宰前检查记录。

7.3.2.5 在待宰管理、宰前处理等环节应能够保证动物福利。

【标准理解】

①接收的原料肉禽来自经国家主管部门批准的养殖场，养殖场按照相关规定、规范对养殖过程实施了控制，出场动物应随附检疫合格证明。

②进口原料肉应来自经国家主管部门注册的国外肉类生产企业，并随附有出口国家或地区官方兽医部门出具的检验检疫证明和进境口岸检验检疫部门出具的入境检验检疫证明。

③供宰动物应来自非疫区，并随附相关证明。不得屠宰在运输途中死亡的动物、有传染病或疑似传染病的动物、来源不明和证明不全的动物。

④按照有关规定进行宰前检验。宰前检验应考虑养殖场相关信息，如动物饲养情况、用药及疫病防治情况等，并按照有关程序观察动物，如动物的体表、行为、体态、排泄物及气味等。对有异常的动物应隔离观察，做进一步兽医检查，必要时，进行实验室检测。

⑤对经判断不适宜正常屠宰的动物，应按照有关兽医规定进行处理。

【标准条款】

7.3.3 宰后检查

7.3.3.1 检疫点站位合理，检验检疫人员有相应兽医知识和技能，能够满足屠宰线速度要求。

7.3.3.2 应通过对禽胴体和内脏检验，结合初级生产和宰前检查信息，判断肉类是否适合人类食用。

7.3.3.3 感官检查不能准确判定肉类是否适合人类食用时，应采取其他适当手段进一步检验或检测。

7.3.3.4 判定无害化处理的肉类或其他部分应按 GB 16548 要求合理处置。

7.3.3.5 主管兽医为确保充分完成宰后检查，应有权减慢或停止屠宰分割。

7.3.3.6 宰后检查应做好记录，检查结果应及时分析，汇总上报政府主管部门并反馈养殖场。

【标准理解】

①宰后对动物内脏、体表和体腔的检疫应按有关规定、程序和标准执行。

②废弃的肉类或动物的其他部分，应做标记，并用防止与其他肉类交叉污染的方式

处理，处理做好记录。

③毛、血、粪、胆汁等可见污染物应得到控制，确保产品卫生在可接受范围内。

④在影响食品安全卫生的关键工序，合理设置监控、纠偏、记录、操作人员。

【标准条款】

7.3.4　屠宰分割要求

7.3.4.1　食品接触面应清洁卫生，材料防水，设计易于清洗。

7.3.4.2　应保证链条、挂钩、传送带、生产线缝隙和工作台背面的清洁卫生，避免存在锈蚀、污物、碎肉、脂肪等。

7.3.4.3　屠宰、检验过程中使用的工器具和设备应保持清洁并定期消毒。

7.3.4.4　应设专门区域暂存和处理禽肉副产品和废料。

7.3.4.5　副产品加工车间的设备设施应保持卫生，废水及时排放。

7.3.4.6　应防控肉类污染。避免可疑病害禽胴体、组织、体液、胃肠内容物污染其他肉类、设备和场地。

【标准理解】

①设备、设施和工具布局合理，食品接触面清洁卫生，材料防水，设计易于清洗。在天花板、生产线上方、墙、冷热交换区避免冷凝水。生产线上方管道及设备设施应清洁卫生，无锈蚀、渗漏和滴漏。车间内应给排水通畅，水流方向合理，排水沟保持适度清洁。车间内通风通畅，无不良气味，无蒸汽滞留，与外界有防尘装置。车间布局和设施能够防止人流、物流、水流、气流交叉污染，排水和通风系统的设计合理，车间进出口及与外界相连的排水、通风处应设有防鼠、防蝇、防虫设施，电、气供给设施运行和维护良好，光照情况良好，有合理设施保持照度，无光照死角，能保证被加工物本色，有防爆装置。生产设备运行状态良好，并能够适当维修保养。

②能够保证链条、挂钩、传送带、生产线缝隙和工作台背面的清洁卫生，避免存在锈蚀、污物、碎肉、脂肪等。工器具和容器清洗消毒场所，有科学的清洗方法，合理使用消毒剂，保持合理水温，上下水的位置方便使用，能够保证工器具清洗，且保证清洗后合理存放。

③应充分合理配备82℃以上热水的消毒设施。屠宰、检验过程中使用的工器具和设备在每次使用后的82℃热水清洗消毒。班前班后卫生清洁工作有明确合理的程序，且能够确实执行。对清洗消毒效果能够科学评价。盛放食品容器合理放置，可食与不可食容器有标识区分，废弃物容器应防水、防腐蚀、防渗漏，能够及时清洗消毒。

④宰杀与其他区域应隔离，浸烫、脱毛或燎毛与宰杀区域应明显隔开。可疑病害胴体的空间相对独立，有在低温条件下暂存可疑病害胴体或组织的独立空间或区域。胃肠产品有专用的预冷设施和包装间。副产品加工车间的设备设施应保持卫生，流程合理，能够脏、净分开。废水应及时排放。

⑤能够进行合理的肉类污染情况检查及预防。避免可疑病害动物胴体、组织、体液

（如胆汁、尿液等）、胃肠内容物污染其他动物酮体、设备和场地。已经被污染的设备和场地的能够合理处置，被脓液、渗出物、病理组织、体液、胃肠内容物等污染物污染的胴体或产品能够合理处置，产品落地能够合理处理。

【标准条款】

7.3.5　肉制品加工要求

7.3.5.1　肉类制品原料肉应来自符合要求屠宰企业。

7.3.5.2　辅料和助剂需根据本标准4.3条款要求选择合格供方，验收合格，保存物料清单和验收合格证明。

7.3.5.3　生产车间应按工序设置，按照高清洁区和低清洁区要求，做到相对独立。

7.3.5.4　肉品原料、辅料和成品的存放场所应分开设置，不得直接相通或共用一个通道。

7.3.5.5　生品和熟品加工操作区之间应有界面实施隔离。

7.3.5.6　热杀菌产品应开展杀菌设备热分布和热穿透测试，进行热杀菌工艺规程验证。

7.3.5.7　压力表、温度显示及自动记录装置应及时经计量检定和校准。

7.3.5.8　与蒸煮、油炸、烟熏、烘烤设施配套的排油烟和通风装置合理有效。

7.3.5.9　应保持良好的环境温度和产品温度，有温度测量显示装置和温度自动记录装置。应控制预冷、分割、包装、换装的环境温度，使产品符合GB 12694要求。

【标准理解】

①对于热加工产品，应定时评价热加工效果。

②对热加工的工艺工序进行合理和充分的危害分析和控制，对热加工应实施HACCP计划，保证HACCP计划的实施的有效性。对加热的措施关键控制点设置有醒目标识，标识内容应清楚完整。HACCP计划实施记录，包括监控、纠偏及验证记录应完整和准确。

③热加工设备中的废水对产品不能造成污染。

④落地产品、不合格品能够合理收集、处理、标识、隔离和存放。

⑤一般情况下，肉制品需经金属探测，保证不含对人体健康造成危害的金属物质。金属探测器用保持运行状态良好，能够满足生产要求，且保有操作记录。

⑥无论是低温保鲜、冷冻，还是油炸、烘烤、浸烫、烟熏等加热处理，肉制品加工过程的温度应控制良好，能够保持良好的环境温度和产品温度，有适当的温度测量显示装置和温度自动记录装置。

⑦应合理控制屠宰后胴体的预冷时间及预冷产品的中心温度，合理控制分割、去骨、腌渍、滚揉、包装时的环境温度。

【标准条款】

7.4 食品添加剂和非食用物质的管理

7.4.1 食品添加剂使用应符合 GB 2760 要求及目标市场要求，应保持添加剂使用清单。

7.4.2 复合添加剂应明确具体成分并符合使用规定，所有使用的添加剂应与产品标签标注相符。

7.4.3 应在风险分析的基础上对使用的食品添加物质策划检验验证活动，保持检验结果证明。

【标准理解】

①企业应识别卫生部①发布的《食品中可能违法添加的非食用物质》和《食品中可能滥用的食品添加剂品种名单》中的物质，实施风险分析及管理，对使用的食品添加剂是否符合规定持续实施评审。

②组织应对食品添加剂供方实施评价，食品添加剂供方应具备合法生产资质。应与供方实施充分沟通，了解添加剂中可能影响食品安全的信息，充分识别可能存在于添加剂中的食品安全危害，实施评价与控制。

③复合添加剂应明确具体成分并符合使用规定。

【标准条款】

7.5 包装

7.5.1 产品包装应符合相应产品标准中包装要求的规定。

7.5.2 包装材料应符合 GB 4806 等包装材料卫生标准的要求。

7.5.3 标签制作应使用无毒油墨或胶水。

7.5.4 应保存产品包装材料清单、检测报告。

【标准理解】

①为保护产品应对产品进行适当包装。

②包装物料应符合相应食品安全卫生标准要求，符合相应产品标准中包装要求的规定，透气性和强度应确保对产品的适宜处理、运输和保存。

③包装材料应清洁，不对产品造成外部或内部损伤。标有商品信息的材料，特别是纸质材料或标签时，应使用无毒油墨或胶水，对肉品不会产生有毒有害物质的污染，不会改变肉的感官特征。

---

① 中华人民共和国卫生部，全书简称卫生部。经 2013 年和 2018 年两次国务院机构改革，国家卫生职责由中华人民共和国国家卫生健康委员会承担。

④内包装材料一般应透明、无毒、无害、无色。如果使用不透明材料，必要时在设计上可使被包裹的肉或肉副产品有可见部位，必要时在使用前应进行消毒处理。

⑤包装存放库应干燥通风，温湿度合理，有防尘防鼠防霉措施，无受污染风险。内外包装材料在生产后应立即封存，在运输过程中保护不受污染和损害，并在符合卫生条件的专用房间内贮存。内包装和外包装材料应分开放置，且均不能直接落地。

⑥包装物料有验收记录、卫生许可证或出厂合格证。包装材料在使用前应按有关原料投产规定由卫生管理人员检查认可。

⑦包装物料不得重复使用，除非是用易于清洗、耐腐蚀的材料制成，并在使用前清洗消毒。

⑧包装操作间应进行清洁、消毒处理，温度应符合特定的要求，并对人员卫生、设备运转情况进行检查。食用禽肉应在分割及检查后立即在卫生条件下进行包装，产品包装完毕后应尽快进入规定的库房。

⑨内外包装材料应在符合卫生条件下运进车间，进入车间后应立即使用；未使用完的包装、包裹材料应另行处理，不得再返回材料贮存间。

【标准条款】

7.6　标识

7.6.1　产品标识应符合 GB 7718、GB 28050 要求以及相关产品专项标签标准要求。

7.6.2　出口产品应符合 CODEX STAN 1 预包装食品标签通用标准及相应目标市场标签标准要求。

7.6.3　应在包装销售的禽肉包装上标注品名、产地、生产者或者销售者名称、生产日期。

7.6.4　认证产品标识应符合相关认证要求。产品有分级标准应当标明产品质量等级。

7.6.5　未包装的禽肉应当采取附加标签、标识牌、标识带、说明书等形式标明禽肉的品名、生产地、生产者或者销售者名称等内容。

【标准理解】

①标识标注的内容应当准确、清晰、显著，所用文字应当使用规范的中文。

②销售获得无公害农产品、绿色食品、有机产品等质量标志使用权的农产品，应当按认证要求正确标识。

③产品中含有转基因成分时，应明确标识。

④有分级标准或者使用添加剂的，还应当标明产品质量等级或者添加剂名称。

⑤非定型包装的产品应以适当方式标明产品的保质期限、保存方法和使用方法，以及生产者名称和所在地址。

⑥出口产品应符合预包装食品标签通用标准及相应目标市场标签标准要求。

【标准条款】

8 贮藏与运输

8.1 总要求

禽肉的贮藏运输应符合 GB/T 20799、GB/T 28640、GB/T 24616、GB/T 29372 的要求。

【标准理解】

①应对贮藏设备实施维护，保证贮藏设备设施符合相应贮藏技术规范要求。

②物品应与墙壁和地面保持合适的距离，应有明确的堆垛空间区分和标识，过期变质产品的能够被识别和合理处理。

③应制定贮藏管理程序，入库前进行消毒灭菌，入库后定时检查，确保贮藏库正常运行。

④运输工具应符合卫生要求，并根据产品特点配置制冷、保温等设施，运输过程中应保持适宜的温度。

【标准条款】

8.2 物流设备设施

8.2.1 应使用符合国际、国家通用规格、性能、材质的标准装备，在其堆码、包装、装载、搬运、运输及仓储过程中按照统一的规范进行。

8.2.2 在供应链过程中，物流设备设施应树立单元化、模块化、标准化理念，促成物流设备设施循环共用系统建立。

【标准理解】

应紧跟潮流，紧跟物流科技发展，应用适合产品贮存和运输的设备和装置。

【标准条款】

8.3 贮藏

8.3.1 产品应明确贮藏方法，做好产品贮藏记录。

8.3.2 禽肉产品应在垫板上分类堆放，并与墙壁、顶棚、排管有一定距离。

8.3.3 应科学进行产品垛位标识，能够实现追溯，并确保产品先进先出。

8.3.4 应按国家标准要求建立库房，库房设计应符合 GB 50072 和 GB 28009 要求。

8.3.5 预冷库、速冻库、冷藏库等库房的温度应符合 GB 20799 要求。温湿度显示装置、自动温度记录装置能够正常运行，应保存温湿度运行记录。

8.3.6 产品入库前库房应进行消毒，入库后库房应定时检查，确保正常运行。

8.3.7 库房内应保持通风，应有防霉、防鼠、防虫设施。库房应定期清洁消毒，并保存记录。

【标准理解】

①储存库内应保持清洁、卫生、整齐、通风，不得存放可能造成交叉污染或串味的物品，不得存放有碍食品安全的物品。

②温控显示装置应运行有效，自动温度记录设备应有运行校准记录。

③制冷设施设备应保持清洁，有消毒、除霜程序和防霉防鼠设施。

【标准条款】

8.4　运输

8.4.1 有温度要求的运输工具，冷藏或保温设施应性能良好，并能进行清洗消毒，能正常密闭。

8.4.2 冷藏运输车辆在装车前应检查车辆制冷性能、箱体的预冷温度。

8.4.3 运输过程中应定时记录温度和湿度，并保持运输工具内的气流通畅。对于长途运输，应制定应急预案。

8.4.4 严禁与可能造成气味或有害污染的货物混装。

8.4.5 应制定并执行车辆清洗消毒程序，装车前对车辆卫生状况检查，必要时监督装运，并保存监装记录。

8.4.6 装载应做好记录，记录禽肉的品种、批次号、装车时间、车牌号和货柜号、卸载时间、地点、箱体温度等可追溯性信息。

【标准理解】

禽肉运输的要求关键在于保持冷链不中断，运输过程不受到污染，产品信息可追溯。

【标准条款】

9　批发和零售

执行《农产品产业链全过程管理规范　第1部分：果蔬　通用要求》中10的规定。

【标准理解】

批发、零售有关的消费者意识、人员管理、交易管理和交易设施的要求等内容可参考本系列标准中其他产品内容。

【附录理解】

附录 A 为国际通行管理体系标准，便于企业参考执行。其中 ISO 9001 质量管理体系要求、ISO 22000 食品安全管理体系—食品链中各类组织的要求、ISO 14001 环境管理体系、HACCP 体系及其应用准则、全球良好农业规范标准等为通用管理体系标准，而欧盟食品及饮料产业联盟食品安全管理体系标准要求、NOP 美国国家有机项目、Japanese Agriculture Standard 日本有机农业标准等为出口目的国针对性要求。

法律法规是企业生产、加工和检验检测等过程管理的重要依据和要求，依据本标准从事生产管理组织，应当收集上述法律法规，遵守上述法律法规，在自身管理制度中将法律法规原则性规定具体化，增强可操作性，使生产管理全过程全面符合本标准。

应关注上述法律法规的修订情况。

根据法律法规要求，首先应落实企业作为食品安全第一责任人的责任，强化事先预防和生产经营过程控制，以及食品发生安全事故后的可追溯；其次应履行各部门在食品安全监管方面的职责，完善监管部门在分工负责与统一协调相结合体制中的相互协调、衔接与配合。

体系文件是描述管理体系的一整套文件，是组织开展质量安全管理和保证产品质量安全的基础。

组织通过各种过程实现管理，需要明确过程管理的要求、管理人员的职责、实施管理的方法以及实施管理所需资源，这些都用体系文件表述出来，体现对管理体系的开发和设计。

建立并完善体系文件是为了进一步理顺关系，明确职责与权限，协调各部门之间的关系，使各项组织活动能够顺利、有效地实施，以满足顾客和消费者的需要，并使组织取得明显成效。

体系文件各部分之间应有良好的相容性，符合企业的客观实际，简洁可靠，具有可操作性，体现管理体系是一个机的整体，由组织结构、程序、过程和资源构成，活动过程有确定性。

为了实现管理目标，需要创造性劳动，需要在文件编制时遵从一些重要的原理和原则，需要系统策划管理手册、程序文件和作业指导书。

体系信息包括检测报告、记录、证书等证明性材料，为管理控制提供客观依据，并作为进行管理分析和采取纠正措施的依据。

三、《农产品产业链全过程管理规范　第 11 部分：水产　通用要求》解读

本部分对将于 2019 年发布的山东省地方标准《农产品产业链全过程管理规范　第 11 部分：水产　通过要求》的内容进行解读。

【标准条款】

1　范围

本标准规定了山东省出口农产品质量安全示范区内水产品的捕捞、养殖、加工、流通等各个环节管理体系及产品质量安全技术管理要求。

本标准适用于山东省出口农产品质量安全示范区内水产品的捕捞、养殖、加工、流通产业链上的组织。

2　规范性引用文件

下列文件对于本文件的应用是必不可少的。凡是注日期的引用文件，仅注日期的版本适用于本文件。凡是不注日期的引用文件，其最新版本（包括所有的修改单）适用于本文件。

GB 2760　食品安全国家标准　食品添加剂使用标准

GB 2761　食品安全国家标准　真菌毒素限量

GB 2762　食品安全国家标准　食品中污染物限量

GB 2763　食品安全国家标准　食品中农药最大残留限量

GB 5749　生活饮用水卫生标准

GB 7718　食品安全国家标准预包装食品标签通则

GB 11607　渔业水质标准

GB 14881　食品安全国家标准　食品生产通用卫生规范

GB/T 19000　质量管理体系　基础和术语

GB/T 20014　良好农业规范系列标准

GB/T 22000　食品安全管理体系—产品链中各类组织的要求

GB/T 24616　冷藏食品物流包装、标志、运输和储存

GB/T 27304　食品安全管理体系 水产品加工企业要求

GB 28009　冷库安全规程

GB 28050　预包装食品营养标签通则

GB 29753　道路运输　食品与生物制品冷藏车

GB/T 31080　水产品冷链物流服务规范

GB/T 32950　鲜活农产品标签标识

GB 50072　冷库设计规范

3　术语和定义

GB/T 19000、GB/T 20014、GB/T 22000 界定的术语和定义适用于本标准。

3.1　组织

为实现目标，由职责、权限和相互关系构成自身功能的一个人或一组人。

注1：组织的概念包括但不限于代理商、公司、集团、商行、企事业单位、行政机构、合营公司、协会、慈善机构或研究机构，或上述组织的部分或组合，无论是否为法人组织，公有或私有。

注2：本标准中的组织指出口农产品质量安全示范区中从事各类农产品种植、养殖、加工、

运输、贮存、流通等活动的机构（注1）。

3.2 食品链

从初级生产直至消费的各环节和操作的顺序，涉及食品及其辅料的生产、加工、分销、贮存和处理。

注1：食品链包括食源性动物的饲料生产，和用于生产食品的动物的饲料生产。

注2：食品链也包括与食品接触材料或原材料的生产。

3.3 农产品产业链

各类农产品种植、养殖、加工、运输、贮存、流通等食品链过程活动的环节。

3.4 供方

提供产品或服务的组织。

示例：产品或服务的制造商、批发商、零售商或商贩。

注1：供方可以是组织内部或外部的。

注2：在合同情况下，供方有时称为“承包商”。

4 管理体系

4.1 管理体系的建立与保持

4.1.1 组织应按适用的国际通行管理体系标准（附录A），建立有效的管理体系，加以实施并保持，必要时进行更新。

4.1.2 组织每年应至少实施一次内部审核或委托有资质的第三方机构对管理体系进行审核，提供管理体系评价报告，并持续改进。

【标准理解】

①管理体系是为实现特定目标而建立的包含方针策略，过程和程序的制度架构。管理体系可以包括质量管理体系和环境管理体系，也可以包括技术管理体系和行政管理体系。管理体系的运作包括体系的建立、实施、保持和持续改进。组织建立山东省农产品产业链全过程管理体系时，应依据本标准附录A给出的国际通行标准进行参考，选择本组织的供应链阶段如养殖、加工、仓储、运输、批发、零售所适用的标准。

②全产业链标准在内容上引用、选用、参照国际标准，更易于组织被国际市场认可和采信。组织在进行全产业链标准评价活动时，如果已通过相应供应链阶段的标准认证，第三方机构将基于组织已获认证的结果作为风险评估信息输入，减少重复评审和组织的负担。

【标准条款】

4.2 食品安全风险管理

4.2.1 组织应建立机制，跟踪国际、国家、行业食品安全风险监测信息及与组织有关的食品安全危害信息。

4.2.2 组织应策划、评估食品安全状况，对可能存在的安全隐患，应依据食品安全风险评估结果采取相应的措施。

4.2.3 组织应按 HACCP 原理识别食品链相关过程中的食品安全危害，并建立有效的控制措施。
4.2.4 组织应预留与食品安全风险相对应的食品安全风险基金或投保食品安全责任险。

【标准理解】

①全产业链标准编制采用目前国际通行的食品安全管理思想，以基于风险管理、国际通行的食品安全危害分析与关键控制点管理原理为基础，有效保障食品安全。

②目前针对食品安全管理的主流管理体系包括 ISO 22000 食品安全管理体系—食品链中各类组织的要求、GB/T 27341 危害分析与关键控制点（HACCP）体系、FSSC2000、BRC、IFS 等，这几个体系的核心都是依据 HACCP 原理，根据产品工艺流程、外部环境、设施设备、法律法规等信息，进行危害分析，确定需要控制的危害，建立有效的控制措施组合。

③组织在建立体系时也要关注客户需求，不同地区的客户可能对认证标准有不同的要求。比如 BRC 是英国零售商协会制定的标准，证书在英国、澳大利亚等英联邦国家得到更多的认可，IFS 证书在德国、法国、意大利等国家认可度更高。

④食品安全责任保险是承担食品生产经营者民事赔偿责任的一种保险，在发生食品安全事故时，可以为食品生产经营者承担风险，保障消费者权益。

【标准条款】

4.3 食品链供方管理
4.3.1 组织应与食品链供方进行沟通，获得充分的食品安全信息。
4.3.2 组织应有效实施供方能力评价，选择合格供方，确保供方产品持续满足满足相应的质量安全标准要求。

【标准理解】

①全产业链标准注重组织在整个供应链阶段中的信息传递与沟通。为确保供方产品持续满足组织食品安全标准要求，必须对供方能力进行评价。

②根据供方提供产品性质的不同，确定对供方不同的控制类型、程度和要求。一般常见的控制活动包括验收检验分析报告、委托第二方或三方审核、统计数据和绩效指标评价等。组织应每年对供方的资质（营业执照、食品生产许可证、出口备案证明等）进行评价，索要供方有效的外部检测报告并保留评价的证据。索要合格证据，也是出现质量纠纷时免责的证据。

【标准条款】

4.4 人员能力、培训与管理要求

4.4.1 组织应确保食品安全检验人员、不合格评审人员、质量管理与控制人员、农药及各类植保产品使用与管理人员、化学品管理及使用人员、关键岗位操作人员、内审员接受过专业培训并具备相应能力。

4.4.2 组织应持续识别培训需求，制定培训计划，实施培训并保持培训记录。

4.4.3 组织应对所有与食品安全有关的人员实施食品安全法规标准、食品安全意识、HACCP 理论、食品安全管理体系标准及文件培训。

4.4.4 组织应保持与食品安全有关的有效人员名单，食品加工、管理人员应持有健康证明。

【标准理解】

①在食品企业中，与食品农产品直接接触或对食品安全有影响的职工应每年进行健康检查，确保人员健康符合食品或农产品加工要求。

②组织应根据食品安全目标提出员工教育和培训需求，并制定满足培训需求的政策和程序。培训计划既要考虑组织当前和预期任务需要，也要考虑组织内人员的资格、能力、经验、意识符合岗位要求。组织可通过实际操作考核、内外部质量控制结果、内外部审核、利益相关方的投诉、人员监督评价和管理评审等多种方式对培训活动的有效性进行评价，并持续改进培训以实现培训目标。

【标准条款】

4.5 信息保持、记录与通报要求

4.5.1 组织应按适用的管理体系标准要求建立文件、记录管理程序并保持相关记录。

4.5.2 组织应保持农产品产业链相关信息及记录，以提供产业链全过程标准化体系有效运行的证据。

4.5.3 组织应策划有效的内部监督活动，根据内外部监督结果实施持续改进，并保持所有内外部监督管理信息。

4.5.4 组织应按要求通报产品质量安全重大事件。

【标准理解】

①组织按照全产业链标准建立体系时，可参考附录 C 中涉及的记录。记录的设计应简单、清晰、包含必要的信息，易于填写，考虑与食品安全追溯系统的关联。填写时要关注填写的时效性、真实性。记录保存年限要根据产品保质期和法规要求来确定。

②内部监督活动是组织对内部特定体系运行的有效性开展的内部审核活动，是企业

完成PDCA系统管理、持续改进的重要内容，应对内部监督活动进行策划，成为有计划的、系统的、独立的审核活动。内部监督活动有内部审核、管理评审、其他各层次的监督等各多种形式。

③ 外部监督活动包括官方监管、第三方认证审核、采购商审核、消费者投诉等多种形式，外部监督活动的结果应保持，并作为企业持续改进的信息输入。

【标准条款】

4.6　可追溯管理

4.6.1　组织应建立且实施可追溯性系统，识别本标准要求的基本信息，确保能够识别产品批次及其与原料批次、生产和交付记录的关系，识别直接供方的进料和终产品初次分销的途径。

4.6.2　应按规定期限保持可追溯性记录。应采用适当方式公开向相关方展示追溯信息。可追溯性记录应符合相应标准、规范要求、顾客要求。

【标准理解】

①可追溯体系是农产品食品安全的重要组成部分，包括产品及其成分在整个或部分生产与使用链上所期望获取信息的全部作业和数据。可追溯体系建设是组织食品安全管理体系持续改进、潜在不安全产品处理、及时撤回不安全产品的前提条件。追溯体系设计可参考GB/T 22005饲料和食品链的可追溯性体系设计与实施的通用原则和基本要求中的内容。

②追溯应能够沿整个食品链进行追溯。针对一个组织生产的产品要求能够从原料追溯到最终顾客。

③追溯记录保持是实现可追溯的必要条件。通常记录的保存期不小于产品的货架期，法律法规和客户有要求的应满足其记录要求。

【标准条款】

4.7　食品防护

组织应识别人为故意污染和蓄意破坏的可能性，建立食品防护计划并实施。

【标准理解】

①组织应制定产品防护计划，防止产品在生产、储存、运输过程中遭受人为故意污染和蓄意危害，保障食品安全。

②食品企业在制定食品防护计划时，可参照GB/T 27320《食品防护计划及其应用指南　食品生产企业》要求制定。

【标准条款】

4.8 召回和不合格品管理

4.8.1 组织应识别法规要求，建立书面的召回和不合格品管理程序。

4.8.2 当发现产品不符合质量安全标准或存在潜在危害时，应隔离不合格产品，对不合格品情况进行评审，实施处置，分析原因并采取纠正措施。

4.8.3 需要召回处理的，应在规定时间内通知相关生产经营者、消费者及监管部门。

4.8.4 每年对召回程序进行演练并保持纪录。对实际发生的召回应按规定期限保持完整记录。

【标准理解】

①评估后产品不能证实符合要求时应对产品进行处置。可采取返工或进一步加工方式实现危害控制，如食品安全危害无法消除，不合格产品需销毁或转做其他用途。

②当终产品交付后发现不安全时，组织应及时召回。召回通常是紧急事件快速处理，因此组织应经过完整的策划并形成召回文件，每年进行召回演练，以实现有效的不安全产品召回。

③召回应考虑法规要求，按法规要求实施信息通报。

【标准条款】

4.9 信用管理

4.9.1 组织应建立食品安全信用管理程序，对供应商、经销商及相关食品链组织违规行为进行记录，并采取相应限制措施。

4.9.2 加工组织应参照 GB/T 33300 实施食品诚信管理。

4.9.3 批发、零售市场应建立信用记录制度，对场内经销商违规经营行为应进行警示通告。建立对场内交易农产品的价格、检测、计量、质量等相关信息的公示制度。

【标准理解】

①组织应建立信用档案，记录原料供应商、采购商以及其他与生产相关设备、包装材料供应商的诚信状况。

②批发市场应对在市场进行交易的经销商建立信用档案，对经销商信用进行考核，对在市场上销售不合格产品经销商进行公示，严重时应取消该经销商在市场的销售资格。

③交易市场应建立农产品信息公开制度，对农产品价格、检测信息、产地信息等进行公示，保障消费者知情权。

【标准条款】

4.10 生态、环保要求

4.10.1 组织应实施环境和生态保护。种植者应建立野生动植物管理和保护方案，了解农事活动对环境造成的影响。

4.10.2 组织应尽可能使用可持续的能源并进行监视，绿色环保、低碳节能、资源节约。

4.10.3 组织应采用最有效的灌溉方法以利于水土保持。

4.10.4 组织应实施废弃物和污染物管理，回收、处置并再利用。

【标准理解】

①组织应对农事操作对环境的影响进行评估，避免对产品的污染以及生态的破坏。应制定有效的生态保护计划。

②企业可以实现农业生态系统内部循环，推广生态养殖。

③组织应制定废弃物和污染物管理规程，对生产废弃物和污染物进行统一管理，其中有国家法律法规规定的废弃物，应按照规定处理。

【标准条款】

5 水产品质量安全标要求

5.1 水产品质量安全标准

水产品品质、食品安全应满足目标市场相关标准要求，标准包括但不限于 GB 2760、GB 2761、GB 2762、GB 2763。

5.2 产品监控、验证计划

5.2.1 组织应策划、制定对产品品质安全的验证计划，以提供对组织生产产品质量安全水平符合相应标准的证实。

5.2.2 应综合考虑产品特性、工艺特点、原料控制情况等因素合理确定检验项目和检验频次以有效验证生产过程中的控制措施。

5.2.3 监控验证计划应符合目标市场要求。

5.2.4 监控计划应包含产品链过程中重要食品安全危害的验证活动。

5.2.5 监控计划应考虑适宜、可操作、有效的检测、验证方法。适宜时，可考虑对相关过程配备快速检测设备实施检测与验证。

5.2.6 每年应至少实施一次产品标准全项目验证检测，并提供检测报告。

5.3 检验机构、取样抽样及检验方法要求

5.3.1 应通过自行检验或委托具有相应资质的检验机构对原料和产品进行检验，建立出厂检验记录制度。

5.3.2 自行检验应具备与所检项目适应的检验室和检验能力。由具有相应资质的检验人员按规定的检验方法检验。组织应确保检验设备设施满足检验需求，并对设备按期检定。使用快速检测设备实施验证活动的，应建立快速检测设备校准计划及不合格复验程序。

5.3.3 检验室应有完善的管理制度，妥善保存各项检验的原始记录和检验报告。应建立产品留样制度，及时保留样品。

5.3.4 不同产品抽样要求，应按相关产品标准规定执行。

【标准理解】

①对水产品质量安全提出了要求。应识别法律法规及客户对产品的要求，制定产品检测计划；根据检验项目配备检测设备及检验人员；出厂检验项目至少包含了法规及标准中要求的项目及客户要求的项目；每年委托有资质的实验室进行检测。

②我国水产品管理体系涉及多个部门，各部门在水产品安全方面都有自己的管理范围。由于我国水产养殖规模逐年扩大，养殖方式不断变化，加上国际贸易的需要，所要检测的质量指标大量增加，完善的检验检测是水产品质量安全的有力保证。水产品市场准入制对于我国来说还是一项较新的工作，经验不足。这种情况下，水产品质量安全检测提供的检测数据就成为市场准入制中的关键因素，其检测结果直接影响到水产品是否能进入市场，发挥着重要的把关作用。

【标准条款】

6 捕捞过程管理

6.1 渔业捕捞许可证要求

渔船应向农业部申请，取得船舶技术证书和渔业捕捞许可证，在许可的捕捞区域进行作业。

6.2 船只要求

6.2.1 船只设计与建造应避免因船底污水、其他污水、烟尘、燃料、油、油脂或其他污染物造成货物污染。

6.2.2 加工设施应不生锈、不发霉，其设计应确保融冰水不污染捕捞水产品。

6.2.3 存放及加工捕捞水产品的区域应与机房和人员住处有效隔离并确保不受污染。

6.2.4 水产品接触的容器或工具应无毒害、防腐蚀、易清洗，且与水产品、消毒剂、清洁剂不起化学反应。

6.2.5 应配备温度记录装置并安装在温度最高位置，保存温度记录。

6.3 装卸要求

6.3.1 装卸水产品的设备应保持完好、清洁。

6.3.2 设备运行作业时，对鱼体不应有机械损伤，防止外溢的润滑油污染水产品。

6.3.3 卸下的水产品应及时进入冷藏库或冷藏车内暂存，并按品种、等级、质量分别存放。
6.3.4 对有毒水产品应严格分拣和收集，使用专用容器存放，并标有特殊标识。

【标准理解】

①本章节是水产品捕捞环节的基本要求。《中华人民共和国渔业法》第二十三条第二款，《渔业捕捞许可管理规定》（农业部令第19号）第十九、第二十、第二十一条规定了部分从事捕捞作业渔船的渔业捕捞许可证，经省级人民政府渔业行政主管部门审核，并报农业部审批；其他作业渔船的渔业捕捞许可证由县级以上地方人民政府渔业行政主管部门审批发放。渔业捕捞许可证是国家批准从事渔业捕捞的证书，是合法从事渔业捕捞活动的法律凭证。提供渔业捕捞许可证并接受渔业行政执法人员的检查是从事渔业捕捞的单位或个人应当履行的一项义务。渔业捕捞许可证分为公海、外国渔船、捕捞辅助船、海洋、内陆、专项（特许）、临时7种。明确规定了这7种渔业捕捞许可证适用范围。其中专项（特许）渔业捕捞许可证较为特殊，该许可证不能单独使用，应与海洋渔业捕捞许可证或内陆渔业捕捞许可证同时使用方为有效。

②捕捞船舶及其设备设施的卫生安全，是保障水产品质量安全的第一道关口。渔船和捕捞设备的设计和结构应做到：与鱼体接触的表面应该用抗腐蚀的材料，表面光滑，易于清洁和消毒；在设计容器结构时，应尽量减少尖角和突角，以避免藏污纳垢；设备的底部应便利排水，同时以合适的压力提供充足干净的海水或饮用水。在捕捞之前就应彻底清除船底污水、废水、烟气、燃油、油脂和其他杂物；所有与鱼的接触面都应该是无毒、光滑的，这样有利于减少污染物对鱼的黏液、血液、鱼鳞和肠的污染。力争做到对鱼的损伤最低、污染最低和减少腐烂。在生产中，应该始终重视渔船和捕捞设备的安全卫生管理，确定持续的清洁和消毒计划，确保船舱和相关设备所有部分都能按规定要求进行清洁。

【标准条款】

7 养殖过程管理

7.1 总要求

组织应按GB/T 20014《良好农业规范》要求建立体系，实施并保持。

7.2 场址、设施、设备

7.2.1 场址

7.2.1.1 养殖区域内不存在对养殖环境构成威胁的污染源。水源充足，水质良好。供电、交通便利。

7.2.1.2 养殖场不应位于自然环境保护区内。

7.2.1.3 养殖用水水质应符合GB 11607要求，并保持年度水质检测报告。

7.2.1.4 养殖场对周围环境无不良影响，包括建筑外观、围栏、养殖排放水以及养殖活动对生态无不良影响，不影响水上交通。

7.2.2 设施与布局

7.2.2.1 养殖场内设施布局合理，养殖区、办公和生活区分开。

7.2.2.2 养殖场的设施（如贮水池、水源或饲养设备等）满足养殖需要，并保持良好的维护保养状态。

7.2.2.3 养殖场进排水设施应独立分开，避免进水受到污染。

7.2.3 设备

7.2.3.1 养殖场应配备与养殖面积和养殖方式相配套的设备，如各种网具、发电机、排灌设备、增氧机等。

7.2.3.2 养殖、收获等操作使用的工具使用无毒无害材料，接触面应平滑，避免引起养殖产品损伤。

7.2.3.3 主要设备应标注其用途，并制定操作规程，定期对其进行检查、校准和清洁保养。

7.2.3.4 主要设备的设计、安装和运转应减少对养殖产品和环境造成风险。

7.2.3.5 应配备与养殖产品病害防治相适应的必要设备，如显微镜、解剖镜、白瓷盘、剪刀等。

7.2.4 场地管理

7.2.4.1 应按合理的参照系统建立地图或示意图，确定场所准确位置及边界，并清晰识别场所内各独立区域及可见的实物标识，并保持有效的图示。

7.2.4.2 应从食品安全、环境保护、生态可持续性、员工健康安全几个方面实施种植场所风险评估，确保适合农业生产，变更场所时应实施重新评估。

7.2.4.3 应策划、制定土壤、空气、水质监测计划，实施监测活动并提供测试证据。监测可采用、采信官方或有资质的第三方结果。

7.2.4.4 养殖场区域应封闭或采取适当的措施，防止家养或野生其他动物进入养殖水域；禁止可能存在安全风险的动物在养殖场内和邻近区域养殖。

7.2.5 场地防护

7.2.5.1 应保持来访人员记录，记录内容包括来访人姓名、来访日期、来访目的及携带物品等。

7.2.5.2 养殖区域周边应设置围墙、栅栏或采取其他有效措施，防止与生产无关人员进入。

7.2.5.3 必要时，养殖场所入口处应设有清洗消毒设施。

【标准理解】

①本章节适用于水产品养殖环节的基本要求。主要包括厂址选择、设施与布局、设备、场地管理、场地防护。人工养殖方式大体分为5类：淡水池塘养殖、淡水大水面养殖、浅海养殖、海洋滩涂养殖和工厂化养殖。细分起来有：海水池塘、海水工厂化、海水筏式、海水网箱、淡水池塘，淡水网箱、淡水网箱、淡水工厂化、淡水流水。所有的上述水产养殖场都应本着“以渔为主、合理利用”的原则来规划和布局，养殖场的规

划建设既要考虑近期需要，又要考虑今后发展。在新建水产养殖场时，一般应考虑以下几个方面的条件：要了解当地政府区域规划发展计划，了解是否允许开展“养殖”；要合理地确定池塘养殖场规模和养殖品种等；要充分考虑当地的自然条件来决定；要充分勘查了解养殖场建设区域的地形、水利等条件；要注意考虑排涝、防风等问题；北方要考虑寒冷、冰雪等对养殖设施的破坏，南方要考虑夏季高温气候对养殖设施的影响；应根据市场需要，建设一定规模和形式的养殖场；要考虑当地的土壤、土质等问题；要考虑当地道路、交通、电力、通讯、供水等基础条件。

②水产养殖生产需要一定的机械设备。机械化程度越高，对养殖生产的作用越大。目前主要的养殖生产设备有增氧设备、投饲设备、排灌设备、底泥改良设备、水质监测调控设备、起捕设备、动力运输设备等。

③养殖场的防护，狭义地讲，主要是通过物理隔离和制度隔离，有效控制可能影响养殖安全的动植物和人员。养殖源头防护主要有以下 4 个方面：一是合理规划基地。养殖基地是否获得养殖许可，养殖围网布局是否科学合理，与相连相邻养殖场是否冲突，是否远离行洪河道与污染源。二是加强水源防护。养殖基地周边与上游存在污染源，养殖墩船生活废水排放是否合理，是否存在交叉污染和人为破坏。针对不同季节是否实施水源管理，定期巡查水情、监测水质、底泥、水草变化情况。三是加强投入品管理。规范农兽药、饲料等投入品管理，是否建立制度确保来自合格的供应方，是否制定投入品仓储、出入库、使用、回收、处置管理制度并建立相应记录，是否能做到溯源管理。四是加强人员货物管理。对进入养殖场、加工厂的人员、外来人员包括参观监管人员、船舶车辆等运输工具、货物是否建立出入管理制度，并保存记录。

【标准条款】

7.3　苗种管理

7.3.1　亲本来源和管理

7.3.1.1　亲本应保持可追溯到供方的证实资料，应保留供方资质文件并提供质量证明。

7.3.1.2　进口的亲本应遵守政府规定，并有相关证书以证明亲本健康无疫病。

7.3.1.3　外购亲本或后备亲本应来自行政主管部门批准并有水产苗种生产许可证的种苗场，并提供检疫证书。

7.3.2　苗种来源和管理

7.3.2.1　进口苗种应遵守政府规定，并有相关证书以证明苗种健康无疫病。

7.3.2.2　苗种应购自行政主管部门批准并有水产苗种生产许可证的种苗场。苗种供应商应提供该种类常规已知监控疾病检测证书。

7.3.2.3　繁育场应制定育种计划，监控选育过程中的遗传改良和近交退化，并保留监控记录。

【标准理解】

养殖投入品主要包括苗种、饲料和渔药等，投入品的使用直接影响到渔业生产和水产品质量卫生安全。通过对水产苗种生产许可证和检疫证书的追溯，保证外购种苗健康无疾病。自繁苗种的生产过程和产品应符合相关法规和质量标准的规定，并做好种质质量保护。应保存苗种采购记录和苗种自繁记录。

【标准条款】

7.4 化学品管理

7.4.1 化学品应来自具备生产许可证或进口登记许可证的生产单位或供应商，并保持相关资料。

7.4.2 仓库内只能存放行政主管部门批准使用的化学品。用于清洗和消毒的化学品应保存在单独的存储区域并上锁。化学品进出库应由专人负责登记。

7.4.3 应制定或配备操作人员被伤害、化学品溢流等应急处理程序或设施。

7.4.4 易产生危害的化学品应单独运输。危险化学品应由具备资质的车辆运输，并有警示标志。

【标准理解】

鉴于化学品对食品安全所起的重要作用，化学品管理首先应符合国家有关法律法规。养殖场除应遵守这些规定外，应安排专人负责采购有资质的化学品，同时保留往来的相关单据。化学品的有关特性（如危险性、腐蚀性等）决定了化学品的储存等必须单独运输、储存、上锁、易于识别、严格的使用登记等。有的化学品对人体有直接的危害，如易爆、易燃、具有腐蚀性，在称量、配置、使用这些化学品时，员工应接受过相关培训，并在指定的场所，按照规定的操作程序进行。养殖场应提供当发生事故时急救所需的有关设施。

【标准条款】

7.5 渔药管理

7.5.1 渔药采购

渔药应来自具有生产许可证或进口登记许可证的生产单位或供应商，并做好采购记录。所购渔药应符合产品消费地法律法规要求。

7.5.2 渔药储存

7.5.2.1 每个养殖场应有渔药清单，包括每种药的生产商、供应商、使用方法、使用剂量等信息，并建立渔药库存台账。

7.5.2.2 渔药存放地环境应符合产品贮藏特性要求，保持通风、干燥和整洁。仓库内禁止存放产品，消费地禁止使用的渔药。

7.5.2.3 渔药储存区应上锁，禁止非相关人员进入。渔药应专人保管，养殖场应建立渔药进出库台账，专人负责。

7.5.2.4 渔药应存放在原包装中。标签和说明书清晰，易于识别。

7.5.3 渔药使用

7.5.3.1 使用渔药时，应由具备水产养殖病害防治专业的有资质人员开出处方。投喂或使用渔药的员工应经过相关培训，并具备用药相关能力和知识。

7.5.3.2 渔药剂量应按处方或应严格按照药品说明书执行。不得使用激素和抗生素作为促生长剂。抗生素只能在特殊情况下在特定的养殖产品中使用。

7.5.3.3 应遵循相关渔药休药期规定。同一水域养殖场应遵循同一休药期。休药期间的水产品作为苗种外售时，应告知买方相关休药期要求。

7.5.3.4 超过使用期的渔药和用后的包装物应正确处理。禁止使用行政主管部门禁止使用的药物。

7.5.3.5 应做好用药记录，内容至少包括：日期、药名、处方、疾病诊断、使用方法、治疗效果和不良反应等。

7.5.3.6 应保留用于区分用药与非用药养殖水产品的标识或记录。

【标准理解】

①在购买渔药时，一定要注意所购买的渔药是否有商品名称和化学名称、生产批准文号、厂家名称、地址、生产批号、生产日期和批次、有效期、失效期和休药期等，这些都是目前兽药（渔药）标签所必须标明的内容。

②渔药的存放对于保持渔药的质量，保证产品的安全有直接的影响。养殖场只能存放法律法规允许的渔药，不得存放违禁药。养殖场的渔药存放应设有专用的药品库，通风良好、光线充足，并能上锁，应符合化学品存放场地的要求。要求特殊储存条件（如冷藏）的，应提供专用的储存设备。

③每个养殖场渔药仓库都应建有渔药清单或药品档案，内容包括每种药的生产商、供应商、使用方式、使用剂量等信息。应针对渔药的进销存情况，建立库存台账。

④渔药的使用必须按照 NY 5070《无公害食品　水产品中渔药残留限量》和 NY 5071《无公害食品　渔用药物使用准则》的规定执行，严禁使用无生产许可证、批准文号、产品质量执行标准的渔药，禁止使用高毒、高残留渔药，禁止使用致癌、致畸、致突变作用的渔药，禁止使用国家明令禁止的渔药。渔药的使用应在经过培训的有资质的专业人员指导下进行，这类专业人员应当掌握疾病的病名、病因、症状、诊断技术和药物等的基本知识，才能判定疗效。滥用或误用药物可能造成更大经济损失或严重后果。取得处方权的兽医师或渔医师才能开列渔药处方，应杜绝随意使用渔药情况。

【标准条款】

7.6 疫苗管理

7.6.1 疫苗应来自具备生产许可证或进口登记许可证的生产单位或供应商，并保持采购记录。

7.6.2 疫苗应符合使用要求，并保持记录。

7.6.3 疫苗供应单位、经营单位、使用单位应配置与品种、用量相适应的冷藏（冻）库、冷藏（冻）柜和保温箱。贮藏温度应符合疫苗要求。建立专用冷藏和（或）冷冻设施设备的使用、维护记录。记录应保存至超过兽用疫苗有效期1年。

7.6.4 疫苗贮藏应按生产企业、品种、规格、生产批号分类码放，定期检查并记录。发现质量异常，应先行隔离存放，停止调出，按规定处理，并保持记录。

【标准理解】

渔用疫苗是动物用药的一种，通过基于药事法的国家认定、检验等制度保证其品质、有效性和安全性。疫苗应保存在2~5℃的阴暗处，不可冻结保存。疫苗是通过在接种对象体内产生免疫力来达到预防疾病的目的，因而有可能因接种对象自身不够健康而不能达到足够的免疫效果。因此要使疫苗最大限度的发挥效果，平时合理的饲养管理和卫生管理是重要的基础条件。在使用渔用疫苗前要与指导机构取得联系并接受其提供的疫苗使用指导书。按指导书要求到指定的出售渔用疫苗的店铺购入所需用量的疫苗。在使用渔用疫苗时，应请技术人员或经培训人员给予现场指导。

【标准条款】

7.7 饲料管理

7.7.1 采购的饲料和饲料添加剂应来源于相关行政主管部门批准的生产企业。自配饲料的原料采购应符合法律法规规定。保存所有饲料的采购记录，包括生产厂家、饲料名称、数量、适用范围、组成成分、生产日期、保质期等。

7.7.2 自配饲料配方应由专门的技术人员提供，饲料营养配比应满足不同阶段养殖品种的营养要求。

7.7.3 在饲料中添加渔药应符合相关法律法规标准要求。

【标准理解】

①为符合可追溯的要求，应保存所有饲料的采购记录或其他相关文件，并至少保存3年。记录包括饲料类别、数量、饲料营养成分表、生产商等内容。

②饲料储存需设专用的饲料存放场所，储存场所的温湿度、通风等条件合理。定期清扫检查饲料的储存场所、容器和运输车辆，废弃的发霉或受潮的饲料应安全处置。饲料保存方法有缺氧保存、干燥保存、通风保存、低温保存和化学保存。渔用饲料的保存

对于保持其营养成分至关重要，如果保存不当，容易造成渔用饲料变质、营养损失或产生有毒物质。

③渔用饲料的保存，其含水量不能超过13%，以10%以下为好。保存渔用饲料的仓库与场地宜干燥、避光。有条件的地方，渔用饲料最好用塑料袋密封保存。避免鼠类、昆虫等有害动物消耗和损坏饲料。应采取适当的控制措施以防止鼠类、害虫等其他动物对饲料可能造成的污染；不同种类的特殊饲料、药物饲料和普通饲料应严格区分，标示清晰，并且分开堆放。饲料的使用应依照先进先出的原则。饲料的批次清楚，易于追溯。渔用饲料的质量、卫生和安全指标应符合GB 13078《饲料卫生标准》的要求。

【标准条款】

7.8　养殖管理

7.8.1　养殖计划和管理

7.8.1.1　应根据养殖品种、生长周期、养殖场特点等条件，制定合理的养殖计划。根据品种、养殖条件，制定合理的苗种放养规格、密度等内容的苗种养殖程序，并做好苗种放养记录。

7.8.1.2　鱼苗出池采用排水集苗出池，操作中应避免苗种损伤。运输方式应根据情况选用箱式或桶式容器充气运输、活水船运输。运输用水水温、盐度可根据养成水环境要求进行调节。

7.8.1.3　应建立书面水质监控程序，对养殖水域至少每年一次监控，以保证养殖产品健康、卫生和安全。

7.8.2　病害防治

7.8.2.1　应制定书面病害防治计划并有效实施，每年进行审核和修订。内容应体现疾病预防和治疗计划、主要病害、环境治理措施、防治方案等。

7.8.2.2　养殖场应制定降低各成长阶段死亡率所采取措施的文件，并有养殖产品死亡率持续监测记录。

7.8.3　病死养殖动物处理

7.8.3.1　发现申报疫病的疑似病例，应立即按有关规定报告相关主管部门。

7.8.3.2　应制定发生严重疾病或大规模死亡的应急预案。

7.8.3.3　病死养殖动物处理应遵循无害化原则。无害化处理过程必须在驻场兽医和当地动物卫生监督机构的监督下进行，并对无害化处理的鱼类数量、死因、体重及处理方法、时间等进行记录，并作分析报告。无害化处理包括集中掩埋和集中焚烧。

7.8.3.4　当养殖场发生重大动物疫情时，除对病死鱼类进行无害化处理，还应根据动物防疫主管部门的决定，对同群鱼类进行扑杀和无害化处理。

7.8.4　药残控制

7.8.4.1　应建立养殖品种药物残留监控计划。

7.8.4.2　在收获前应根据监控计划进行药物残留抽样检测。残留量不得超过GB

2762 要求。

7.8.4.3 应制定书面抽样程序包括样品的保存、编号以及样品备份，以便进行养殖产品的抽样检测。检测应由有资质的实验室进行。

7.8.5 收获

7.8.5.1 收获前，应有适当停食措施。停食时间依据养殖品种以及其他情况而确定。

7.8.5.2 休药期内不得捕捞。

7.8.5.3 用于收获物的冰及制冰用水应符合 GB 5749 规定。

【标准理解】

水产养殖通常为高密度养殖，在高密度的养殖作业中，鱼病虫害的发生率往往较高，因此必须按照标准的养殖管理模式进行操作。同时，收获的鱼类身体内往往残留有农药等化学残留物，水质也会因此恶化。今后的水产养殖，必然会在低密度的养殖环境中进行自然养殖，尽量避免农药的使用及污染。

【标准条款】

8 水产品加工

8.1 基于 HACCP 的食品安全管理要求

组织应依据目标市场要求，按 HACCP 原理实施食品安全危害的识别与管理，参考附录 A 选择适用的国际通行管理体系标准建立并实施管理体系。

【标准理解】

HACCP 是危害分析和关键控制点（Hazard Analysis Critical Control Point）的简称，包括 7 个原理。它是指导食品企业建立食品安全控制体系的基本原则。以 HACCP 原理为基础的食品安全控制体系，被称为 HACCP 体系。

【标准条款】

8.2 生产企业资质要求

组织应按法规要求取得相应食品生产企业资质，有食品生产许可证要求的企业应获得食品生产许可资格，出口食品生产组织应符合《出口食品生产企业备案管理规定》，并持续保持。

8.3 良好生产规范 GMP 的要求

组织应符合 GB 14881、GB/T 27304 要求以及专项产品生产企业良好生产规范及目标市场 GMP 标准要求。

【标准理解】

《出口水产品生产企业注册卫生规范》规定的主要内容包括原料、厂区环境、车间及设施设备、生产过程卫生控制、加工条件特殊要求、贮存与运输、人员卫生、生产质量体系的控制和运行等几个方面。适用于水产品生产企业建立卫生质量管理体系及生产过程的卫生控制。

【标准条款】

8.4　原料要求

8.4.1　在原料储存、运输等过程中应保证温度和时间适宜，不得使用未经许可的或成分不明的化学物质。

8.4.2　捕捞类水产品原料的捕捞船、加工船或运输船应符合卫生要求，船上专门为储存水产品的区域或容器必须保持清洁及良好的保养状态。使用的水或冰必须是饮用水或在合适的情况下使用洁净水。

8.4.3　养殖类水产品的原料应来自主管部门许可养殖场，养殖环境和水质应符合安全卫生要求；养殖用饲料和兽药应符合有关规定，保证来源和成分清楚，并附有相应证明材料。

8.4.4　来料、进料加工类水产品原料应有输出国主管机构卫生证书和原产地证书。

【标准理解】

①原料的安全卫生质量是水产品生产企业必须加以关注的问题。企业应针对原料制定有效控制程序，以保证原料的安全卫生。原料有效控制程序应包括对原料来源地卫生学调查或评估、养殖过程安全卫生控制、捕捞过程中安全卫生的控制，贮存、运输过程中安全、卫生的控制，追溯管理，对原料验证要求，建立原料基地的评价管理制度等。所有用于水产品加工的水产品原料必须来自国家允许捕捞或养殖的水域，其中水产增养殖区海水、淡水的水质应符合 GB 11607《渔业水质标准》的有关要求，其他海洋渔业水质应符合 GB 3097《海水水质标准》的有关要求。

②原料的贮存、运输设施应保持清洁卫生，在原料的储存、运输等过程应根据不同的产品选择合适的温度和时间，如冷冻水产品的储存、运输等过程温度不应超过-18℃。原料的品质新鲜，不得含有有毒有害物质，也不应受其污染。应建立原料合格供方名录，保持原料管理的相关记录［如运输过程温度时间控制记录（必要时）、追溯记录、验证记录］等，便于可追溯。

③企业收购捕捞水产品原料时，应评估捕捞水产品是否来自符合卫生要求，并获得国家主管机构许可的捕捞船、加工船或运输船。企业在收购时应向捕捞船索要国家主管机构颁发的捕捞许可证和船舶使用证。活水产品的运输应根据产品的特性选择适宜的温度、时间等存活条件。冰鲜水产品在捕捞后应立即按照有关要求进行冷却，温度保持在0~4℃为宜，加冰保鲜过程应按照 SC/T 3002《船上渔获物加冰保鲜操作技术规程》进

行操作。保鲜用冰（水）应清洁、卫生，应达到与企业生产加工用水同样的清洁度，并定期进行检测。在捕捞过程中应避免水产品受到环境、工器具和人为的污染。在船上的前处理、冷却、冷冻处理等操作应符合国家有关卫生要求，当国家没有规定有关卫生要求时，应保持处理过程产品不受环境、工器具和人为污染。

④企业收购养殖水产品原料时，应评估养殖水产品的原料来源的养殖场是否建立完善的养殖管理制度，并获得国家主管机构许可。养殖用饲料和兽药的使用应符合国家现行有关规定，并提供相应的证明材料。例如，饲料应来自官方许可的饲料生产企业并符合饲料标签的有关规定，提供销售证明和监测报告；兽药应来自国家许可的兽药生产企业和许可的兽药经营单位，提供销售证明和监测报告；兽药标识应符合兽药标识的有关规定，兽药使用应符合《兽药管理条例》的要求。

⑤企业收购进口水产品原料时，进口水产品生产企业的卫生条件首先应符合输出国国家的官方卫生要求，还应符合中国的官方卫生要求。进口水产品企业应提供输出国主管机构的官方卫生/健康证书和原产地证书，以及检验检疫机构出具的“卫生证书”，证明产品经检验检疫合格。对来自已同中国政府签订卫生协议的国家（如韩国、越南、泰国等国家）的水产品，该进口水产品原料应来自中方认可的企业或捕捞船。远洋捕捞的自捕鱼，须来自非污染的清洁海域，并提供海上作业日报表和生产日志。

【标准条款】

8.5　食品添加剂和非食用物质的管理

8.5.1　食品添加剂使用应符合 GB 2760 要求及目标市场要求，应保持添加剂使用清单。

8.5.2　复合添加剂应明确具体成分并符合使用规定，所有使用的添加剂应与产品标签标注相符。

8.5.3　应在风险分析的基础上对使用的食品添加物质策划检测验证活动，保持检测结果证明。

【标准理解】

①水产品生产企业应确定辅料（包括食品添加剂等）的卫生质量标准，建立辅料的采购、验收、贮存、使用等方面的卫生要求和管理程序，建立并实施辅料合格供应商管理体系。

②辅料采购应来自具有合法资质的生产企业。辅料验收应符合国家有关规定，严禁使用国家不允许使用的辅料。辅料进厂时应有出厂合格证，同时检查其感官品质、卫生状况。辅料贮存应设专库存放，专人保管，避免污染。辅料库应防虫防鼠，保持清洁、卫生、干燥。辅料使用应符合国家有关规定（如食品添加剂的使用要符合 GB 2760 的规定）和进口国（或地区）要求。

③食品使用添加剂时，必须确认是否是允许使用的品种，严格执行规定的使用范围和使用量，不得随意超出使用范围和使用限量，操作人员不得凭经验随意加入，应使用

计量器具准确添加并做好记录。超过保质期和变质的辅料不应用于水产品加工。

【标准条款】

8.6　生产过程卫生控制

8.6.1　在生产过程中应按照生产工艺先后次序和产品特点，将原料前处理、半成品粗加工、精加工、成品包装等不同清洁卫生要求区域有效分开设置，各加工区域的产品应分别存放，防止人流、物流交叉污染。

8.6.2　加工过程中产生的不合格品应隔离存放，有明显标志，并在质量管理人员的监督下妥善处理。

8.6.3　应定期对仪器设备进行维护和校准。

8.6.4　企业应制定虫鼠害控制计划，并按计划对所有捕鼠及杀虫设施进行检查和清理。

8.6.5　加工用淡水和制冰用水应符合 GB 5749 要求，加工用海水应为清洁海水。企业应备有供水网络图，并标注水质监测取样点编号。

8.6.6　有温度要求的工序或场所应安装温度显示装置。加工车间的温度不应高于 21℃（加热工序除外）。产品经冷冻后进行包装时，包装间的温度应控制在 10℃以内。

【标准理解】

①加工布局应遵循从原料、半成品、冷冻、包装到贮存等工艺顺序顺畅合理的原则，将原料贮存、原料前处理、加工、成品包装等工序分开，原料库与成品库原则上应该按照产品等额加工进程顺序进行布局，使产品加工从准清洁的环节到清洁环节过渡，不允许在加工流程中出现交叉和倒流；对于生产的即食产品，生熟要严格分开，要做到人流、物流、气流、水流严格分开，不能相互交叉，生熟加工品传递通过可开启的加热设施或专用传递窗口进行物料的传递。

②在加工过程中要采取有效的措施防止产品变质和受到有害微生物及有毒有害物品污染。如各项工艺操作均应保持相应的温度、时间、水分活度、pH 值、压力控制，加强对冷冻、脱水、热加工、冷却、酸化、冷藏等加工过程的监控，加工过程应在卫生的条件下进行等，同时要关注当发生机械故障、温度波动、停电以及其他不良因素的发生对产品质量造成的影响。

③不合格品指不满足规定要求的产品，加工过程中产生的不合格品包括不合格的半成品或成品。不合格品应单独存放在专用的容器或隔离存放在特定区域，容器或区域应做明显的“不合格”标识，并注明不合格原因。对不合格品产生的原因应进行分析，不合格品的处理应在质量管理人员的监督下处理，处理的方法可包括返工、降级、报废等措施。

④水产品生产企业应了解不同使用用途仪器设备的精确程度，以便确定合适校准步骤。应按照仪器设备使用说明书的规定对仪器设备进行维护。维护和校准的仪器设备类

别包括：实验室检测用仪器设备、关键控制点监控用的仪器设备、国家强制检定规定的其他仪器设备（如压力容器的压力表）等。仪器设备的校准频率应在使用前、使用过程中规定的时间间隔、仪器设备维修后进行。对于使用过程中规定的时间间隔，当官方计量部门有强制性要求时，应按照规定官方的要求频率进行，当官方计量部门没有强制性要求时，应按照仪器设备的使用情况来确定。水产品生产企业需根据产品和加工的需求，制定仪器设备的校准计划并有效实施。

⑤虫害的防治对水产品生产企业而言是非常重要的，若食品加工设施中有害虫会损害食品的安全卫生，可导致疾病通过微生物污染传给消费者。如苍蝇和蟑螂可传播沙门氏菌、葡萄球菌、产气荚膜梭菌、肉毒梭菌、志贺氏菌、链球菌及其他致病菌；啮齿类动物是沙门氏菌和寄生虫的来源；鸟类是多种病原菌寄主，如沙门氏菌和李斯特菌。水产品生产企业可通过以下措施对虫害实施有效的控制。制定并实施虫鼠害控制计划，绘制灭鼠网络图，并对每个灭鼠点进行编号，配备灭鼠设备，灭鼠的重点应设在锅炉房、餐厅、垃圾箱、卫生间等处。生产车间对外的入口处应设挡鼠板和防蝇虫设施，如风帘、水帘、翻水弯、纱网、暗室等。车间更衣室、更衣柜要定期清扫，保持清洁卫生。使用杀虫剂和捕鼠器。厂区设足够的捕鼠器，同时定期使用杀虫剂喷洒，车间入口使用灭蝇灯。为了防止昆虫污染食品接触的表面，车间内加工区域的上方不得设置诱杀昆虫的设施。在捕鼠时应使用粘鼠板和鼠笼，不能使用灭鼠药。

⑥应对加工区域、包装区域和贮存区域进行监测，检查害虫是否存在（包括饲养动物、昆虫、啮齿类动物、鸟类）和害虫最近留下的痕迹（如粪便、啃咬痕迹和造巢材料等），并根据监测的结果适时调整虫鼠害控制计划。

⑦加工用水和制冰用水的水质必须符合 GB 5749《生活饮用水卫生标准》的要求，使用海水进行加工时，对微生物指标达不到要求的水源，应采取适当的消毒措施确保产品加工过程使用的海水符合清洁海水的要求，且使用前必须经过消毒处理（如紫外线消毒）后，方可应用在生产加工中。水产品生产企业应绘制并保存供水网络图，并标注水质监测取样点编号，以便日常对生产供水系统的管理和维护。生产现场的各个供水口应按顺序编号。企业在加工前应每天监测加工用水（冰）余氯含量，至少每月 1 次对水的微生物指标进行检测。每年至少 2 次由有资质的部门按照 GB 5749 的规定对水质进行全项目的检测。厂内饮用水的供水管路和非饮用水供水管路必须严格分开。有蓄水池或中间蓄水设施的企业，水池要有完善的防尘、防虫、防鼠措施，并定期对水池进行清洗、消毒。

⑧制冰设备及冰的破碎、运输和盛装冰的器具必须保持良好的清洁卫生状况，应采取措施防止冰的制造、破碎、运输、储存过程受到有毒有害物质、蚊蝇、灰尘、冷凝水等的污染。加工过程中应使用流动水解冻原料、清洗半成品和清洁工器具。

⑨需要使用蒸汽的工序，如漂烫、蒸煮、杀菌等工序，蒸汽的压力应满足工艺控制的要求，蒸汽的供应应满足生产的要求。在水产品加工过程中，有温度要求的工序或场所通常包括热处理、冷冻等工序及其场所，这些工序应安装温度显示装置，如温度计或自动温度计录仪，并按照设定的温度进行控制。当温度低于 21℃时，病原体的生长相对的缓慢；大多数情况下，低于 10℃生长非常缓慢；在温度超过 21℃时，病原体生长

的相对较快，因此应控制加工车间的温度，使车间的温度不高于 21℃（加热工序除外）。对于产品经冷冻后进行包装时，包装间的温度应控制在 10℃以内，防止产品因升温而发生品质变化。

【标准条款】

8.7　包装、标识

8.7.1　包装

8.7.1.1　包装容器和包装物料不得含有有毒有害物质，不得改变水产品的感官特性。

8.7.1.2　水产品的包装不得重复使用，除非包装是用易清洗的、耐腐蚀的材料制成，并且在使用前经过清洗和消毒。

8.7.2　标识

8.7.2.1　产品标识应符合 GB 7718、GB 28050 要求以及相关产品专项标签标准要求，如 GB/T 32950 要求。

8.7.2.2　出口产品应符合 CODEX STAN1 预包装食品标签通用标准及相应目标市场标签标准要求。

8.7.2.3　认证产品标识应符合相关认证要求。

【标准理解】

①包装容器和包装物料应由国家批准可用于食品包装的材料制成，出口产品应符合国家卫生标准的有关规定，不得向水产品转移对人体健康有害的物质，不影响水产品的感官特征。应来自官方主管许可的包装容器和包装物料生产企业。

②包装容器和包装物料经验收合格后方准使用。进厂时凭包装生产许可证、卫生许可证（适用于与水产品直接接触的包装材料）、出厂合格证接收，同时检查其感官品质、卫生状况；对于与水产品直接接触的包装材料还需进行微生物等项目检测，合格后方可使用。

③包装容器和包装物料应保持清洁卫生，不应落地堆放，并采取覆盖等防尘措施，在干燥通风的专用库内存放，内外包装物料分开存放。对温湿度敏感的包装容器和包装材料，应控制储存库的温湿度并定时检查和记录。包装物料库应防虫防鼠，保持清洁、卫生、干燥。

④水产品外包装的标识，应符合我国的法律法规、规章和进口国的法律法规要求，如至少应在外包装上标明产品名称、生产企业名称、卫生注册号、生产批号等。

⑤通过产品标识，使得产品具有可追溯性。召回制度是公司以书面的信息收集程序来描述公司在有召回要求时应执行的程序，其目的是保证有公司标志的产品在任何时候从市场召回时都能尽可能有效、快速和完全进入调查程序。

⑥水产品生产企业应建立产品标识、质量追踪制度并加以实施，这个制度应该包括原料、辅料、加工过程、成品、仓储、运输的标志要求及标志信息传递要求，标志信息

应能够支持实现从原辅料验收到产品出库、从产品出库到初次销售商的全过程跟踪或逆向追溯。

【标准条款】

9 贮藏与运输

9.1 总要求

贮藏与运输应符合 GB/T 31080 的要求。

9.2 物流装备标准化

9.2.1 应使用符合国际、国家通用规格、性能、材质的标准装备，在其堆码、包装、装载、搬运、运输及仓储过程中按照统一的规范进行。

9.2.2 在供应链过程中，物流设备设施应树立单元化、模块化、标准化理念，促成物流设备设施循环共用系统建立。

9.3 贮藏

9.3.1 基础设施

9.3.1.1 库房设计应符合 GB 50072 、GB 28009 要求。

9.3.1.2 库房栈板、货架等应使用不会对水产品造成污染的材料，保持完整，不得生锈。库房内叉车等运输工具应使用不会对水产品产生污染的类型。

9.3.2 温湿度

9.3.2.1 库房内应设置温湿度计，应定期监控温湿度，偏离时须采取相应措施。

9.3.2.2 预冷库（或保鲜库）、速冻库、冷（冻）藏库应配备自动温度记录装置，并定期校准。预冷库（或保鲜库）、速冻库、冷（冻）藏库的温度应符合 GB/T 31080 要求；干制品等其他成品库的温度、湿度应满足产品特性要求。

9.3.2.3 冷藏库、速冻库、冻藏库应配备温度记录装置，并定期校准。保存温度记录和校准记录。

9.3.3 食品防护

9.3.3.1 食品不得与其他有毒物品混放。同一库内不得存放可能造成交叉污染的食品。

9.3.3.2 应制定防护制度，防止装卸货等操作过程对水产品产生损伤，防止人为恶意污染食品。应定期对库房设施、制冷系统和水产品产品巡检，确保设施设备满足储藏要求、产品安全储存。

9.3.4 标识与追溯

库房应做好进出库品、在库品信息登记及标识，实现追溯，并确保产品先进先出。在库品应根据品种、规格、产地等分类储藏，并挂牌标识。

9.3.5 清洁卫生

9.3.5.1 储存库内应保持清洁、整齐，不得存放有碍卫生的物品。应设有防霉、防鼠、防虫设施。库房及其内设施设备应保持卫生、整洁，应确定消毒方法，定期清洁消毒，保留记录。

9.3.5.2 可重复使用栈板或周转筐等包装容器，应制定相应的回收、清洁消毒制度；确保物质可以及时、无损回收，同时需满足水产品运输的卫生要求。

9.4 运输

9.4.1 运输工具使用前应清洗消毒，保持清洁卫生。

9.4.2 运输时应采用防护包装，确保水产品卫生安全并做好运输标识。不与其他可能污染水产品的物品混装。

9.4.3 运输工具应根据产品特点配备制冷、保温等设施。运输过程中应保持适宜的温度。冰鲜品运输符合 GB/T 24616 要求，冷冻品和超低温品运输应符合 GB/T 24617 要求，运输期间箱体温度应符合 GB/T 31080 要求。

9.4.4 运输车辆应满足 GB 29753 要求。

9.4.5 冷藏运输车辆装车前应检查车辆制冷性能、箱体预冷温度。运输过程中应定时观测并记录温度和湿度等环境，并保持运输工具内的气流通畅。对于长途运输，应制定应急预案。

9.4.6 运输水产品时应严禁与可能造成气味或有毒化学物质污染的其他货物混装在一起。车厢应干净整洁、无虫害活动迹象。应制定并执行车辆清洁消毒制度或要求，装车前应对车辆状况和卫生检查。

9.4.7 装载及运输过程中应做好运输档案记录，包括运输水产品的品种、产地代码、入库日期（批次）、数量、质量等级、储藏时间、装车时间、运输人员、车牌号和货柜号、卸载时间、地点、箱体温度等可追溯性信息并登记业务系统。

【标准理解】

（1）存储过程

水产品生产企业保持贮存库的清洁、卫生、堆垛整齐，专库专用，是防止库存产品受到污染的重要措施，也是保证产品持续符合食品安全的基本要求。原料与半成品、成品应分开存放，生熟产品分开存放，已包装的产品和未包装的产品分别存放，相互串味的产品分别存放。储存库的地面、门、内表面、屋顶应使用卫生、防水、易于清洗消毒的材料制成。在库门外安装防鼠挡板，门窗应密闭并具有防鼠、防虫功能。应根据储存库的不同用途和储存产品的特点设置不同的防霉措施。

产品储存库，应保持保鲜、冷藏或冷冻产品所需要的温度，并保持地面不积水；冷冻库应定期进行除冰、除霜；对于要求干燥条件储存的产品，储存库应保持干燥。储存库应当定期消毒，一般每半年清库消毒 1 次，所使用的消毒剂不应对储存的产品造成不良的影响。

库内物品与墙壁、地面、天花板保持一定距离便于空气的循环流动，也有利于防止产品受到来自墙壁、地面、天花板等可能存在的污染物的污染。物品与天花板所保持的距离还应同时满足搬运过程中便于搬运，物品与搬运人员不与天花板产生接触。库内物品应分垛存放，并标识清楚，这样有利于贮存管理，并实现“先进先出”。垛位密度应便于出入库的操作，产品标识应易于识别不同的产品、规格、生产时间（批次）等基本信息。

（2）温度控制

水产品贮存库的温度，是企业保证产品持续符合食品安全和出口要求的基本要求。

水产品的贮存，企业应参照相关法律法规和行业标准的要求，制定本公司的贮存库管理规定、绘制贮存平面图。预冷库（或保鲜库）、速冻库、冻藏库应配有自动温度记录仪，并按照国家计量的有关规定进行校准，库内应配备非水银温度计，对湿度有要求的贮存库还应当配有湿度仪。管理人员定期人工检测温度和湿度，并保持相关记录。

库温检测仪的温度探测点应设置在便于查看和正确反映库温的库内立柱或库内墙壁处，应安装在能指示库房平均空气温度的地方。库温检测仪允差应符合该仪表出厂标准规定，库温允差±1℃，人工检测每 2 小时测定一次库温为宜。拟用于保存冷冻水产品的贮存库应是水产品专用冷库，不得与其他产品混用。

（3）运输工具

运输工具的结构应便于清洗消毒，厢体材料、密封性能等应符合相关安全卫生要求。为避免水产品在运输过程中受到污染，要用密闭车辆运输，运输工具在使用前应清洗消毒，保持清洁卫生。运输时不得与其他可能污染水产品的物品混装，如运输水产品与化学品混装、运输冷冻水产品与活水产品混装等。

运输工具应根据产品特点配备制冷、保温和温度记录等设施。运输过程中应保持适宜的温度，并尽量保证在运输过程中温度在较小范围内波动。水产品在运输过程中的温度应重点控制，以避免由于温度失控对水产品安全造成影响。如冷冻水产品应用冷藏车运输，运输过程中的温度应在-18℃以下，允许短暂时间不超过 3℃的向上浮动；鲜活水产品应能够提供生存必需的氧气、食物等；保鲜水产品使用保温车运输，温度控制在 0~4℃。对于进行长途冷冻运输的运输工具应配备温度显示装置和/或温度自动记录装置。

【标准条款】

10 批发和零售

10.1 交易原则

10.1.1 国家及地方相关法律法规禁止上市和违法捕捞的水产品不得入场交易。

10.1.2 市场交易应公开、公正、公平。

10.1.3 市场应制定并完善交易管理机制，促进物流高效。鼓励市场通过行业信用等级评定。

10.2 交易市场基本要求

10.2.1 市场应根据鱼类大类设置交易区，分别陈列淡水鱼和海水鱼，干制品与非干制品应分区，活鱼、冰鲜鱼、冷冻鱼应分区。

10.2.2 市场设施设备的配备及管理应符合 GB/T 19575 的相关要求。鼓励市场统一称重、统一电子结算。

10.2.3 市场应设置交易管理员，维护交易现场秩序，确保产品购销单上的交易信息翔实。

10.2.4 产品质量要求

10.2.4.1 鱼类产品的质量应符合 GB 2733 的相关要求。

10.2.4.2 鱼类产品应分成不同的规格等级后交易。

10.2.4.3 包装应能满足产品的保鲜保活要求，包装容器的尺寸、强度、重量和容量应符合国家相关标准的要求。

10.2.4.4 包装标识应符合 GB 7718 的相关要求。产品包装上应明确标识产品的名称、品种、等级规格、净重、产地（捕捞区）、生产单位（捕捞单位）、生产（捕获）日期等相关信息。

10.2.5 经销商与采购商准入要求

10.2.5.1 经销商进入市场经营应具备合法的经营资质，并在经营场所的显著位置悬挂营业执照、税务登记证及其他证件。

10.2.5.2 市场应与入场经销商签订进场经营合同，应明确规定市场对经销商经营水产品的索证索票、质量检验和不合格品处理等管理方式，明确经销商对产品安全的责任、争议解决方法等相关事项。

10.2.5.3 市场应根据交易管理需要建立采购商准入制度，经审核符合条件后入场采购。

10.2.6 信息管理要求

市场应建立鱼类交易及质量信息可追溯系统，及时做好鱼类产品批发各环节的信息记录，相关记录应最少保存 2 年。

10.3 车（船）入场

10.3.1 市场应查验入场经销商经营资质证明材料，索要鱼类产品检验检疫合格证明、产地证明等票证并存档备案，无相关票证的禁止入场交易。

10.3.2 市场应做好入场等级工作，详细记录供货商姓名、联系方式、车（船）牌号、产品名称、数量、产地（捕捞区）等信息。

10.4 产品检测

10.4.1 无有效产品检验检疫合格证明的，市场应自行或委托具有法定资质的检测机构进行检测，检测合格后方可交易。

10.4.2 市场应做好巡查工作，定期或不定期地对产品进行抽样检测。

10.4.3 产品检测项目及检测结果处理等应符合《农产品批发市场食品安全操作规范》及国家相关标准的要求及目标市场的监控要求。

10.5 产品陈列与贮存

10.5.1 经销商进入市场后应在市场指定交易区陈列产品或将冷冻产品存入指定冷库。

10.5.2 产品应挂牌陈列，标明区产品名称、品种、规格等级、产地（捕捞区）等信息。

10.5.3 产品陈列、贮存条件应能满足其保鲜和品质保障要求，冰鲜品中心温度应控制在0~4℃，冷冻品中心温度应控制在-18℃，其他产品根据产品要求进行控制。

10.5.4 市场或经销商应做好库存管理工作，详细记录水产品名称、数量、规格等级、产地（捕捞区）、贮藏条件、出入库时间等信息并交市场备案。

10.6 交易

10.6.1 购销双方应严格按照市场流程入场交易。

10.6.2 市场应记录并及时发布产品当日到货情况（包括各种货物的名称、品种、规格等级、数量及供应商等）、交易价格等信息。鼓励市场建立购销双方信用风险管理制度。

【标准理解】

流通环节的基本模式是渔户—批发商—零售—消费者。基本过程是育苗养殖户出售育苗—养殖户购进育苗进行养殖—批发商收购（二级批发收购）—零售（水产品市场、饭店酒楼、宾馆）—消费者。本条款规定了销售过程中批发和零售的相关要求，批发、零售有关的消费者意识、人员管理、交易管理和交易设施的要求等内容，可参考GB/T 19575《农产品批发市场管理技术规范》和GB/T 21720《农贸市场管理技术规范》相关内容。

【附录理解】

附录A为国际通行管理体系标准，便于企业参考执行。其中ISO 9001质量管理体系要求、ISO 22000食品安全管理体系—食品链中各类组织的要求、ISO 14001环境管理体系、HACCP体系及其应用准则、全球良好农业规范标准等为通用管理体系标准，欧盟食品及饮料产业联盟食品安全管理体系标准要求、NOP美国国家有机项目、Japanese Agriculture Standard日本有机农业标准等为出口目的国针对性要求。

附录B为法律法规清单，包括国际通用要求以及对日本、欧盟等发达国家的法规也有列出。

附录C为通用要求符合性文件与信息清单，企业可参考清单，对照通标准要求，建立适合的管理体系文件。

附录D为水产养殖禁用渔药，摘自NY 5071《无公害食品　渔用药物使用准则》，已包括农业部规定的养殖禁用渔药。

附录E为出境水产品追溯示例，国家质检总局组织制定了《出境水产品追溯规程》，该规程对产品标识和生产加工全过程进行监控和记录，基本与（EC）NO 2065/2001相等同，目的是通过产品标识，使得产品具有可追溯性。水产品生产企业对外包装正确标识，是企业保证产品持续符合进出口国要求、对消费者正确提示、保持追溯体系完善，以及及时追溯源头、跟踪产品和召回不安全产品的基本要求。通过对外包装的正确标识，不仅可以描述产品自然特性、提示消费者，还可以实现从源头到成品和从成品到源头的双方向可追溯，在发生偏离和质量安全事故时，可以根据产品标识及时正确地做到召回问题产品，避免给消费者造成安全危害和对组织的产品信誉造成不利影响。

第五章 《农产品产业链全过程管理规范》专项指南解读

一、果蔬专项——姜

《农产品产业链全过程管理规范 第2部分 生姜 技术指南》标准是结合生姜产品的特点，制定的针对具体产品的重点过程管理要求。适用于山东省出口农产品质量安全示范区内生姜种植、生产、储运、销售等产业链全过程管理。

山东是生姜产品出口大省，占全国出口量的60%以上。生姜产品的主要食品安全危害为农药残留，也存在漂白姜的问题。近几年生姜出口面对的问题主要是农残超标，整个产业链中，农药的过度使用、滥用违禁农药和不良储存过程都可能导致农残超标风险。《农产品产业链全过程管理规范 第2部分 生姜 技术指南》（以下简称《生姜 技术指南》）第5、第6部分对农残的控制和储存过程均提出了明确的要求。

《生姜 技术指南》分8章，内容包括：范围、规范性引用文件、术语和定义、生姜质量安全标准要求、种植过程、初级农产品处理、运输、销售，以及附录“生姜初级处理过程的CCP”“生姜常用农药残留项目各出口国、地区标准比对表”和“指南符合性信息清单”。对生姜的种植、初级处理、储运和销售的食品链全过程提出了管理和记录的要求。

（一）生姜质量安全标准要求

应具有生姜特有的气味，不得发霉、腐烂或带苦味。可按产地、加工方式或颜色进行分级。安全卫生指标应按法律法规及客户对产品的要求，并按照标准要求评估产品风险，制定针对性的产品检测计划。

（二）种植过程

生姜的种植过程应按照良好农业规范的要求实施管理。《生姜 技术指南》对姜的种植过程提出了要求，包括一般要求、产地环境和场所管理、土壤管理、水质要求、培育壮芽、整地施基肥、播种、田间管理、病虫草害综合防治、植保产品、采收、储存等方面的要求。

1. 产地环境

种植前应对产地环境进行风险评估。评估内容包括土地的合法性、以往使用情况、土壤中是否有农药和重金属残留、周边种植作物情况以及灌溉水源的安全性，经评估合格的产地才能用于姜的种植。生姜喜温暖湿润的气候，不耐寒、怕潮湿、怕强光直射。宜选择坡地和稍阴的沙壤土地块栽培。

2. 轮　作

姜腐烂病危害很严重，其病菌可在土壤中存活 2 年以上，同时姜对土壤养分的吸收较多，若长期在一块地上种植，则土壤缺乏养分，地力得不到恢复和提高，姜的病害也会越来越严重。因而姜宜实行轮作，应与水稻、十字花科、豆科作物等进行轮作，不宜连作。如果连作，会涉及土壤熏蒸的问题。应选择适合的熏蒸剂，找专业人员或专业公司对土壤进行熏蒸。熏蒸记录包括熏蒸地点、日期、活性成分、剂量、使用方法和操作人员，不允许使用溴化钾进行土壤熏蒸。

3. 病虫草害综合防治

姜的病害主要有姜瘟病（又称腐烂病）、斑点病、炭疽病、叶枯病、立枯病等。虫害主要有姜螟、姜蛆。应按照“预防为主、综合防治”的原则，选用健康种姜，做好种姜、土壤消毒，实行轮作和改进栽培技术，科学利用物理防治、生物防治和化学防治方法。根据当地植保部门病虫草害的测报信息，本着治准、治早、治小的目的，以预防用药为主，早期用药，一药多治，减少农药的使用量。农药应从有资质的单位购买，购买时应索要农药生产许可证、农药登记证或在中国农药信息网上核实农药信息。在使用农药时，生产人员必须按照标签或使用说明书规定的条件和方法，用合适的器械施药。施药时做好安全防护，同时做好农药使用记录，记录农药的商品名、有效成分、登记号、登记有效期、生产厂家、安全间隔期、打药时间、配制浓度、施用量、打药器具、技术人员及操作人。对农药使用及残留情况进行评估，关注周边作物农药的使用。

4. 肥料的使用

生姜的根茎在幼苗期吸收氮、磷、钾较少；旺盛生长期对磷的吸收量缓慢增加，对氮、钾的需求量猛增，尤其在旺盛生长期的前期需钾量最多，氮肥次之；在旺盛生长期的中、后期吸收氮多于钾，吸收钾多于磷。生姜的施肥分为基肥和追肥。基肥主要是有机肥，腐熟的圈肥（如发酵腐熟的鸡粪、猪粪等）或施用优质商品有机肥，不得使用未经合理腐熟的农家肥和未经处理的人畜粪尿。除施足基肥外，一般进行 3 次追肥，追肥以化肥为主，购买肥料应选择正规、大规模、信誉好的生产厂家，并做好记录。

5. 采收和储存

收获必须符合农药的安全间隔期。采收前，应对姜农药残留等有害物质进行检测，检测项目要至少包含使用的农药成分，同时考虑周边作物用药情况，检测合格的方可采收。应使用清洁的采收储藏设备，在生姜被运离田地之前应尽可能地去除表面的泥土。采收后生姜的储存分井窖贮藏和冷库贮藏，姜蛆是储存过程中极易发生的虫害，应在姜入窖前做好井窖的消毒，在储存时不得使用禁用物质进行杀虫处理。冷库贮藏的生姜，应保持库内 11～13℃、空气相对湿度 90%～95%。做好姜入库的标识，标明基地、批次、入库数量。

（三）初级农产品处理

1. 原　料

姜的初级加工过程使用的原料分两种来源，一是来自自控的种植基地，二是来自合格供方。对不同来源的姜，做好批次标识，分开存放。来自合格供方的姜，需要供方提供农残合格的证明。

2. 厂房、设施、设备

保持包装区域的厂房、设备和其他设施以及地面等处于良好状态，保持清洁卫生，以减少微生物污染农产品的可能。应配套适当的更衣、卫生设施，生产、质量管理人员应保持个人清洁。对影响姜的卫生的存放、挑选、包装等关键工序，制定明确的质量要求和操作规程。原料存放、生产加工、包装及成品区域应相对区分或隔离，废弃物应设有专门容器收集，明确标识并及时清除。清洗用水符合 GB 5749 的要求，每年对清洗用水进行检测，保留检验证据。包装材料符合法律法规和客户要求，从合格供方采购，外包装上应按要求标识。

3. 库房管理

成品保鲜库应保持清洁卫生、无异味、定期消毒，有防霉、防鼠、防虫设施。库内应有温度显示装置，定期检查并做记录。库存产品按品种、规格、日期、批次分别码放整齐，分垛存放，标识清楚，同一库内不得存放可能造成相互污染或者串味的产品。出库时按照先进先出的原则。

（四）追　溯

生产者应建立有效的追溯体系，相关的种植者、运输者和其他人员应提供资料，追踪从农场到包装者、配送者和零售商等所有环节。进厂的原料按进厂日期、原料产地、车次为单位编制原料批次号；原料入库存放应加设原料标识牌，标识牌上标明进货日期、原料产地、数量、批次号等；原料进车间后分原料批次隔离存放，并有明确的标识，注明品名、来源、数量、日期批次等，按批次进行加工，严禁将不同批次的产品混放；加工车间挂放产品追溯标牌，注明正在加工成品的品名、规格、日期、批次等，便于加工作业人员进行产品追溯。成品包装批号可根据客户要求编制，但应做好记录，记录清楚各种原料的原产地、进厂日期、批次及其对应包装成品的日期、批次等，为成品的追溯做好记录。产品入库后按批次存放，挂牌标识品名、客户、规格、数量、入库日期、赏味日期、生产日期、批次号等。发货时品管员填写“发运确认记录”，标识客户、批次号、数量，以便防止日后出现客户投诉后追踪检查。

（五）发货运输

发货时，做好发货记录和监装记录。记录中要包含发货日期、客户名称、成品批次、数量、车厢卫生状况等。运输车辆定期消毒，保持干燥、卫生、无污染及异味；制冷、保温车状态良好。出口产品一般以集装箱运输，运输车辆进厂后，应对车辆集装箱进行卫生检查，出厂时集装箱应先进行密闭、降温，并做好记录。露天货车运输时，产品在运输过程中必须得到充分保护，车辆保持清洁、无异味。运输过程中不对食品和包装造成污染，避免遭受外来污染，包括灰尘和烟雾，应避免阳光直射、雨淋、撞击，运输中能有效保持食品温度、湿度及其他必要条件等，防止有害的微生物滋生造成产品变质。

（六）持续改进

记录和文件管理是企业体系管理的基本组成部分，文件内容应清晰、易懂，具有可操作性。记录设计应简单，包含需要的信息和可追溯的标识。建立必需的文件，如产品标识和可追溯、产品召回、食品防护、应急预案、不合格控制等。应定期进行追溯演练，从监装记录反着追溯到原料来源，确保流程和记录的可追溯性。每年进行召回和应急演练，确保流程的有效性。

（七）附 录

附录 A 中给计划建立 HACCP 体系的企业提供了参考。HACCP 体系要求建立 GMP、SSOP、HACCP 计划等文件，在生姜加工过程中，原料验收一般应作为 CCP 来进行监控，从生产源头上控制农产品的质量安全。

附录 B 中列举了生姜常用农药各国的残留限量标准，应选择限量较高的农药进行病虫草害综合防治，出口多个国家的，应综合考虑各国的限量要求选择允许使用的农药。注意美国没有限量的为不得使用的农药。

附录 C 为良好农业操作规范符合性文件与信息清单，企业可参考清单，对照标准要求，建立适合的管理体系文件和记录，应及时填写记录，并确保记录的真实、有效。

（八）某保鲜生姜加工企业应用案例

公司基本情况：某食品有限公司是从事保鲜生姜加工的企业。企业依法按照出口要求在当地检验检疫局备案，取得出口食品生产企业备案证明，产品主要销往日本地区，部分在国内销售。近年来，该公司按照《生姜 技术指南》要求管理，从基地种植、生产加工、储存运输到销售的食品链全过程加强管理，企业管理水平不断提高，产品质量稳定提升。主要从以下几个方面加强了管理。

1. 基地种植管理

2006 年之前，企业原料都是从农户收购，自 2006 年 6 月 1 日起实行肯定列表制度，对进口生姜进行严格限制，2007 年公司出口日本生姜被检出六六六，对企业造成了巨大损失。在检验检疫部门的帮扶指导下，公司开始发展种植基地，选择连片种植面积 50 亩以上的基地，基地周围无果园、化工厂及污水排放管道等污染源，周围有天然或人工隔离措施，专用水井作为灌溉水源，土壤、水质经检测合格，基地应设有固定的植保员办公室和农资存放场所，配有专用的农药施用用具及其他农用器具。每个基地至少配备 1 名专职基地植保员，植保员熟悉国内外农药使用有关法律法规，熟悉日本肯定列表制度的基本要求，具备一定的农药使用知识。植保员负责基地病虫害的防治和农药使用管理，监管基地的环境卫生、观察周边农田作业情况、掌握病虫害发生状况，对种植栽培人员进行蔬菜种植技术及病虫害防治知识培训，并填写种植基地农事操作记录和管理档案。公司每年对各个基地采用统一安排种植计划、统一供药肥、统一防治病虫害、统一农残检测、统一收获加工的管理模式。特别是农药的管理方面，公司根据中国及进口国的法律要求，选定可以使用的农药清单，并选择正规、大规模、信誉好的农药生产厂家购买。购买农药时厂家需要提供营业执照、农药登记证、农药生产许可证。农药品种、厂家选定后，每批农药由农资管理人员取样进行农药成分检测合格后方可使用。建立专用仓库，根据农药特性及保管条件进行上锁保管，建立“农药出入库记录”。农药统一由公司采购合格原料发放给种植户，并在植保员的监督指导下严格按说明书要求使用，喷药人员喷洒农药时，必须戴口罩、乳胶手套，穿雨衣、水鞋进行防护。禁止使用违禁药品。

目前公司出口生姜原料全部来自公司自控种植基地，共有生姜种植基地 1 200 亩，全部经检验检疫机构备案。

2. 生姜储存

生姜的储存有恒温库储存和姜窖储存，以地窖储存风险最大，地窖储存由于存放时间较长，易发生姜蛆为害，该虫兼有腐食性特点，可在姜井长期存活，传统防治方法有熏蒸法和拌沙用药法。熏蒸常用药种类有溴甲烷、磷化铝等，拌沙用药有呋喃丹、辛硫磷、六六六、涕灭威以及成分不明的混配农药等，大多为禁止使用的农药，产品风险很高。为降低风险，公司逐渐对储存设施进行了升级改造。采用冷风库和大型地下储存库（每个库储存能力 200 吨以上）进行储存，不再使用传统的小型井窖储存。建立完善的原料储存管理制度，设有专人负责储存库的管理，储存库温度保持在 13~16℃，储存库安装温度监控装置，定期进行观测并做好记录。库内保持干净清洁，不同地块的原料隔离储存，并建立生姜原料入出库记录。通过软硬件升级，生姜的品质有了提高，储存期间违规用药问题得到了解决，质量安全得到了保证。

3. 自检自控

通过加强基地种植和储存的管理，基本解决了出口生姜农药残留问题。但是生姜种植、储存、加工、运输过程中存在很多不确定因素，为确保产品质量安全，公司加强了自检自控体系建设，建立了自检实验室，对生姜关注的农药残留进行定量检测。基地原料收获前，由公司质检人员取样进行农残监控，每 50 亩左右为一个采样区，按 5 点采样法均匀采样，进行农残检测；原料加工前，由公司质检人员扦取准备加工用的原料样品进行农残定量检测，合格后进行加工。企业自检自控体系的有效运转对确保生姜质量安全起到了关键作用。

4. 追溯体系

企业建立了完善的追溯体系并有效运行。企业对种植基地统一进行编号，便于对生姜栽培过程的记录与追溯；种植过程中以地块为单位填写“蔬菜种植农事操作记录”，详细记录生姜从栽培到收获的所有农田作业，重点对生姜农药使用情况做好记录，保证所有的农田作业及农资使用有据可查。原料采收前，以地块为单位进行农药残留检测，并有可以追溯的检测记录；原料进厂后，必须经过检验部门检验，检验内容包括原料品质以及进厂前所有能够证明原料来自受控基地的追溯资料，包括地块编号、面积、采样时间、农药检测结果、送货车号以及其他证明资料。进厂经检验合格的原料存放必须以基地编号为单位单独存放，挂牌标识，不同基地原料不得混放。储存原料加工时，不同基地的原料加工要进行隔离，追踪标示卡随原料进入加工车间，各工序要标明所加工原料的地块编号、农残检测编号等可追溯记录。包装后的出口生姜，以一个集装箱的载量作为一个批次，在每件外包装上必须注明生产企业名称、卫生备案号、产品品名、生产批号和生产日期，根据批次号可追溯到该箱生姜的种植基地。成品入库后必须以基地、批次为单位分开存放并挂牌标识。追溯体系的有效运行，可以保证产品在任何环节出现问题，都能从源头查找原因，减少安全风险，降低企业损失。

二、畜禽专项——鸡肉

《农产品产业链全过程管理规范　第 10 部分：鸡肉　技术指南》标准（以下简称《鸡肉　技术指南》）是结合鸡肉的特点制定的针对具体产品重点过程的管理要求。适用于山东省出口农产品质量安全示范区内鸡肉养殖、生产、储运、销售等产业链全过程管理。

《鸡肉　技术指南》正文共包括范围、规范性引用文件、术语和定义、鸡肉质量安全标准要求、养殖过程、鸡肉生产加工、包装、贮藏和运输、标识、特殊条款 8 部分。附录包括法律法规标准清单、标准与记录对照表、禽及禽制品主要检测项目及限量、国外关注产品危害表 3 部分。

以下就《鸡肉　技术指南》中涉及的产业链中养殖环节、加工环节、物流零售环节以及附录 C 中禽及禽制品主要检测项目及限量、附录 D 中国外关注产品危害进行解读，并举例介绍某企业应用指南情况。

（一）肉鸡养殖

1. 鸡苗的来源

应保存种苗运输记录，建立追溯程序并保证追溯到肉鸡孵化场。种苗的出生、孵化和饲养符合良好操作规范的规定程序。应有一个识别机制，能识别出有特定要求的某一些批次的肉鸡。种鸡养殖场的建立和认定，应得到国家主管部门的批准。

2. 养殖场选址及设施

养殖场应建在地势平坦、干燥、交通方便、背风向阳、排水良好的地方。场地水质良好、水源充足，无有害气体、烟雾、灰尘及其他污染。养殖场周围临近无大型化工厂、矿厂或其他畜牧污染源，距离学校、公共场所、居民居住区、交通干线有一定距离。所有油漆、防腐剂、消毒剂和其他化学物质的储存应远离畜禽和饲料。

养殖场建筑整体布局合理，应便于防火和防疫，养殖场内分设生活管理区、生产区及粪污处理区，生产区和生活管理区相对隔离。圈舍应保持一个良好的清洁卫生状态，通风（无论是自然通风还是人工通风）良好、有效。温度、湿度应适用于肉鸡并有效保持。

加强对养殖场及周边地区环境的保护，排污应符合国家相应的法律法规。养殖场应有废弃物处理和销毁设施，排泄物应定期从畜舍和饲养设施中运走，可根据当地实际情况采取综合利用措施。污染防制应遵循减量化、无害化、资源化和综合利用的原则。

3. 饮水、饲料和用药

肉鸡应能获得足够的饮用水，在气候恶劣情况下应采取措施保证水的供应。应购买符合标准要求的饲料或原料，所有购买的饲料原料应能追溯到供应商。自制配合饲料的肉鸡养殖场应有饲料配方，以表明饲料中各成分的百分含量，自制配合饲料不能直接添加兽药和其他禁用药品，应有保证饲料供应系统定期清洁的程序。

使用有休药期规定的兽药，应确保肉鸡在用药期、休药期内不被屠宰。不在饲料和动物饮用水中添加激素类药品和国务院兽医行政管理部门规定的其他禁用药品。不得将人用药品用于肉鸡。应严格遵守每一种药物使用说明书的规定，确保对药物实行有效的管理，并保留使用说明书或其他官方说明。药物的购买、储存、使用和记录应符合组织前期策划的作业程序。兽药残留检测结果能够追溯到具体的养殖场。

4. 卫生防疫

场区大门口设有隔离、消毒设施；人员专用通道设有消毒液喷淋装置和鞋底消毒池，饲料、疫苗、兽药、垫料等的运输通道应与垃圾处理运输通道、粪污道严格分开。

场区卫生整洁，布局合理；饲养区和办公生活区严格分开。设有防鸟防鼠设施；不得饲养其他禽类动物。生产区应在生活区的常年主导风向下风向，粪便污水处理设施和尸体焚烧炉应设在养殖场的生产区、生活区的常年主导风向为下风向或侧风向处。

养殖场应贯彻执行卫生规范。进出饲养区应分别设有车辆消毒液喷淋装置，车轮消毒池和人员更衣、消毒通道；每栋禽舍门口设有消毒池或消毒垫。消毒设施、消毒液必须保证其有效性。

能按照有关法律法规要求有效实施卫生防疫管理制度（日常卫生管理、消毒程序、免疫程序、人员和车辆进出控制、病死鸡处理、粪便垫料处理、疫情报告等）、饲养用药管理制度（饲料、水和药物使用），同时做好饲料、免疫、用药、消毒、人员及车辆进出、死亡和淘汰等情况的有关记录。

配备至少 1 名兽医专业的技术人员负责肉鸡的饲养、卫生防疫管理，并需具备经检验检疫机构有效培训的资格，持证上岗。养殖场所有员工应具有处理对人员身体健康、食品安全、畜禽健康和畜禽动物福利造成伤害的紧急事故的能力。

（二）鸡肉生产加工

1. 开工前检查

对生产加工前的检查，应对相应区域的设施、设备及工器具进行感官检查，评估各项卫生条件是否符合要求。

2. 宰前检疫

应检查待宰肉鸡的“动物产地检疫合格证”等有关证件，查看随附的饲养日志或用药记录，了解肉鸡在饲养过程中的用药和免疫是否符合要求。对待宰肉鸡进行群体检查和个体检查，主要检查鸡群精神状况、呼吸状态、运动状态及排泄物状态以及外貌包括体温、羽毛、天然孔、冠、髯、爪等情况，以判定鸡群健康状况。宰前检疫发现有疑似重大疫情的，立即监督企业向地方主管部门报告。应检查肉鸡运输车辆和工具的卫生清洁程度，运输装卸情况等，以确保肉鸡动物福利执行符合要求。

3. 宰后检验

对肉鸡的宰后检验工作，以肉眼观察为主，主要分 3 步进行：体表检验、内脏检验和体腔检验。体表检查对鸡只体表的完整性、皮肤的色泽、放血情况进行检查，观察有无出血、瘀血、结节、脓肿、坏死、炎症等病变以及创伤、血污；是否被毛、粪、饲料和其他污染物污染；对于放血不良、有病变及被污染的鸡只下线处理。内脏检查对鸡只的心、肝、脾、胃、肺、肾、肠道等进行检查，检查外表、形状、大小、色泽，触摸质地硬度和弹性，查看是否有肿大、变色、出血、寄生虫、结节、肿瘤、坏死等病变。发现异常时，结合整体状况做出相应处理措施。体腔检查对体腔内壁有无溃疡、瘀血、肿物、寄生虫，有无血块、残留脏器、粪便污染、胆污等进行检查。

实施宰后检验过程中，不合格产品应废弃并予以销毁。在监督下进行返工的产品，经检验合格后，方可进入下一工序。发现有疑似重大动物疫情的，应及时上报地方主管部门，采取处理措施。

4. 卫生加工操作

应检查企业是否按照卫生操作规定的程序、频率对厂区、车间、设施、设备、容器、工器具等食品接触面和非食品接触面进行了清理、清洗、消毒和清洁，是否对消毒的效果进行了检查和验证，包括班前、班后、班中卫生检查和卫生控制情况，有毒有害化学物质的储存、领用、配制、使用及有效浓度的监测情况，有温度要求生产工序（预冷、分割、速冻、换装、冷藏、消毒用热水等）的温度是否控制在规定的范围内。应检查 HACCP 计划的执行情况和记录保存情况，如是否按规定的方式和频率对关键控制点进行了监控，是否按要求对监控设备进行了校准，监控现场是否有记录、记录内容是否与实际相符，偏离关键限值时，是否采取适当的纠偏行动，是否执行所有验证程序并有记录等；同时，对关键控制点实施现场验证，如预冷、金属探测等是否达到关键控制限值要求。

（三）包装、产品标识和追溯管理

包装材料应当符合食品安全标准，包装箱（袋）上应注明品名、数重量、加工厂的名称、追溯号、生产日期、保质期等。

建立健全产品标识及追溯体系，从活鸡入厂、屠宰、加工、包装、仓储等全过程的产品标识及追溯情况进行检查，确保鸡肉产品能够实现从最终产品到饲养源头的追溯。应规定鸡肉产品的追溯标识。

鸡肉生产企业应建立产品的召回制度，并定期进行模拟召回演练，验证召回制度的有效性。召回制度应规定产品召回的组织机构及其职责、产品召回的时机、产品召回程序；产品召回信息发布和传递、产品召回实施、召回产品的验证和处理等要求。召回制度是公司以书面的信息收集程序来描述公司在有召回要求时应执行的程序，保证有公司标志的产品在任何时候从市场召回时都能尽可能有效、快速和完全进入调查程序。

（四）物流环节

1. 鸡肉存储

冷库内应保持清洁、整齐，不得存放有碍卫生的物品，同一库内不得存放可能造成相互污染或者串味的食品。有防霉、防鼠、防虫设施，定期消毒。冷库温度应确保不高于-18℃，并配备自动温度记录装置。库内物品与墙壁距离不少于30厘米，与地面距离不少于10厘米，与天花板保持一定的距离，分垛存放，标识清楚。建立完善的出入库记录，指定专人负责管理产品的入库登记、卫生与防疫工作。对不同检验状态的产品进行标识，保证每一批产品都能够进行追溯，对不合格品要求必须有专门区域或专库存放。对产品定期进行有关安全卫生项目的检测。

管理人员定期人工检测温度和湿度，并保持相关记录。鸡肉贮存库的温度，是企业保证产品持续符合食品安全要求的基本要求。库温检测仪的温度探测点设置应便于查看，能正确反映库内的平均空气温度。

2. 鸡肉的运输

运输工具应根据产品特点配备制冷、保温和温度记录等设施。运输过程中应保持适宜的温度，并尽量保证在运输过程中温度波动较小。鸡肉在运输过程中的重点控制，是避免由于温度失控对鸡肉安全造成影响。如冷冻鸡肉应用冷藏车运输，运输过程中的温度应在-18℃以下，允许短暂时间不超过3℃的向上浮动；保鲜鸡肉使用保温车运输，温度控制在0~4℃。对于长途需要冷冻运输的运输工具应配备温度显示装置和/或温度自动记录装置。

（五）禽及禽制品主要检测项目及限量

附录C包括两部分，即表C.1“欧盟与中国部分兽药最高残留限量比较表”和表C.2“日本与中国部分兽药最高残留限量比较表”。

欧盟EC470/2009号条例规定了动物源性食品中药物残留限量，成为欧盟管理兽药残留最核心的一部法规，对欧盟所有成员国具约束力。EC2377/90号条例规定了残留限量要求，分别是已制定最大残留限量的药物及其限量、免除于残留限量要求的物质、临时最大残留限量标准的药物及其限量和禁用的物质。

日本肯定列表制度是日本对食品中农业化学品（包括农药、兽药和饲料添加剂）残留管理而制定的要求，已于2006年5月29日执行。日本肯定列表制度涉及对所有农业化学品的管理，该制度对所有农业化学品制定了限量标准，包括暂定最大残留限量标准和一律限量标准。我国兽药残留的主要规定是农业部2002年第235号公告《动物性食品中兽药最高残留限量》，该公告规定了四类兽药残留情况，一是农业部批准使用的兽药，按质量标准、产品使用说明书规定用于食品动物，不需要制定最高残留限量的；二是农业部批准使用的兽药，按质量标准、产品使用说明书规定用于食品动物，需要制定最高残留限量的；三是农业部批准使用的兽药，按质量标准、产品使用说明书规定可以用于食品动物，但不得检出兽药残留的；四是农业部明文规定禁止用于所有食品动物的兽药。

针对出口禽肉，国家质检总局下发了 2002 年第 37 号公告，公告中明确了出口禽肉不准使用的 8 类兽药，农业部在 2001 年第 168 号公告规定喹乙醇禁止用于家禽；农业部第 560 号公告中禁止使用卡巴氧。自 2015 年 12 月 31 日起，停止生产洛美沙星、培氟沙星、氧氟沙星、诺氟沙星 4 种原料药的各种盐、酯及其各种制剂，涉及相关企业的兽药产品批准文号同时注销。

（六）出口国关注的产品危害

总结自近年来我国出口禽肉及其制品遭受主要贸易国的食品安全通报或预警。我国禽肉技术研究人员，不断跟踪关注国外的法规和标准要求，特别关注我国出口遭遇的国外技术性贸易措施情况；收集了欧盟、日本、韩国、马来西亚、中国香港和美国等禽肉主要贸易国家与地区在 TBT 措施（主要包括技术法规、标准与合格评定程序）、SPS 措施（主要包括疫病、微生物、农兽药残留等）和其他方面等设置的贸易技术措施。通过查阅主要禽肉贸易国家官方网站，收集法律法规和相关书籍资料，分析提炼出本附录主要禽肉贸易国关注的产品危害，以供业内人士参考。当然，出口国的关注重点是不断变化的，国内国际的食品安全形势也不断变化，我们应结合生产管理实际，不断完善管理水平以提升产品质量，把控好产品风险。

（七）某鸡肉生产企业应用案例

1. 企业基本情况

A 食品有限公司成立于 2001 年 7 月，现已成为集种鸡饲养、苗鸡孵化、饲料供应、肉鸡饲养、肉鸡宰杀、熟食加工、蔬菜加工生产、出口创汇于一体的农业产业化国家级重点龙头企业。该公司拥有 3 处种鸡场，存栏 26 万只种鸡；2 处孵化场，年可孵化鸡苗 6 000 万只；2 处饲料厂，年可生产饲料 30 万吨；2 处肉鸡宰杀厂，5 条肉鸡宰杀线，年可生产冻产品 15 万吨。年可生产熟食 1.5 万吨；在南京、武汉、上海等几个城市设有销售分公司，与全国近 500 余家超市建立了稳定的营销关系。

2. 企业发展愿景

公司计划进一步扩大企业规模，到 2020 年形成从国外引种—品种繁育—饲料供应—技术服务—成鸡、鸡回收—冻鸡、鸡生产—熟食加工—羽绒加工—沼气发电—蔬菜加工—物流配送—连锁经营一条龙的良性生态农业产业化经营模式。发展循环经济为调整农业结构、解决社会就业、增加农民收入、为新农村建设“大而强、富而美”的新山东做贡献！

3. 生产管理的策划

为进一步健全和完善公司的食品安全管理体系，提高产品质量，确保食品安全持续稳定地提供满足顾客需要和符合法律法规要求的产品，增强产品在国际市场上的竞争力，该公司根据《农产品产业链全过程管理规范　第 9 部分：禽肉　通用要求》和《农产品产业链全过程管理规范　第 10 部分：鸡肉　技术指南》建立健全质量管理体系，结合公司实际情况编制了《食品质量安全管理手册》。手册详细阐述了公司食品安全方针，食品安全目标及质量和食品安全管理体系的过程、过程关系及其管理方法，适合公司的发展需要。管理手册符合相关法律法规要求和公司实际情况，是公司运行食品安全管理体系的纲领性文件，为食品安全管理活动的提供基本依据；也是公司有能力稳定地提供满足客户和法律法规要求的安全产品的证实文件。

4. 生产管理的组织实施

为加强食品安全体系有效运作，该公司成立了食品安全小组，任命B先生为公司食品安全小组组长，其主要职责是实现肉鸡的养殖卫生质量和生产目标，保证食品卫生安全满足出口食品质量安全管理的需求。

（1）肉鸡的养殖

该公司根据《农产品产业链全过程管理规范　第9部分：禽肉　通用要求》和《农产品产业链全过程管理规范　第10部分：鸡肉　技术指南》制定了《商品肉鸡饲养质量管理手册》。

质量管理手册包括发布令、管理模式、质量方针、管理目标、组织结构、岗位职责、人员要求、地理环境、基础设施、肉鸡饲养管理、卫生防疫、饲养用药管理、禁用药物名录、用药原则、加药料审批管理程序、养殖场药品名录、药物残留监控措施、禽流感和新城疫检疫程序、疾病疫情应急处置预案。

卫生防疫制度包括日常卫生管理制度、进出场防疫制度、生产区卫生消毒制度、疫病防治制度、饲养事故上报制度、疫情上报制度、无害化处理管理制度、禽流感和新城疫疫情检疫程序、药品疫苗采购验收制度、药品管理制度、兽医处方制度、用药制度、饲养管理制度、饲料和添加剂使用管理制度、加药饲料管理制度和活禽出入场制度。

公司质量方针：优化环境、预防为主、防养结合、防重于治。

公司管理目标：成活率≥97%，成鸡健康不合格率≤0.1%。

员工意识：员工经过培训，具有药品安全使用、肉鸡养殖、肉鸡的健康和福利（包括对疾病和异常行为的识别）以及获取帮助方面的知识。善待和爱护肉鸡，在管理方面给肉鸡提供有的福利条件。

管理模式：实行“五统一”（统一供鸡苗、统一供应饲料、统一防疫、统一供药、统一屠宰加工），通过加强鸡肉产品从饲养、加工到储运全过程的有效监控，从而最终确保鸡肉产品的安全、卫生符合我国及输入国或地区的有关检验检疫标准，杜绝不合格产品的出口，维护公司鸡肉产品的国际声誉。

肉鸡的饲养：肉鸡养殖场周围设绿化隔离带，场内生产区和生活区分开，净道和污道分开，粪便等废弃物合理处置。鸡舍顶棚防水，地面和墙壁便于清洗消毒，地面舒适和卫生。鸡舍有防鸟设施和防鼠装置，夏季安装纱窗、纱门，冬季入口处缓冲寒风进入。在整个饲养周期内肉鸡饲养密度10只/平方米，可使肉鸡能自由活动，有检查人员自由进入检查和转移病残肉鸡的空间。鸡舍内微生物数量应控制在21万/立方米以下，灰尘控制在4毫克/立方米以下，空气质量应受控，鸡舍温度和通风量应适合肉鸡的健康要求。

饲料和饮水：饲料来源明确，配方合理，符合安全卫生要求。水源卫生，充足。给肉鸡提供能满足营养健康需要的饲料，供料和供水设备的设计能够满足饲养的需要，保证采食空间充足，让所有肉鸡都易于接近，并且能增加肉鸡活动。水罐和输水管应定期清洁。不使用违禁物质，用药符合兽医要求。

肉鸡的健康：刚到达养殖场的鸡苗尽快放入预热的育雏室，预热的温度不低于30℃，每栋鸡舍保存单独的饲养日志。专业兽医技术人员定期来养殖场检查，如果每日的死亡率有大的波动（超过 0.5%），对原因进行调查。如遇到不能有效处理的肉鸡发病情况，通知专业兽医技术人员尽快处置。为买方提供肉鸡的用药记录，并声明停药日期。死亡率、群体生产性能如果超过限度，立刻告知主管兽医。执行兽药残留监控抽样计划。

（2）肉鸡的加工

A 食品有限公司按照《农产品产业链全过程管理规范　第 9 部分：禽肉　通用要求》要求建立有效的食品安全管理体系，并形成文件，由最高管理者 C 批准实施。使运行的食品安全管理体系加以实施和保持，必要时进行更新。公司确定了食品安全管理体系的范围为冷冻分割鸡、鸡系列产品加工生产的全过程，该范围规定了冷冻分割鸡、鸡系列产品特性的类别、加工过程和生产场地。公司在建立、实施和保持食品安全管理体系时确保在体系范围内与冷冻分割鸡、鸡系列产品相关的食品安全危害得到识别、评价和控制，以避免公司的冷冻分割鸡、鸡系列产品直接或间接伤害消费者。

按《农产品产业链全过程管理规范　第 9 部分：禽肉　通用要求》要求，A 公司建立实施 HACCP 体系，公司最高管理者确保卫生质量体系的有效运行。鸡肉生产加工的厂区环境和布局、车间及设施设备、人员卫生要求、化学品管理等质量体系运行的一般要求符合《农产品产业链全过程管理规范　第 9 部分：禽肉　通用要求》规定。为确保建立、实施、保持和更新公司的食品安全管理体系，食品安全小组成员全部得到充分的培训和教育。

原料接受和宰前检验：肉鸡配送过程中避免粪便污染、激反或伤害。运载工具及时清洗和消毒。屠宰场兽医检查供宰肉鸡的产地检疫证明。不得接受运输过程中死亡的鸡只、有传染病或疑似传染病的鸡只、来源不明或证明不全的鸡只。宰前检验考虑初级生产的相关信息，并按照程序观察活鸡只的外表，如鸡只的行为、体态、身体状况、体表、排泄物及气味等。对有异常症状的鸡只隔离观察，并作进一步兽医检查，必要时进行实验室检测。对判定为不适宜正常屠宰的鸡只，按照有关兽医规定处理。

宰后检验：在适宜的光照下按规定、程序和标准进行宰后检验。对胴体体表、胴体体腔和内脏逐只进行视检，必要时进行触检或切开检查。注意胴体的质地、颜色和气味的异常变化，注意屠宰操作可能引起的异常变化。利用初级生产和宰前检验信息和宰后检验结果，判定肉类是否适合人类食用。

屠宰加工：屠宰场设兽医办公室，配有相应的检验检疫设施和办公用具。肉鸡浸烫、脱毛与宰杀在明显分开的区域进行。肉鸡宰杀后对胴体的修整悬挂进行，加工车间按工艺布局做到脏、净分开，避免交叉污染。食用副产品加工车间的面积与加工能力相适宜，设备设施符合卫生要求。需要无害化处理的，符合 GB 16548 要求，并保存记录。加工操作尽可能迅速，使产品保持规定的温度。分割、去骨、包装时，鸡肉及其可食用副产品保持在微生物风险可控的温度以下。

肉制品加工：原料肉和成品储藏间、专用的辅料、助剂存放间和配制间与生产能力相适。根据产品的类型和加工工艺不同，设包装拆除间、原料解冻间、原料肉清洗间、分割间、腌制间、熟制间、烟熏间、烘烤间、预包装肉制品的切片间、冷却间和包装间，以及与加工车间相连的辅料存放间和配置间等。辅料、助剂来自合格供商，具有质量合格证明，并经过进厂验收合格后方准使用。

清洗消毒：在肉鸡屠宰、检验过程使用的某些工器具、设备，如放血刀具、检验刀具、同步检验盛放内脏的盘等，都定时进行清洗消毒。班前班后对车间设施、设备进行清洗消毒。必要时，生产过程中对工器具、操作台和接触食品的加工表面进行班中定时清洗消毒。

包装储运：标识内容全面，字迹清晰，包装物料符合卫生标准要求，不得含有有毒有害物质，不得改变肉的感官特性，可以提供检测合格证明。包装物料有足够的强度，内外包装物料分别专库存放，包装物料库干燥、通风，保持清洁卫生。储存库的温度符合鸡肉及其制品的特定要求。储存库内保持清洁、整齐、通风，不得存放有碍卫生的物品，同一库内不得存放可能造成相互污染或者串味的食品。冷库有防霉、防鼠、防虫设施，定期除霜，定期消毒，保存产品出入库记录，按照先进先出的原则，贮藏过程中随时检查防止风干、氧化、变质。运输工具符合卫生要求，并根据产品特点配备制冷、保温等设施。

5. 按本标准组织生产管理的效果

A 食品有限公司按《农产品产业链全过程管理规范　第 9 部分：禽肉　通用要求》和《山农产品产业链全过程管理规范　第 10 部分：鸡肉　技术指南》要求建立、实施食品安全管理体系，定期评价食品安全管理体系，需要时对食品安全管理体系进行更新，以确保体系反映公司的活动并包含需控制的最新信息，确保识别并控制所选择的可能影响最终产品符合性的过程。

该公司先后通过了 HACCP 食品卫生与安全管理体系认证和 BRC 体系认证，被评为国家级肉鸡饲养及加工一类示范区，国家级标准化良好行为 AAA 级企业。D 牌肉鸡被认定为绿色食品，荣获“山东省名牌产品”称号。

三、水产专项——鱼

《农产品产业链全过程管理规范　第 12 部分：鱼　技术指南》标准（以下简称《鱼　技术指南》）是结合鱼类水产品的特点，制定的针对具体产品的重点过程管理要求；适用于山东省出口农产品质量安全示范区内鱼类养殖、捕捞、生产、储运、销售等产业链全过程管理。

《鱼　技术指南》正文包括范围、规范性引用文件、术语和定义、鱼类质量安全标准要求、淡水鱼养殖要求、海水鱼养殖要求、鱼类加工和包装、储存和运输、批发零售共 9 部分。附录包括法律法规标准清单、标准与记录对照表、鱼类常用农药残留项目各国标准比对表 3 部分。

以下就《鱼　技术指南》中涉及的产业链中养殖或捕捞环节、加工环节、物流零售环节以及附录C中农兽药残留限量进行解读，并举例介绍某企业应用情况。

（一）养殖或捕捞环节

1. 关于养殖水产品

养殖场周围应无污染源，养殖用水水质需符合GB 11607《渔业水质标准》。养殖场应建立用药处方制度，配备有资质的养殖技术员和质量监督员，处方由养殖技术员（注：有的地区处方由病害防治员开具）开出，药品由质量监督员保管发放。养殖技术员和质量监督员须具备掌握和熟悉农业部公告第235号、农业部公告第278号等我国、输入国或地区规定禁止使用的药物和其他有毒有害物质，并按规定在停药期停药。对药品专库存放，有专人管理，并建立出、入库记录系统。

养殖场应建立有效的饲料管理制度和饲料领用制度，严禁使用含有违禁药品及有毒有害物质的饲料。饲料的发放应按照“先进先出”的原则，并做好出库记录，严禁将过期、变质的饲料发放使用。

在养殖产品收获前，应有适当的停食措施，如确定停食时间等。收获时应尽可能采用恰当的快速有效的方式以减少养殖产品的应激反应和机械损伤。收获后，应按照追溯的要求，做好渔获物的标识与隔离。

养殖场应当建立保证提供水产养殖原料的安全卫生的质量体系，并制定指导质量体系运转的体系文件。

2. 关于捕捞水产品

捕捞水产品应在符合国家卫生要求的前提下进行捕捞和在船上的前处理、冷却、冷冻处理等操作。原料的运输加工工具、设备须保证清洁卫生；捕捞船作业者对原料的处理和操作过程须遵照《水产品卫生管理办法》和《船上渔获物加冰保鲜操作技术规程》进行。

活水产品装运过程中保证适宜的温度，保证产品的鲜活。冰鲜水产品在捕捞后应立即按照有关要求进行冷却，使之温度接近0℃，按照SC/T 3002《船上渔获物加冰保鲜操作技术规程》进行操作。保鲜用冰（水）应清洁、卫生，用于原料的冰及制冰用水应符合国家有关规定，并保持记录。

（二）加工环节

水产品生产企业不能建在污染源附近，也不宜建在闹市区和人口比较稠密的居民区，应保持工厂周边的清洁。水产品加工用设备和工器具的构造应有利于保证食品卫生、易于清洗消毒、易于检查，避免因构造原因造成润滑油、金属碎屑、污水或其他可能引起污染的物质滞留于设备和工具中。

1. 关于冷冻鱼类的加工

鱼类是易腐食品，在常温下极易腐败变质。采用冰藏保鲜、冷海水保鲜和微冻保鲜等技术，可使其体内酶和微生物的作用受到一定程度的抑制，从而起到保鲜作用。一般来说，冻结水产品温度越低，其品质保持越好，贮藏期越长。以鳕鱼为例，15℃可贮藏1天，6℃可贮藏5~6天，0℃可贮藏15天，−18℃可贮藏4~6个月，−23℃可贮藏9~

10 个月，-30～-25℃可贮藏 1 年。鱼类冷冻制品常见的有冻鱼片、冻鱼条、冻鱼排等。国外的冷冻鱼片产品，大量采用鳕、鲽等体型较大的白肉鱼类，一般带皮。国内主要用大小黄鱼、草鱼、鲤鱼的鱼肉片。冻鱼片生产工艺主要包括去鳞、沿脊椎两侧切片、整形、浸盐水、包装、冻结、冷藏。

2. 关于鲭鱼类的加工

易产生鲭鱼毒素（Scombroid Toxin）的水生脊椎动物有（但不限于）：鲭科、鲱科、鳀科、鲣科、鲷科、竹刀鱼科、竹荚鱼属、马鲛属、金枪鱼、鲐鱼、沙丁鱼、刺鲅鱼等。对于易产生鲭鱼毒素的鱼种，应根据产品特性加强对从原料接收到成品加工全过程的时间和温度控制，必要时应进行组胺等指标的检测。

3. 关于熏制鱼类加工

熏制对水产品的保藏作用是以下因素综合作用的结果：熏制使水产品表面干燥，提供了阻碍微生物的物理屏障，形成了使需氧菌不利增殖的环境；抗菌物质如甲醛、苯酚和亚硝酸盐等在鱼体中沉积；熏制时，酚类抗氧化物质在鱼体中沉积，使脂肪不易氧化。

不应使用涂有油漆与清漆、经胶合或经过任何化学防腐处理的木料进行燃烧发烟，防止产生有害烟雾，引起熏制产品的食用危险。

烟熏方法通常分为冷熏法和温熏法。对于采用温熏法熏制的产品，如果烟熏后、包装前，温度时间控制不当，易引起肉毒梭状芽孢杆菌生长和毒素产生，因此，应在产品烟熏后、包装前，迅速冷却至产品保存所需的温度。

在产品的熏制或加热过程中，必须通过温度与时间的有效控制防止肉毒梭状芽孢杆菌的生长和毒素的形成。如采取温熏工艺时，熏制或加热过程中产品中心温度大于 63℃的时间不得少于 30 分钟；采用冷熏工艺时，熏温最高不得超过 32℃。

4. 关于腌制鱼类加工

鱼的腐败主要是由于细菌和酶的作用，而水分的多少是影响细菌生长繁殖和酶活力的决定因素之一。一般地讲，细菌的生长繁殖需要环境中的水分在 50%以上，而酶在水分含量逐渐减少的情况下，其活力也将相应受到抑制。鲜鱼的含水量在 80%左右，这就导致鲜鱼容易腐败。

腌制就是通过食盐溶液对鱼体的渗透，从而脱出鱼体内的水分，并随着盐渍过程的不断进行，被腌的鱼体内盐分逐渐增加，水分不断减少，这样就在一定程度上抑制了细菌的活动和酶的作用。另外，当鱼体和盐水中的食盐浓度增大到相当数值时，还能将细菌体内的水分脱出，使细菌本身也难以生长繁殖（细菌的主要组织成分是水），并且在浓盐液中，酶对蛋白质的水解作用因其活力降低也大受阻碍。

腌制操作应在独立的加工区域内进行，符合卫生要求，不应影响其他的加工操作。盐的浓度和盐渍时间对腌制产品的安全性至关重要。应控制盐的浓度和盐渍时间，并有相应的记录。

腌制用盐等配料应符合国家相应卫生标准的要求，如加工用盐应符合 GB 2721《食用盐卫生标准》要求，腌制用盐等配料不应重复使用，其运输、贮存的场所应清洁干燥，避免污染。

用于腌制的容器，应耐腐蚀、易清洗，应能防止产品在腌制过程中受到污染，通常腌制的容器为不锈钢、陶瓷、水泥池内壁涂聚酰胺环氧树脂涂料等材料制成。在腌制容器应有相应的标识，标明所腌制产品、开始腌制时间等，以便追溯。

5. 关于罐制鱼类加工

罐头产品由于其加工过程的特殊性和对产品保质期的要求（一般要求常温下能长期存放，保质期不少于 6 个月）。因此，加工罐藏水产品（冷藏产品除外）的生产企业，还应同时符合《出口罐头生产企业注册卫生规范》、SN 0400 进出口罐头食品检验规程等要求。

6. 关于水产品包装

包装容器和包装物料应由国家批准可用于食品包装的材料制成，应符合国家卫生标准和国家质检总局关于《出口食品包装、食品接触材料安全卫生标准要求（试行）》的有关规定，不得向水产品转移对人体健康有害的物质，不影响水产品的感官特征。应来自官方主管许可的包装容器和包装物料生产企业。

包装容器和包装物料经验收合格后方准使用。进厂时凭包装材料生产许可证、卫生许可证（适用于与水产品直接接触的包装材料）、出厂合格证接收，同时检查其感官品质、卫生状况；对于与水产品直接接触的包装材料还需进行微生物等项目检测，合格后方可使用。

包装容器和包装物料应保持清洁卫生，不应落地堆放，并采取覆盖等防尘措施，在干燥通风的专用库内存放，内外包装物料分开存放。对温湿度敏感的包装容器和包装材料，应控制储存库的温湿度并定时检查和记录。包装物料库应防虫防鼠，保持清洁、卫生、干燥。

水产品外包装的标识，应符合我国的法律法规、规章和进口国的法律法规要求，如至少应在外包装上标明产品名称、生产企业名称、卫生注册号、生产批号等。

7. 关于包装温度

在水产品加工过程中，有温度要求的工序或场所通常包括热处理、冷冻等工序及其场所，这些工序应安装温度显示装置，如温度计或自动温度计录仪，并按照设定的温度进行控制。当温度低于 21℃时，病原体的生长相对的缓慢；大多数情况下，低于 10℃生长非常缓慢；另外，在温度超过 21℃时，病原体生长的相对较快，因此应控制加工车间的温度，使车间的温度不高于 21℃（加热工序除外）。对于产品经冷冻后进行包装时，包装间的温度应控制在 10℃以内，防止产品因升温而发生品质变化。

8. 关于水产品储存

水产品生产企业保持贮存库的清洁、卫生、堆垛整齐，专库专用，是防止库存产品受到污染的重要措施，也是保证产品持续符合食品安全的基本要求。

原料与半成品、成品应分开存放，生熟产品分开存放，已包装的产品和未包装的产品分别存放，相互串味的产品分别存放。

储存库的地面、门、内表面、屋顶应使用卫生、防水、易于清洗消毒的材料制成。在库门外安装防鼠挡板，门窗应密闭并具有防鼠、防虫功能。应根据储存库的不同用途和储存产品的特点设置不同的防霉措施。

产品储存库，应保持保鲜、冷藏或冷冻产品所需要的温度，并保持地面不积水；冷冻库应定期进行除冰、除霜；对于要求干燥条件储存的产品，储存库应保持干燥。储存库应当定期消毒，一般每半年清库消毒1次，所使用的消毒剂不应对储存的产品造成不良的影响。

9. 关于储存温度

水产品贮存库的温度，是企业保证产品持续符合食品安全和出口要求的基本要求。

水产品的贮存，参照相关法律法规和行业标准的要求，企业应制定本公司的贮存库管理规定、绘制贮存平面图。预冷库（或保鲜库）、速冻库、冻藏库应配有自动温度记录仪，并按照国家计量的有关规定进行校准，库内应配备非水银温度计，对湿度有要求的贮存库还应当配有湿度仪。管理人员定期人工检测温度和湿度，并保持相关记录。

库温检测仪的温度探测点应设置便于查看和正确反映库温的库内立柱或库内墙壁处，应安装在能指示库房平均空气温度的地方。库温检测仪允差应符合该仪表出厂标准规定，库温允差±1℃，人工检测应每2小时测定一次库温为宜。拟用于保存冷冻水产品的贮存库应是水产品专用冷库，不得与其他产品混用。

（三）物流追溯环节

1. 关于水产品运输

运输工具应根据产品特点配备制冷、保温和温度记录等设施。运输过程中应保持适宜的温度，并尽量保证在运输过程中温度在较小范围内波动。水产品在运输过程中的温度应重点控制，以避免由于温度失控对水产品安全造成影响。如冷冻水产品应用冷藏车运输，运输过程中的温度应在-18℃以下，允许短暂时间不超过3℃的向上浮动；鲜活水产品应能够提供生存必需的氧气、食物等；保鲜水产品使用保温车运输，温度控制在0~4℃。对于长途需要冷冻运输的运输工具应配备温度显示装置和/或温度自动记录装置。

2. 关于产品标识和追溯

通过产品标识，使得产品具有可追溯性。召回制度是公司以书面的信息收集程序来描述公司在有召回要求时应执行的程序，其目的是保证有公司标志的产品在任何时候从市场召回时都能尽可能有效、快速和完全进入调查程序。

水产品生产企业应建立产品标识、质量追踪制度并加以实施。这一制度应该包括原料、辅料、加工过程、成品、仓储、运输的标志要求及标志信息传递要求，标志信息应能够支持实现从原辅料验收到产品出库、从产品出库到直接销售商的全过程跟踪或逆向追溯。

水产品生产企业应建立产品的召回制度，并定期进行模拟召回演练，验证召回制度的有效性。召回制度应规定产品召回的组织机构及其职责、产品召回的时机、产品召回程序、产品召回信息发布和传递、产品召回实施、召回产品的验证和处理等要求。

（四）附录C　鱼类常用农药残留项目各国标准比对表

附录C为出口鱼类产品主要目的国限量标准要求，主要分为农兽药残留和重金属。

上述要求对于养殖和野生水产品均适用。

养殖鱼类特别是封闭性水域养殖鱼类需重点关注农兽药残留。在水产养殖过程中为了治疗和预防水生动物发病、控制寄生虫及促进水生动物的繁殖与生长，通常会使用如孔雀石绿、硝基呋喃代谢物等养殖用药。有时也存在人为或人类生活直接污染问题。

野生海捕鱼类主要的风险为重金属，重金属广泛存在于工厂废弃物、大气污染物及生活污水中，工厂废弃物、大气污染物及生活污水以各种方式进入海洋、河流及湖泊中，长期生活在受污染水域的水生动物体内不断富集，造成重金属超标。特别是大型肉食鱼类，重金属富集现象明显。

寄生虫广泛存在于各种鱼类体内，但大多数与公众健康的关系不大。未经蒸煮的活鱼和冰鲜鱼类，因为基本无去虫工艺，且冷冻温度和冷冻时间限制，容易产生寄生虫问题，但寄生虫经过-18℃、7天的处理，可有效杀灭。

易产生组胺的水生脊椎动物有（但不限于）：鲭科、鲱科、鳀科、鲣科、鲷科、竹刀鱼科、竹荚鱼属、马鲛属、金枪鱼、鲐鱼、沙丁鱼、刺鲅鱼等。对于易产生组胺的鱼种，应根据产品特性加强对从原料接收到成品加工全过程的时间和温度控制，必要时应进行组胺等指标的检测。

（五）某海水鱼养殖企业应用案例

某水产有限公司为山东沿海养殖鱼出口企业，该企业同时出口活鱼和冰鲜加工鱼。

该公司参照《农产品产业链全过程管理规范　第11部分：水产　通用要求》和《山东农产品产业链全过程管理规范　第12部分：鱼　技术指南》建立公司体系文件，主要包括养殖场管理制度、人员管理制度、检疫防疫制度、卫生管理制度、出入场管理制度、隔离车间管理制度、药品使用管理制度、饲料使用管理制度、种苗饲养和引进管理制度、疫情报告制度、质量控制措施、人员培训计划、污水及其他废弃物处理措施、追溯计划、卫生管理制度、食品原料和食品添加剂和食品相关产品、生产过程的食品安全控制和检验、食品的贮存和运输制度等。参照《农产品产业链全过程管理规范　第12部分：鱼　技术指南》附录B建立企业档案和记录，主要包括场所位置图、厂区平面图、网箱平面布局图、成品检测报告、水冰检测报告、车间平面图、加工和库房温度记录、成品检测报告、监装记录、运输温度记录、温度计校准记录、活鱼运输记录等。现结合《农产品产业链全过程管理规范　第11部分：水产　通用要求》和《农产品产业链全过程管理规范　第12部分：鱼　技术指南》对该公司的重要体系文件和管理操作进行说明。

1. 养殖场总管理

该公司为开放性水域网箱养殖海水鱼。养殖场的管理主要分为3部分，分别是饲料管理、日常生产管理、疫病管理。通过制定相关管理制度，对上述环节进行规范。例如，养殖场所需的饲料由公司统一供给。公司按养殖场要求将饲料原料送至养殖场，由养殖场按实际生产情况进行饲喂；养殖场的技术人员、工作人员必须经过培训方可上岗；养殖场在日常生产中，必须认真填写生产记录表，以使公司对其生产过程更有效的控制；养殖场定期对养殖网箱进行清洗消毒，网箱上垃圾由专人负责每日清扫，并集中运送到陆地，采取无害化措施处理。

2. 人员管理

人员管理是为了养殖场的工作秩序，节约和降低成本，提高效益，实施科学、规范、制度化管理，明确员工权力与职责。例如，养殖场主管负责对全体员工和日常事务的管理，对公司负责，及时汇报养殖场情况。发现重要疫病和事项及时报告公司和检验检疫部门；做好每日考勤、生产记录，不得作假或找别人帮填写；实行请假销假制度。有事提前请假，以便调整安排，以不耽误生产为原则。

3. 检疫防疫

检疫防疫关键在“防”，不在“治”。需坚持“以防为主”方针，制定检疫防疫管理制度。例如，每日除投饵时外，还要定时对各养殖品种进行观察，做到对疫病早发现，早治疗，把疫病损失降低至最低限度；设立隔离车间及网箱。新购种鱼须经隔离观察30天后，确认无疾病后，方可正式养殖育苗；养殖过程对疫病的防治和处理。疫病以预防为主，养殖过程中出现疫病，要对所有养殖品种进行检查。查找病因，对发病个体要进行隔离养殖。经过治疗，对重症及死亡个体要远离养殖区，进行深埋处理。其他发病个体必须确保病情完全消失，方可重新养殖。

4. 养殖的卫生管理

该公司为食用海水鱼类养殖企业，结合公司实际对海水育苗场、海上养殖制定卫生管理制度。例如，育苗场职工必须在搞好环境卫生的同时搞好个人卫生，工作时必须洗手、消毒，不准使用任何化妆品；对育苗池在每次倒池时，必须用高锰酸钾进行消毒清洗；运输过程中要注意对运输工具的消毒和清洗。运输工具包括车辆、1~1.5立方米塑料桶、手捞网、300目充气石这些工具在使用前要用淡水加200毫克/升次氯酸钠进行浸泡消毒并涮净。运输过程中加1~2毫克/升土霉素处理，以防止鱼苗在运输中受伤；鱼苗入网箱时的防疫消毒。鱼排、网箱经过消毒后，方可将鱼苗放入暂养网箱，进行饲养的前3~5天，要用1~2毫克/升土霉素拌料投喂，以防止肠炎及弧菌感染。其后，放入正规网箱，并要高频投喂浓度为3‰的肝胆康对鱼体进行体质健康强化。鱼苗养殖期间主要防治肠炎病、弧丙病。一般第15~20天后投喂3‰的肝胆康及消食利胃散和鱼虾四号。

5. 出入产品、种苗等管理

为加强产品及种苗出入的管理，增加经济收入，减少经济损失，制定相关的出入产品验收和使用记录。例如，所有养殖苗种进场时，必须由验收员检验，经检验合格，方可入场，并将品质结论、入场数重量记录存档；当该品种出场时，必须将出场时间、数重量、品质结论、销售去向记录存档，并将养殖设施使用情况及时向公司报告，以备公司及时调整养殖品种。

6. 隔离管理

根据相关法律法规要求，为防止动物疫病传出、传入，确保隔离期间动物安全，保护渔业生产，制定相关的动物隔离制度。例如，隔离场使用前后，必须按检验检疫机关的要求用指定的消毒药物进行消毒，并接受检验检疫机关的监督；发现可疑患病或死亡的动物，应迅速报告检验检疫机关，并立即采取措施；隔离期间，动物产下的幼体未经检验检疫机关同意不得移出隔离场，待隔离检疫期满、经确认无任何疫病后，方能将动物运出临时隔离场或解除隔离等。

7. 药品使用管理

养殖海水鱼类分为开放性水域和封闭性水域。开放性水域通常为网箱养殖，封闭性水域多为池养。网箱养殖海水鱼类使用药品较少，但也需要制定使用和管理制度。例如，技术人员欲购进药品必须向技术厂长提出申请，购药时要从正常的渠道购进，国家明令禁止的药品一律不得购买使用；技术人员要严格遵守国家限用药物清单的规定，限量使用限用的药物、激素和其他动物饵料添加剂；养殖品种在出售前 30 天内，绝对禁止使用任何药物。

该公司原料鱼在养殖过程中可能使用药物，会造成药物残留，对消费者造成身体健康的伤害，不得检出孔雀石绿、恶喹酸、氯霉素、多西环素、呋喃类、沙星类，土霉素限量<200 微克/升。

8. 饲料使用管理

养殖场投放的饵料必须符合《饲料和饲料添加剂管理条例》等相关法规，出口养殖场还需《进出口饲料和饲料添加剂检验检疫监督管理办法》的规定。对饲料的使用和投放进行规定：购进的饵料必须品质新鲜，无污染，饵料进场前必须进行检验。如发现购进的饵料品质不合格，应及时和供货方联系，如不能和供货方成功协调处理，情节严重的公司将追究经办人的责任；饵料的发放应按照“先进先出”的原则，并做好出入库记录，严禁将过期、变质的饵料发放、使用；网箱养鱼，鱼体达到 8~12 厘米以上，不准使用任何添加剂等。

该公司养殖出口河豚，全部饲料为近海捕捞玉筋鱼，企业定期采购，并存放冷库内。

9. 种苗饲养、引进管理

为了加强公司养殖鱼苗种管理，保障水产种苗质量，防止病害的传播和流行，需要制定相关制度和规范。例如，严格执行国家规定的原种生产技术操作规程，保证种苗质量。按照操作规程要求，实行亲本定期更换制度，保持亲本质量和苗种质量；建立技术资料和档案管理制度，对原种及亲本引进、使用时间、繁殖、淘汰等情况详细记录保存；从国内引进水生动物必须在引进养殖场隔离养殖 30 天以上，对疫病或者相关禁用药物残留进行检测，经检验检疫合格后方可引进投入正常生产；从国外引进水产种苗的，必须经出入境检验检疫机关检疫并隔离，取得“入境货物检验检疫证明”后，方可投产使用等。

10. 污水及其他废弃物处理措施

中央各级政府层层抓环保工作的落实，企业也非常重视环保规定要求。育苗车间所排污水经过沙滤池过滤、次氯酸钠消毒以后方可排放；育苗生产过程中所产生的废弃物经过无害化处理后方可处理，不得随意丢弃，乱堆乱放；海上养殖人员不得随意将用后的空药瓶、塑料袋等随意丢弃，不得在养殖区域倾倒废机油、垃圾等，海上养殖产生的废弃物必须带回陆地处理；所有盛装药品的空药瓶、塑料袋等包装物用后必须统一回收、统一处理，任何人不得随意处理。

关于生产环节产生的废水废气废渣依据当地环保部门的要求，进行处理。

11. 不合格产品的追溯

根据《中华人民共和国农产品质量安全法》和有关法律法规的相关规定，公司确保其生产的农产品安全，减少和预防不合格产品出场，对不合格产品进行全过程追溯管理。例如，当产品在自检自控、上级有关主管部门的抽样检查，以及出口国外通关过程中出现阳性结果后，必须对产品进行追溯。当产品出现阳性结果后，追溯步骤如下：第一，确定阳性产品的养殖位置，对已出场的必须及时召回或就地销毁，尚未出场的，对其进行隔离。第二，由生产厂长和技术员审查有关养殖记录，对每个生产环节进行分析评价，确定阳性结果产生的原因。分析评价范围包括养殖记录、药物检测、水质监测、养殖海域是否污染等。第三，根据阳性结果产生的原因作出处理决定，并上报相关上级主管部门。第四，未作出处理决定前，任何人不得擅自处理、销售。

12. 加工车间卫生管理

公司活鱼、冰鲜鱼和冷冻鱼加工车间生产卫生管理，根据其产品的特点以及生产、贮存过程的卫生要求，建立对保证食品安全具有显著意义的关键控制环节的监控制度，确保实施并定期检查，发现问题及时纠正。本案例中企业养殖活鱼出口，同时可加工冰鲜鱼产品出口。

首先是对人员的操作进行规范，制定制度。例如，明确人员的岗位职责，实行岗位责任制；车间加工人员每年应进行健康检查，取得健康证明；上岗前应接受卫生培训；进入作业区域应规范穿着洁净的工作服，并按要求洗手、消毒；头发应藏于工作帽内或使用发网约束；应根据产品的特点及生产工艺的要求配备专用工作服，如衣、裤、鞋靴、帽和发网等，必要时还可配备口罩、围裙、套袖、手套等。

其次是对车间环境、使用和维护、清理清洁等制定制度。例如，车间内各项设施应保持清洁，出现问题及时维修或更新；厂房地面、屋顶、天花板及墙壁有破损时，应及时修补；清洁消毒前后的设备和工器具应分开放置妥善保管，避免交叉污染应制定和执行虫害控制措施，并定期检查；生产车间及仓库应采取有效措施（如纱帘、纱网、防鼠板、防蝇灯、风幕等），防止鼠类、昆虫等侵入。

最后需要对厂区定期进行清洁和除虫灭害工作进行规范。例如，应准确绘制虫害控制平面图，标明捕鼠器、粘鼠板、灭蝇灯、室外诱饵投放点、捕杀装置等放置的位置；采用物理、化学或生物制剂进行处理时，不应影响食品安全和食品应有的品质、不应污染食品接触表面、设备、工器具及包装材料。除虫灭害工作应有相应的记录。

13. 产品的检测

企业该根据产品特性和需要检测的项目，建立产品出厂检测记录制度。

自行检验应具备与所检项目适应的检验室和检验能力；由具有相应资质的检验人员按规定的检验方法检验；检验仪器设备应按期检定。如果不具备检测能力，例如，养殖药物残留检测等需要大型设备，投入较多，可委托具备相应资质的食品检测机构对原料和产品进行检测。考虑到产品特性、工艺特点、原料控制情况等因素合理确定检测项目和检测频次以有效验证生产过程中的控制措施。

14. 贮存和运输

根据活鱼和冰鲜鱼的特点和卫生需要选择适宜的贮存和运输条件，必要时配备保温、冷藏、保鲜等设施。贮存和运输过程中应避免日光直射、雨淋、显著的温湿度变化和剧烈撞击等，防止食品受到不良影响。

公司规定活鱼运输应能够提供生存必需的氧气。冰鲜去脏河豚需要真空包装，速冻，入-18℃的贮存库贮藏。按生产数量、加工日期的先后分批次发运出公司，集装箱温度要求-18℃以下。消费者再加工后食用。

第六章 《农产品产业链全过程管理通用要求评价规范》标准解读

一、概　述

（一）《农产品产业链全过程管理通用要求评价规范》简介

《农产品产业链全过程管理通用要求评价规范》（以下简称《评价规范》）适用于在山东省出口农产品质量安全示范区内实施《农产品产业链全过程管理规范》的组织进行准入及持续评价。该评价规范规定了组织实施农产品产业链全过程管理规范要求的评价依据、评价准则、评价方法、评价活动及第三方机构的组织管理要求，与《农产品产业链全过程管理规范通用要求》系列标准共同构成了山东省出口农产品质量安全示范区优质农产品品牌建设的基础标准，为品牌建设活动提供了客观、公正、系统、科学的保障机制。

《评价规范》按照国际通行的第三方机构管理要求编制，确保评价活动的完整性、一致性和有效性。评价活动由具有资质的第三方检验认证机构实施，山东省商务厅作为示范区建设的管理部门，实施第三方机构的选择。

评价活动以通过考核的示范区为基础，以不实施重复评审、评价为基本原则，不增加示范区及企业额外负担。评价活动是建立在风险评估的基础上，通过将示范区、企业已有的评审、评价、认证活动信息作为风险评估的信息输入，实施基于风险评估的评价活动，以保证评价的简便、科学、有效。

（二）以风险评估为基础的评价模式

示范区以区域化管理为基本特征，示范区管理与企业管理不可分割。示范区的风险影响示范区企业的风险，示范区内企业运行风险也涉及示范区风险的评价水平。在评价活动中将示范区与企业的风险及责任联系在一起实施综合评价，有利于促进示范区整体管理能力的提升。

第三方机构根据评价的对象建立风险评估机制，跟踪国家、政府相关部门食品安全预警信息，实施对示范区及其所属组织及产品的风险评估，根据系统、科学的信息制定具体评价方案。

第三方机构应建立基于风险评估的信息预警及外部信息收集、分析制度，持续跟踪各级政府部门产品质量安全监督抽查结果，并将抽查结果作为风险评估及日常持续评价的信息输入，更新风险评估的信息。具体评价方案，包括抽样的比例、数量等需要根据持续的风险评估信息进行动态调整。

（三）评价活动参与主体

在评价活动中组织管理部门是山东省商务厅。

评价活动的实施主体是经山东省商务厅评价合格、满足资质要求的第三方检验认证机构。

评价活动的对象是提出评价申请的山东省出口农产品质量安全示范区、示范区参与评价的企业及其产品。

评价活动的输出结果是经评价合格的示范区、企业及产品名单。通过证书、公共信息平台对外提供结果证明。

（四）评价活动内容

评价活动按照示范区及其企业进行整体化设计。评价活动包含示范区的评价及示范区内企业和产品的评价，是一个系统的评价活动。评价准则中既包含示范区的考核管理要求，也包含企业需要实施的标准体系，还包含具体的农产品质量安全标准。评价准则涉及的标准包括：《农产品产业链全过程管理规范》系列标准、农产品食品质量安全标准、《山东省出口农产品质量安全示范区考核管理办法》等。

（五）评价流程

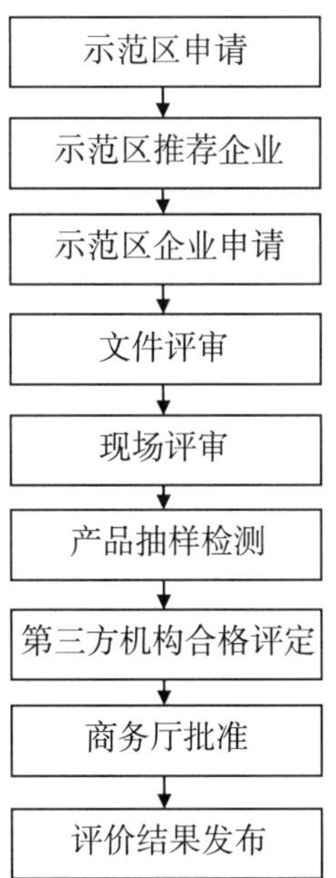

二、评价过程介绍

（一）评价活动申请

山东省出口农产品质量安全示范区、示范区内企业及产品的评价以自愿申请为原则。整体评价活动以风险评估为基础，不同风险等级采用不同严格程度，包括不同严格程度的评价频次、评价范围、抽样量等。

评价活动以示范区为单位，由示范区提出申请，根据以往示范区评审考核结果、各类监督信息等进行分级管理。由于示范区与本区域内的企业风险与责任相联系，先由示范区对区域内申请评价的企业实施自我评估，并提出推荐。经推荐的企业按自愿原则向第三方机构提出企业评价申请。

（二）示范区评价与风险分级

1. 示范区评价

示范区评价的重点内容为示范区建设标准要求的主要内容。评价目的是验证示范区运行的有效性。采用的方式以申报材料及采信主管部门的评价结果为主。包含以下评价方式。

①示范区申报材料评价。

②示范区现场重点管理状况抽查。

③示范区内农产品食品生产企业产品抽样检测。

④示范区所属组织日常监督情况评价。

⑤示范区主管部门评价结果采信。

一般在评价过程中采用多种评价方式的组合评价，以达到评价的简便和有效。

2. 示范区风险分级

通过评价，实施示范区的风险分级管理。根据风险评估情况分为一级、二级两个级别。一级为风险较低示范区，二级为风险较高示范区。

示范区首次分级一般以文件评审方式进行，若文件资料评价未能提供充分信任，风险评估结果为风险较高，应对示范区进行现场检查，必要时对示范区产品实施抽样检测，对运行效果进行验证。

每一年度示范区至少实施一次跟踪评价，根据示范区运行风险及第三方机构对其日常监督情况，进行再次分级。一般以文件评审方式进行，若文件资料评价未能提供充分信任、最近一次风险评估结果为风险较高、本地区所属 A 级组织低于 60%时，应对示范区进行现场检查，必要时对示范区产品实施抽样检测，对运行效果进行验证，实施动态调整。

每年根据监督情况确定示范区及申请组织是否持续保持资格并实施动态分级管理。评价通过的组织在推荐有效期内，若出现不能满足要求的情况将给予暂停和撤销推荐。

（三）申请组织及产品评价与风险分级

1. 申请组织及产品评价

申请组织的评价采用综合评价方法，包括以下评价方式。

①文件资料评价。

②现场运行过程评价。

③采集数据的监督与评价。

④产品抽检。

⑤市场产品监督抽查。

⑥政府、第三方等外部审核、抽查、评价结果的评价。

⑦自我符合性声明评价和其他评价方法。

申请组织的评价包括准入评价和持续的监督评价。第三方准入评价以文件资料评价及采信其他评价结果作为主要评价方式。必要时，实施现场评价。

监督评价方式包括例行信息评价、监督检查及产品监测和临时监督活动（如专项监督检查、飞行检查及产品抽检）。

对每个组织每年至少实施 1 次例行信息评价，评价以文件评审及调查访问等方式实施，主要内容包括：可追溯信息系统中采信信息的持续评价与验证；组织基本信息的持续更新与评价；客户满意度调查、外部审核评价信息等的持续评价；各级政府部门产品监督抽查结果的持续跟踪与问题确认。

2. 组织风险分级

申请评价组织分为 A、B 两个级别。A 类为风险较低企业，B 类为风险较高企业。

在风险评估的基础上，根据组织所属示范区运行有效性评价分级、组织日常持续评价信息、风险预警信息等制定对组织的监督抽查工作方案，确定组织所在示范区的监督抽查评价比例、频次，制定抽查计划，报山东省商务厅。山东省商务厅批准后，由第三方机构实施组织的监督抽查。监督抽查方案应包括现场验证检查、生产过程产品及市场产品抽样检测内容。现场监督检查重点内容为种植或养殖、生产、运输、贮存、流通等食品链中关键控制点实施效果与标准的符合性。

根据风险等级确定监督抽查的比例，风险较高的示范区内组织监督抽查比例不得少于 30%，风险较高的组织现场监督抽查比例不得少于 50%。

每年每个企业应至少接受 1 次已受理产品的生产过程或市场产品抽样检测。产品抽检项目根据风险评估情况由第三方机构确定，每类产品至少实施 1 个抽检项目。检测重点内容包括：农兽药残留、重金属、转基因等安全项目；近期进出口产品检测预警信息中的食品安全项目；出口国家、地区重点监测的食品安全项目；近期国家、政府监督抽查中发现问题的食品安全项目；其他社会热点、公众关注的食品质量、安全项目。

地区或行业发生重大食品安全事件，示范区内的企业或产品发生外部抽检、评审、评价重要不符合，进出口检测检查发生拒收等风险时，需要实施临时性专项抽查。

（四）申请组织评价结果及报告

第三方机构根据评价规范，对示范区申请组织经过风险评估后，评价结果分为3种类型：评价符合要求；评价存在不符合，整改后验证；经评价不符合要求。

以下情况可对评价组织实施推荐。

①综合评价全面满足标准要求时。

②综合评价中发现有轻微不符合项，但不影响系统整体食品质量安全保证能力的。

以下情况认定为评价为不通过。

①产品抽样检测发生食品安全质量安全指标不合格。

②产业链过程发现系统性或严重不满足标准规定。

③发生食品安全事故，未处理或在处理中的组织。

④不符合不能够按期有效整改。

对于符合推荐要求的组织，由第三方机构出具评价报告，并通知山东省商务厅批准。第三方机构在评价结果形成后5个工作日内将评价报告上传至山东省出口农产品质量安全示范区信息管理公共平台。

（五）动态管理机制

第三方机构每年根据监督情况确定示范区及申请组织是否持续保持资格并实施动态分级管理。评价通过的组织在推荐有效期内，若出现以下情况将给予暂停和撤销推荐的处罚。

①不配合接受持续评价。

② 提供虚假信息或严重不符合评价要求。

③发生严重食品质量安全事故。

④客户重大投诉。

示范区在持续评价过程中存在以下情况时，对示范区及组织实施暂停推荐。

①示范区不配合接受持续评价。

②示范区监管体系失效，未能履行监管职能，存在系统性食品安全隐患。

③发生系统性食品安全事件时。

若上述食品安全事件仅涉及某一类产品时，可仅对示范区内该类产品组织实施暂停推荐。

首次暂停期为30日，信息系统将自动锁定。出现问题的组织应对问题产品实施召回并进行影响效果评价。在暂停期内由第三方机构根据示范区及组织的运行情况和风险，进行现场检查后做出符合性评价，方可解除暂停。

自暂停期开始的45日内，示范区及组织未提供符合性证据表明对标准的持续符合，第三方机构将给予撤销证书并在信息系统进行锁定并登记。

各类评价结果及暂停、撤销信息由第三方机构定期报送山东省商务厅。

山东省商务厅根据第三方机构报送的示范区评价结果及暂停、撤销信息对示范区进行监督考核，发现问题的按照《山东省出口农产品质量安全示范区考核管理办法》的有关要求处理。

（六）评价组织管理

第三方机构需要具备检测认证资质，满足国际通行第三方机构的管理要求，应按照相关认证认可要求，建立管理体系，实施评价过程管理，保持完整的人员管理、评价过程管理的相关记录。

附录一

中华人民共和国国家标准

GB/T 26407—2011

初级农产品安全区域化管理体系　要求

Regional management system of primary agricultural product safety—Requirement

---

1　范围

本标准规定了在区域化管理中对初级农产品安全的要求。

本标准适用于建立、实施、保持并持续改进初级农产品安全区域化管理体系。

2　规范性引用文件

下列文件中的条款通过本标准的引用而成为本标准的条款。凡是注日期的引用文件，其随后所有的修改单（不包括勘误的标准条款）或修订版均不适用于本标准，但鼓励根据本标准达成协议的各方研究是否可使用这些文件的最新版本。凡是不注日期的引用文件，其最新版本适用于本标准。

GB/T 19000—2008　质量管理体系基础和术语

GB/T 22000—2006　食品安全管理体系　食品链中各类组织的要求

GB/T 20014（所有部分）　良好农业规范

3　术语和定义

GB/T 19000—2008 和 GB/T 22000—2006 确立的以及下列术语和定义适用于本标准。

3.1

初级农产品　primary agricultural product

供食用的源于农业的产品，即通过农业活动获得的植物、动物、微生物及其产品

3.2

农业投入品　agricultural investment

在农业生产活动中使用或添加的化学物质，包括农药、化肥、生长调节剂、兽药、

中华人民共和国国家质量监督检验检疫总局
中国国家标准化管理委　　2011-05-12 发布　　2011-09-01 实施

饲料及添加剂等农用生产资料产品。

3.3

初级农产品安全　primary agricultural product safety

初级农产品在按照预期用途进行制备和（或）食用时，不会对消费者造成伤害的概念。

注：初级农产品安全与初级农产品安全危害（34）的发生有关，但不包括与人类健康相关的其他方面，如营养不良。

3.4

初级农产品安全危害　primary agricultural product safety hazard

初级农产品中所含有的对健康有潜在不良影响的生物性、化学性或物理性危害或初级农产品存在状况。

3.5

区域　region

在一定地理范畴（或行政疆域）内，建立并实施初级农产品安全区域化管理体系的范围。

3.6

区域化管理　regional management

建立并实施初级农产品安全区域化管理体系包含的所有活动。

注：区域化管理可由地方政府、农业生产企业或其他组织实施。

3.7

初级农产品安全区域化管理体系　regional management system of primary agricultural product safety

建立和试试初级农产品安全方针、目标，通过过程管理来实现初级农产品安全目标，确保区域内初级农产品安全的管理体系。

3.8

初级农产品安全方针　primary agricultural product safety policy

由最高管理者正式发布的该区域总的初级农产品安全宗旨和方向。

3.9

初级农产品安全目标　primary agricultural product safety objective

在初级农产品安全方面所追求的目的。

注：初级农产品安全目标通常依据初级农产品安全方针制定，并分解到相关职能和层次。

3.10

农村合作经济组织　rural cooperative organization

农村合作经济组织是自愿联合、出资入股、保持农业活动的独立性以及使有关的经济活动尽可能多地获得利润、共同承担风险、按出资比例分配利益，集管理、服务、沟通、监督、协调等职能于一身的农村社区经济组织，是联结政府宏观管理、企业微观管理、农户自主经营的纽带，引导、保障农民进入市场的有效组织形式。

示例：农民专业合作社、农业生产专业协会。

3.11

单位　unit

区域内涉及农业活动的机构，包括各职能部门农村合作经济组织、企业、服务机构等。

3.12

验证　verification

通过提供客观证据对规定要求已得到满足的认定。

注1：“已验证”一词用于表明相应的状态。

注2：认定可包括下述活动，如：

——变换方法进行计算；

——将新设计规范与已证实的类似设计规范进行比较；

——进行试验和演示；

——文件发布前进行评审。

【GB/T 19000—2008，定义3.8.4】

3.13

监视　monitoring

为评估控制措施是否按预期运行，对控制参数进行策划并实施的一系列观察或测量活动。

【GB/T 22000—2006，定义3.12】

3.14

纠正　correction

为消除已发现的不合格所采取的措施。

注1：纠正可连同纠正措施一起实施。

注2：返工或降级可作为纠正的示例。

【GB/T 19000—2008，定义3.6.6】

3.15

纠正措施　corrective action

为消除已发现的不合格或其他不期望情况的原因所采取的措施。

注1：一个不合格可以有若干个原因。

注2：采取纠正措施是为了防止再发生，而采取预防措施是为了防止发生。

注3：纠正和纠正措施是有区别的。

【GB/T 19000—2008，定义3.6.5】

3.16

程序　procedure

为进行某项活动或过程所规定的途径。

注1：程序可以形成文件，也可以不形成文件。

注2：当程序形成文件时，通常称为“书面程序”或“形成文件的程序”。含有程序的文件可称为“程序文件”。

【GB/T 19000—2008，定义3.4.5】

3.17

更新　updating

为确保应用最新信息而进行的即时和（或）有计划的活动。

【GB/T 22000—2006，定义 3.17】

4　初级农产品安全区域化管理体系

4.1　总要求

区域内应根据本标准的要求建立初级农产品安全区域化管理体系，形成文件，加以实施和保持，并持续改进其有效性。

区域内应确定初级农产品安全区域化管理体系的范围，形成文件。该范围应规定体系中所涉及的行政管辖区域、产品或产品类别、活动和生产场地，并确定管理体系涉及的单位（见 4.2.2）。

组织实施单位应：

a）确保在管理体系范围内的初级农产品安全危害得到识别、评价和控制，避免区域内的初级农产品直接或间接伤害消费者；

b）在整个初级农产品链内沟通与初级农产品安全相关的适宜信息；

c）定期评价初级农产品安全区域化管理体系，必要时更新，以确保体系反映相关活动并包含需控制的初级农产品安全危害的最新信息；

d）在区域内就有关初级农产品安全区域化管理体系建立、实施和更新进行必要的信息沟通，以满足本标准的要求，确保初级农产品安全；

e）指导并监督区域内单位的有关活动，特别要积极引导、鼓励、培育和发展农村合作经济组织。所选择的任何可能影响初级农产品安全的外包过程应确保受控，并应在初级农产品安全区域化管理体系中加以识别，形成文件。

4.2　管理职责

4.2.1　管理承诺

最高管理者应对初级农产品安全区域化管理体系的建立、实施和持续改进有效性作出承诺，并通过以下活动，为其承诺提供证据。

a）制定初级农产品安全方针；

b）确保初级农产品安全目标的制定，如可行应予以量化；

c）在区域内宣传满足与初级农产品安全相关的法律法规、本标准要求以及相关方要求的重要性；

d）进行管理评审；

e）确保资源的获得。

4.2.2　区域内单位的确定

应根据初级农产品安全区域化管理体系所覆盖的范围，确定涉及的所有单位，无论这些单位是否与组织实施单位存在隶属关系。应对所确定的单位及其与初级农产品安全区域相关活动的关联予以描述，并形成文件。

组织实施单位在确定区域内单位时，应特别关注农村合作经济组织作用的发挥。

4.2.3 职责和权限

组织实施单位应对在初级农产品安全区域化管理体系建立、实施和持续改进过程中发挥作用的管理者及相关单位的职责和权限做出明确规定，形成文件，并予以传达。职责和权限的规定应符合法律法规的规定及本管理体系的要求。

当需要外部专家帮助组织实施单位建立、实施、运行或评价初级农产品安全区域化管理体系时，组织实施单位应在签订的协议或合同中对这些专家的职责和权限予以规定。

组织实施单位建立初级农产品安全小组，其成员应具备多学科的知识和建立与实施初级农产品安全区域化管理体系的经验。这些知识和经验包括但不限于初级农产品安全区域化管理体系范围内的初级农产品、环境、农业投入品、过程、设备、安全风险和初级农产品安全危害等方面。初级农产品安全小组成员应来自区域内的主要单位但不限于本区域。

最高管理者应指定初级农产品安全小组组长，无论其在其他方面的职责如何，应具有以下方面的职责和权限：

a）管理初级农产品安全小组，并组织其工作；

b）确保初级农产品安全小组成员的相关培训和教育；

c）确保建立、实施、保持和更新初级农产品安全区域化管理体系；

d）向最高管理者报告初级农产品安全区域化管理体系的有效性和适宜性。

应保持记录，以证实初级农产品安全小组成员符合相关要求。

4.3 初级农产品安全方针

最高管理者应确定本区域的初级农产品安全方针，并确保它在初级农产品安全区域化管理体系的覆盖范围：

a）适合于区域内活动、产品和服务的性质、规模以及对初级农产品安全区域的影响；

b）包括对持续改进的承诺；

c）包括对遵守适用的法律法规要求和与初级农产品安全有关的其他要求的承诺；

d）提供建立和评审初级农产品安全目标的框架；

e）形成文件，付诸实施，并予以保持；

f）传达到所有单位及相关人员；

g）可为公众所获取。

4.4 策划

4.4.1 危害分析与风险评估

组织实施单位应建立并保持一个或多个形成文件的程序，对初级农产品安全区域化管理体系涉及的区域环境、农业活动、初级农产品进行危害分析，识别并确认其中已有的或潜在的初级农产品安全危害，描述危害特征，进行评估，确定风险等级，从中判定那些对初级农产品安全具有重大影响，或可能具有重大影响的重要安全风险，并应在建立初级农产品安全目标时加以考虑。

危害分析和风险评估应考虑：

a）对初级农产品安全有影响的区域环境；

b）初级农产品生产、加工过程中应有的常规活动和发生异常、紧急情况下的非常规的活动；

c）源于区域管理之外但对区域内地方政府管理下的初级农产品安全产生有害影响的已识别的风险；

d）人的因素；

e）初级农产品本身具有的危害。

用于危害分析和风险评估的方法应：

a）依据其范围、特性和时间安排加以确定，以保证该方法具有主动性而不是被动性；

b）能提供风险控制的优先顺序。

组织实施单位应根据风险评估的结果确定风险控制措施。在确定控制措施或改变现有的控制措施时，应根据下列顺序考虑降低风险：

a）消除；

b）替代；

c）工程控制；

d）隔离。

针对初级农产品安全区域新增加的单位、农业活动、初级农产品以及初级农产品安全区域的变化，应按照上述要求操作，并在相应程序中予以保持。

组织实施单位应及时更新这方面的信息。

4.4.2　法律法规与其他要求

组织实施单位应建立、实施并保持形成文件的程序，用来：

a）识别确定适用于区域内的农业活动、产品或服务中安全风险的法律法规要求和其他要求，并建立获取这些要求的渠道；

b）确定这些要求和安全风险之间的关联；

c）针对管理体系覆盖范围内的初级农产品，确定与其危害相关的初级农产品安全标准的指标要求。

组织实施单位应确保在建立、实施和保持初级农产品安全区域化管理体系时，对这些适用的法律法规与其他要求加以考虑。

4.4.3　初级农产品安全目标

组织实施单位应针对其与初级农产品安全区域化管理体系有关的职能和层次，建立、实施并保持初级农产品安全目标，初级农产品安全目标应是可测量的，并与初级农产品安全方针保持一致。

组织实施单位在建立和评审初级农产品安全目标时，应考虑法律法规和其他应遵守的要求、它自身的重大安全风险、可选技术方案、财务、运行和经营要求，以及相关方的观点。

目标应符合初级农产品安全方针。

4.4.4 初级农产品安全区域化管理方案

组织实施单位应制定、实施并保持一个或多个旨在实现初级农产品安全目标的初级农产品安全区域化管理方案，其中应包括：

a）规定区域内各有关职能和层次实现初级农产品安全目标的职责；

b）实现初级农产品安全目标的方法和时间表。

4.5 实施与运行

4.5.1 资源提供

最高管理者应确保为初级农产品安全区域化管理体系的建立、实施、保持和持续改进提供必要的资源。这些资源包括人力资源、资金、基础设施以及技术和专项技能等。

4.5.2 能力、培训和意识

初级农产品安全小组和其他从事影响初级农产品安全活动的人员应是能够胜任的，并受到适当的教育和培训，具有适当的技能和经验。

区域内单位应：

a）确定从事影响初级农产品安全控制活动的人员所需的能力；

b）提供必要的培训或采取其他措施以确保人员具有这些能力；

c）确保对初级农产品安全区域化管理体系的实施进行监视、纠正和采取纠正措施的人员受到专门知识和技能的培训；

d）评价 a）、b） 和 c） 的实施状况及其有效性；

e）确保这些人员认识到其所从事活动对实现初级农产品安全控制的相关性和重要性；

f）确保所有影响初级农产品安全的人员理解有效沟通（见 4.5.3）的要求；

g）保持 b）、c） 和 d） 中规定的培训和措施的适当记录。

4.5.3 信息交流

4.5.3.1 外部信息交流

为确保在整个初级农产品链中的相关方能够获得充分的初级农产品安全方面的信息，初级农产安全小组应制定、实施和保持有效的措施，以便与下列各方进行沟通：

a）供方和承包方；

b）顾客或消费者，特别是在产品信息（包括预期用途、特定贮存要求以及保质期等信息的说明）、问询、合同或订单处理及其修改，以及顾客反馈信息（包括抱怨）等方面进行沟通；

c）立法和监管部门；

d）对初级农产品安全区域化管理体系的有效性或更新具有影响或将将受其影响的其他组织。

应指定人员按规定的职责和权限，进行有关初级农产品安全信息的对外沟通。

应保持沟通记录，以确保所获得的信息作为管理评审的输入。

4.5.3.2 内部信息交流

初级农产品安全小组应制定、实施和保持有效的安排，以便与各单位及有关人员就影响初级农产品安全的事项进行沟通。

为保持初级农产品安全区域化管理体系的有效性，组织实施单位应确保初级农产品安全小组及时获得变更的信息，包括但不限于以下方面：

a）初级农产品或新增产品（新的种植、养殖品种）；

b）农业活动；

c）生产场所、设备设施、周边环境；

d）农业投入品、初级农产品的流通（包装、贮存、运输）；

e）人员资格水平和（或）职责及权限分配；

f）法律法规要求；

g）应遵守的顾客、行业和其他要求；

h）来自外部相关方的有关问询；

i）表明与产品有关的初级农产品安全危害的抱怨；

j）影响初级农产品安全的其他条件。

最高管理者应确保将相关信息作为管理评审的输入。

4.5.4　文件

初级农产品安全区域化管理体系文件应包括：

a）初级农产品安全方针、目标；

b）对初级农产品安全区域化管理体系的覆盖范围、初级农产品安全区域、农业活动的描述；

c）对初级农产品安全区域化管理体系主要要素及其相互作用的描述，以及相关文件的查询途径；

d）本标准要求的文件，包括记录；

e）为确保对涉及重大安全风险的过程进行有效策划、运行和控制所需的文件，包括记录。

4.5.5　文件控制

区域内单位应对初级农产品安全区域化管理体系所要求的文件进行控制。记录是一种特殊的文件，应按照 4.6.5 的要求进行控制。

应编制形成文件的程序，以规定以下方面所需的控制：

a）文件发布前得到批准，以确保文件是充分与适宜的；

b）必要时，对文件进行评审与更新，并再次批准；

c）确保文件的更改和现行修订状态得到识别；

d）确保在使用处获得适用文件的有关版本；

e）确保文件保持清晰、易于识别；

f）确保所确定的策划和运行初级农产品安全区域化管理体系所需的外来文件得到识别，并控制其分发；

g）防止作废文件的非预期使用，若因任何原因而保留作废文件时，确保对这些文件进行适当的标识。

4.5.6　运行控制

组织实施单位应根据其初级农产品安全方针、目标，确定与所识别的重大安全风险有关的运行与活动。应针对这些活动建立、实施并保持形成文件的运行控制程序，在种植、养殖、捕捞等过程中应按照GB/T 20014组织生产，以确保将初级农产品安全危害防止、消除或降低到可接受水平。

适用时，包括但不限于以下方面：

a）产地管理；

b）生产用水管理；

c）农药、兽药的选择和使用；

d）环境保护；

e）有害生物控制；

f）机械、运输设备；

g）垃圾和污染物的管理、回收与再利用；

h）品种种源、种苗和种畜；

i）土壤和基质管理；

j）肥料/饲料的使用；

k）畜禽/水产品健康及疫病疫情控制；

l）收获物和（或）产品的处理。

4.5.7 可追溯性系统

区域内应建立并实施可追溯性系统，以确保能够识别产品批次及其与原料批次、生产和交付记录的关系。

可追溯性系统应能够识别直接供方的进料和终产品初次分销的途径。

可追溯系统应能够保证不安全产品得以处理；在产品撤回时，也应按规定的期限保证不安全产品得以处理，并应按规定的期限保持记录。

可追溯性记录应符合法律法规要求、顾客要求，例如可以是基于终产品的批次标识。

4.5.8 应急准备和响应

组织实施单位应建立、实施并保持程序，以管理能影响初级农产品安全的潜在紧急情况和事故，定期评审其应急准备和响应程序，必要时对其进行修订，特别是当事故或紧急情况发生后。可行时，应定期试验上述程序。

4.6 检查与纠正

4.6.1 监视与测量

组织实施单位应统一负责、领导、组织、协调区域内的初级农产品安全监督管理工作，建立、实施并保持一个或多个程序，以规定：

a）制定并组织实施初级农产品安全监测计划，对生产中或者市场上销售的初级农产品进行监督抽查；

b）对初级农产品安全目标实现状况、初级农产品安全区域化管理方案和运行控制中的关键特性进行监视和测量；

c）对监视和测量设备进行校准或检定，并予以妥善维护；

d）保存相关的记录。

4.6.2 不合格品控制

组织实施单位应确保不符合产品要求的产品得到识别和控制，以防止其非预期的使用或交付。应编制形成文件的程序，以规定不合格品控制以及不合格品处置的有关职责和权限。

适用时，应采取下列一种或几种途径，处置不合格品：

a）采取措施，消除发现的不合格；

b）经有关授权人员批准，适用时经顾客批准，让步使用、放行或接收不合格品；

c）采取措施，防止其原预期的使用或应用；

d）当产品不在管理区域内，并被确定为不安全时，应通知相关方，并启动撤回（见 4.6.3）。

应保持不合格的性质的记录以及随后所采取的任何措施的记录，包括所批准的让步的记录。

在不合格品得到纠正之后应对其再次进行验证，以证实其符合要求。

4.6.3 撤回

为能够并便于安全、及时地撤回确定为不安全批次的终产品；

a）最高管理者应指定有权启动撤回的人员和负责人执行撤回的人员；

b）应建立、保持形成文件的程序，以便：

1）通知相关方［如：立法和监管部门、顾客和（或）消费者］；

2）处置撤回产品及库存中受影响的产品；

3）安排采取措施的顺序。

撤回的产品在被撤销、改变预期用途、确定按原有（或其他）预期用途使用时安全的或为确保安全重新加工之前，应被封存或在监督下予以保留。

撤回的原因、范围和结果应予以记录，并向最高管理者报告，作为管理评审的输入。

应通过应用适宜技术验证并记录撤回方案的有效性（如：模拟撤回或实际撤回）。

4.6.4 纠正措施与预防措施

应建立、实施并保持一个或多个程序，用来处理实际或潜在的不符合的原因，采取纠正与预防措施。

程序中应规定以下方面的要求：

a）对不符合进行调查，确定其产生原因，并采取措施避免再次发生；

b）评价预防措施的必要性，并对所有制定的适当措施予以实施；

c）记录采取纠正措施和预防措施的结果；

d）评审纠正措施和预防措施的有效性。

所采取的措施应与安全风险相适应。

4.6.5 记录控制

应编制形成文件的程序，以规定记录的标识、贮存、保护、检索、保留和处置所需的控制。

记录应保持清晰、易于识别和检索。

4.6.6 内部审核

组织实施单位应按照策划的时间间隔进行内部审核，以确定初级农产品安全区域化管理体系是否：

a）符合策划的安排、所建立的管理体系的要求和本标准的要求；

b）得到有效实施和更新。

策划审核方案要考虑拟审核过程和区域的状况和重要性，以及以往审核产生的更新的措施。应规定审核的准则、范围、频次和方法。审核员的选择和审核的实施应确保审核过程的客观性和公正性。审核员不应审核自己的工作。

应编制形成文件的程序，以规定审核的策划、实施以及形成记录和报告结果的职责和要求。

负责受审核区域的管理者应确保及时采取措施，以消除所发现的不符合情况及原因，不能不适当地延误。跟踪活动应包括对所采取措施的验证和验证结果的报告。

4.6.7 数据分析

组织实施单位应确定、收集和分析适当的数据，以证实初级农产品安全区域化管理体系的适宜性和有效性，并评价在何处可以持续改进初级农产品安全区域化管理体系的有效性。这应包括来自监视和测量的结果以及其他有关来源的数据。

数据分析应提供以下有关方面的信息：

a）顾客满意；

b）与初级农产品安全的符合性；

c）过程和产品的特性及趋势，包括采取预防措施的机会；

d）供方。

数据分析的结果和由此产生的活动应予以记录，并以适宜的形式向最高管理者报告，作为管理评审的输入和区域化管理体系更新的输入。

4.7 管理评审

最高管理者应按规定的时间间隔，对区域内的初级农产品安全区域化管理体系进行评审，以确保其持续适用性、充分性和有效性。评审应包括评价对初级农产品安全区域化管理体系改进的机会和更新的需求。管理评审记录应予保持。

管理评审的输入至少应包括：

a）审核结果；

b）沟通信息；

c）初级农产品安全目标实现程度；

d）合规性评价的结果；

e）紧急情况、事故和撤回；

f）数据分析、预防和纠正措施的状况；

g）以往管理评审后采取的跟踪措施；

h）可能影响初级农产品安全区域化管理体系的变更；

i）改进建议。

管理评审的输出应包括为实现持续改进而做出的，与初级农产品安全方针、目标以及其他初级农产品安全区域化管理体系要素的改进有关的决定和措施。

参考文献

[1]　中华人民共和国食品安全法 . 2009 年 6 月 1 日期施行 .

[2]　中华人民共和国农产品质量安全法 . 2006 年 11 月 1 日起施行 .

[3]　国务院关于加强食品等产品安全监督管理的特别规定 . 国务院第 503 号令. 2007 年 7 月 26 日起施行 .

[4]　GB/T 19001—2008　质量管理体系　要求

[5]　CAC/RCP 1—1969（Rev. 4-2003）　食品卫生通则

附录二

山东省地方标准（预计于 2019 年发布）

农产品产业链全过程管理规范
第 1 部分：果蔬　通用要求

Standard for the whole process management of agricultural product industry chain
Part 1: General requirements for fruits and vegetables

1　范围

本标准规定了山东省出口农产品质量安全示范区内果蔬的种植、加工、流通等各个环节管理体系及产品质量安全的技术管理要求。

本标准适用于山东省出口农产品质量安全示范区内果蔬的种植、初级农产品处理、加工、运输贮存、流通等产业链上的组织。

2　规范性引用文件

下列文件对于本文件的应用是必不可少的。凡是注日期的引用文件，仅所注日期的版本适用于本文件。凡是不注日期的引用文件，其最新版本（包括所有的修改单）适用于本文件。

GB 2760　食品安全国家标准　食品添加剂使用标准
GB 2761　食品安全国家标准　食品中真菌毒素限量
GB 2762　食品安全国家标准　食品中污染物限量
GB 2763　食品安全国家标准　食品中农药残留限量
GB 5084　农田灌溉水质标准
GB 5749　生活饮用水卫生标准
GB 7718　食品安全国家标准　预包装食品标签通则
GB 8978　污水综合排放标准
GB 14881　食品安全国家标准食品生产通用卫生规范
GB 15618　土壤环境质量　农用地土壤污染风险管控标准（试行）
GB/T 19000　质量管理体系基础和术语
GB/T 19575　农产品批发市场管理技术规范
GB/T 20014　良好农业规范系列标准
GB/T 21720　农贸市场管理技术规范
GB/T 22502　超市销售生鲜农产品基本要求

GB/T 26432　新鲜蔬菜贮藏与运输准则
GB/T 27320　食品防护计划及其应用指南
GB/T 27341　危害分析与关键控制点体系食品生产企业通用要求
GB 28050　预包装食品营养标签通则
GB/T 29372　食用农产品保鲜贮藏管理规范
GB/T 33300　食品工业企业诚信管理体系
ISO 9001 idt GB/T 19001　质量管理体系要求
ISO 22000 idt GB/T 22000　食品安全管理体系—食品链中各类组织的要求
全球良好农业规范标准（Global GAP IFA All Farmbase Corp Base and FV ）
CAC-RCP 1　食品卫生总则/HACCP 体系及其应用准则
FSSC 22000　欧盟食品及饮料产业联盟食品安全管理体系标准要求
CAC/RCP 44　新鲜水果和蔬菜包装与运输操作规范
SQF 2000　食品安全标准（Comprehensive SQF 2000 System Implementation）
IFS　国际食品安全标准（IFS International Food Standard ）
BRC　国际食品安全标准（BRC Global Standard-Food Safety）
CODEX STAN 1　预包装食品标签通用标准（General Standard for the Labeling of Pre-packaged Foods）
美国国家有机项目标准　NOP
日本有机农业标准　Japanese Agriculture Standard
日本肯定列表　食品中农业化学品残留限量
国际食品法典委员会（CAC）　农残限量标准
EU 08-04　欧盟食品中农药残留限量标准
EC 2073　欧盟食品中微生物的要求
出口食品生产企业备案管理规定（国家质量监督检验检疫总局令第 192 号）

3　术语和定义

GB/T 19000、GB/T 20014、GB/T 22000 界定的术语和定义适用于本文件。

3.1

组织

为实现目标，由职责、权限和相互关系构成自身功能的一个人或一组人。

注 1：组织的概念包括但不限于代理商、公司、集团、商行、企事业单位、行政机构、合营公司、协会、慈善机构或研究机构，或上述组织的部分或组合，无论是否为法人组织，公有的或私有的。

注 2：本标准中的组织指出口农产品质量安全示范区中从事各类农产品种植、养殖、加工、运输、贮存、流通等活动的机构（注 1）。

3.2

食品链

从初级生产直至消费的各环节和操作的顺序，涉及食品及其辅料的生产、加工、分销、贮存和处理。

注 1：食品链包括食源性动物的饲料生产，和用于生产食品的动物的饲料生产。

注 2：食品链也包括与食品接触材料或原材料的生产。

3.3

农产品产业链

各类农产品种植、养殖、加工、运输、贮存、流通等食品链过程活动的环节。

3.4

供方

提供产品或服务的组织。

示例：产品或服务的制造商、批发商、零售商或商贩。

注 1：供方可以是组织内部或外部的。

注 2：在合同情况下，供方有时称为“承包商”。

4 管理体系

4.1 管理体系的建立与保持

4.1.1 组织应按适用的国际通行管理体系标准（附录 A），建立有效的管理体系，加以实施并保持，必要时进行更新。

4.1.2 组织每年应至少实施一次内部审核或委托有资质的第三方机构对管理体系进行审核，提供管理体系评价报告，并持续改进。

4.2 食品安全风险管理

4.2.1 组织应建立机制，跟踪国际、国家、行业食品安全风险监测信息及与组织有关的食品安全危害信息。

4.2.2 组织应策划、评估食品安全状况，对可能存在的安全隐患，应依据食品安全风险评估结果采取相应的措施。

4.2.3 组织应按 HACCP 原理识别食品链相关过程中的食品安全危害，并建立有效的控制措施。

4.2.4 组织应预留与食品安全风险相对应的食品安全风险基金或投保食品安全责任险。

4.3 食品链供方管理

4.3.1 组织应与食品链供方进行沟通，获得充分的食品安全信息。

4.3.2 组织应有效实施供方能力评价，选择合格供方，确保供方产品持续满足相应的质量安全标准要求。

4.4 人员能力、培训与管理要求

4.4.1 组织应确保食品安全检验人员、不合格评审人员、质量管理与控制人员、农药及各类植保产品使用与管理人员，化学品管理及使用人员、关键岗位操作人员、内审员接受过专业培训并具备相应能力。

4.4.2 组织应持续识别培训需求，制定培训计划，实施培训并保持培训记录。

4.4.3 组织应对所有与食品安全有关的人员实施食品安全法规标准、食品安全意识、HACCP 理论、食品安全管理体系标准及文件培训。

4.4.4　组织应保持与食品安全有关的有效人员名单，食品加工、管理人员应持有健康证明。

4.5　信息保持、记录与通报要求

4.5.1　组织应按适用的管理体系标准要求建立文件、记录管理程序并保持相关记录。

4.5.2　组织应保持农产品产业链相关信息及记录，以提供产业链全过程标准化体系有效运行的证据。相关记录按附录C执行。

4.5.3　组织应策划有效的内部监督活动，根据内、外部监督结果实施持续改进，并保持所有内、外部监督管理信息。

4.5.4　组织应按要求通报产品质量安全重大事件。

4.6　可追溯管理

4.6.1　组织应建立且实施可追溯性系统，识别本标准要求的基本信息，确保能够识别产品批次及其与原料批次、生产和交付记录的关系，识别直接供方的进料和终产品初次分销的途径。

4.6.2　应按规定期限保持可追溯性记录。应采用适当方式公开向相关方展示追溯信息。可追溯性记录应符合相应标准、规范要求、顾客要求。

4.7　食品防护

组织应识别人为故意污染和蓄意破坏的可能性，建立食品防护计划并实施。

4.8　召回和不合格品管理

4.8.1　组织应识别法规要求，建立书面的召回和不合格品管理程序。

4.8.2　当发现产品不符合质量安全标准或存在潜在危害时，应隔离不合格产品，对不合格品情况进行评审，实施处置，分析原因并采取纠正措施。

4.8.3　需要召回处理的，应在规定时间内通知相关生产经营者、消费者及监管部门。

4.8.4　每年对召回程序进行演练并保持纪录。对实际发生的召回应按规定的期限保持完整记录。

4.9　信用管理

4.9.1　组织应建立食品安全信用管理程序，对供应商、经销商及相关食品链组织违规行为进行记录，并采取相应限制措施。

4.9.2　加工组织应参照GB/T 33300实施食品诚信管理。

4.9.3　批发、零售市场应建立信用记录制度，对场内经销商违规经营行为应进行警示通告。建立对场内交易农产品的价格、检测、计量、质量等相关信息的公示制度。

4.10　生态、环保要求

4.10.1　组织应实施环境和生态保护。种植者应建立野生动植物管理和保护方案，了解农事活动对环境造成的影响。

4.10.2　组织应尽可能使用可持续的能源并进行监视，确保绿色环保、低碳节能、资源节约。

4.10.3　组织应采用最有效的灌溉方法以利于水土保持。

4.10.4　组织应实施废弃物和污染物管理，回收、处置并再利用。

5 农产品质量安全要求

5.1 农产品质量安全基本标准

农产品品质、食品安全应满足目标市场相关标准要求，标准包括但不限于GB 2760、GB 2761、GB 2762、GB 2763，详见附录B。

5.2 产品监控、验证计划

5.2.1 组织应策划、制定产品质量安全验证计划，以提供对组织生产产品符合食品质量安全水平的证据。

5.2.2 应综合考虑产品特性、工艺特点、原料控制情况等因素合理确定检测项目和检测频次以有效验证生产过程中的控制措施。

5.2.3 监控验证计划应符合目标市场的相应标准、要求。

5.2.4 监控计划应包含食品链过程中重要食品安全危害的验证活动。

5.2.5 监控计划应考虑适宜、可操作、有效的检测、验证方法。适宜时，可考虑对相关过程配备快速检测设备实施检测与验证。

5.2.6 每年应至少实施一次产品标准全项目验证检测，并提供检测报告。

5.3 检测机构、取样抽样及检验方法要求

5.3.1 应通过自行检验或委托具有相应资质的检验机构对原料和产品进行检验，建立出厂检测记录制度。

5.3.2 自行检测应具备与所检项目适应的检验室和检测能力。由具有相应资质的检测人员按规定的检测方法检验。组织应确保检验设备设施满足检验需求，并对设备按期检定。使用快速检测设备实施验证活动的，应建立快速检测设备校准计划及不合格复验程序。

5.3.3 检验室应有完善的管理制度，妥善保存各项检验的原始记录和检验报告。应建立产品留样制度，及时保留样品。

5.3.4 不同产品抽样要求，应按相关产品标准规定执行。

6 种植过程管理

6.1 总要求

组织应按良好农业规范GB/T 20014系列标准（GAP）要求建立体系，实施并保持。

6.2 产地环境、场所管理

6.2.1 应按合理的参照系统建立地图或示意图，确定场所准确位置及边界，并清晰识别场所内各独立区域及可见的实物标识。保持有效的图示。

6.2.2 应从食品安全、环境保护、生态可持续性、员工健康安全几个方面实施种植场所风险评估，确保适合农业生产，变更场所时应实施重新评估。

6.2.3 应策划、制定土壤、空气、水质监测计划，实施监测活动并提供测试证据。监测可采用、采信官方或有资质的第三方结果。

6.3　繁殖材料管理

6.3.1　繁殖材料来源和质量

6.3.1.1　购买的繁殖材料应有可追溯到供方的证实资料，应保留供方资质文件并提供质量证明。

6.3.1.2　自繁育种子应建立质量控制计划，且保持最新的记录。

6.3.2　繁殖材料处理

6.3.2.1　购买的繁殖材料如经过处理，应保留处理记录。

6.3.2.2　自繁育繁殖材料应保留处理记录。

6.3.3　转基因管理

6.3.3.1　应保持并提供证明文件证实转基因使用符合国家相关的法律法规要求，包括种植、使用转基因品种和/或源自转基因产品的记录。

6.3.3.2　应提供书面文件，阐述对转基因材料（作物和试验品）处理和储藏的控制方案。

6.3.3.3　应建立防护计划，防止转基因的意外污染，转基因作物应与其他作物分别处理和储存。

6.4　土壤管理

6.4.1　应对土壤实施分析，保持分析报告。土壤环境质量应满足 GB 15618 要求。

6.4.2　应使用合理方法改良或保持土壤结构，避免土壤板结和土壤侵蚀。采用适宜的耕作技术（如轮作和间套种），保持或提高土壤有机质和肥力水平。

6.4.3　需要熏蒸处理时，应使用合理熏蒸技术，保持使用土壤熏蒸剂的书面记录。遵守种植前熏蒸剂使用的时间间隔要求。

6.4.4　使用化学品对基质消毒时，应保持消毒记录。

6.5　肥料要求

6.5.1　肥料使用

6.5.1.1　肥料使用应考虑果蔬的营养需要和土壤肥力，留存分析记录或其他特定的文献作为证据。在肥料种类选择上鼓励使用堆肥、绿肥等农家肥以及沼液沼渣、商品有机肥、微生物肥等有机肥，适量使用化肥。

6.5.1.2　应在足以证实有能力的技术人员指导下进行施肥。

6.5.1.3　应保持购买的肥料营养成分和含量的文件说明。

6.5.2　施肥记录

应对施肥情况进行记录。包括但不限于施肥的种类、方式、时间、用量、施肥人员等。

6.5.3　肥料储存

6.5.3.1　肥料应与植保产品分开储存，有适宜的遮盖等保护措施。肥料不得与已收获的产品共同储存。

6.5.3.2　保持最新肥料库存清单及使用记录，至少每 3 个月更新一次。

6.5.4　有机肥

6.5.4.1　使用有机肥应符合相关标准要求。

6.5.4.2 不得使用人类生活污水淤泥、城市垃圾等。

6.5.4.3 使用前应进行风险分析，确定有机肥来源、特性及预期用途。

6.5.4.4 制作堆肥、沼液沼渣应符合相应卫生标准要求。有机肥堆制和储存应于指定区域并实施有效防护。

6.6 灌溉水质要求

6.6.1 应从可持续的水源取水，保持水利部门用水许可证明。

6.6.2 对灌溉用水应进行水质检测，水质符合 GB 5084 要求

6.6.3 不得使用未经处理的污水。

6.7 田间管理

应建立田间管理规范，明确整地、施肥、播种、浇水、追肥、培土等过程要求。田间操作应建立相关记录。

6.8 病虫草害综合防治

6.8.1 优先使用农业综合防治措施，创造不利于病虫草害滋生和有利于各类天敌繁衍的环境条件，保持农业生态系统的平衡和生物多样化，减少各类病虫草害所造成的损失。

6.8.2 优先采用农业措施，通过选用抗病虫品种，非化学药剂种子处理，培育壮苗，加强栽培管理，中耕除草，秋季深翻晒土，清洁田园，轮作倒茬、间作套种等物理措施防治病虫草害。应尽量利用灯光、色彩诱杀害虫，机械捕捉害虫，机械和人工除草等措施，防治病虫草害。

6.8.3 应采取观察和监控等措施，证实至少实施了一种活动以确定有害生物及其天敌出现的时间和程度，并采用适宜的有害生物管理技术。

6.8.4 当采用化学方法防治病虫草害时，应选择法规允许的植保产品，并按植保产品标签标示的范围及方法使用。

6.9 植保产品

6.9.1 选择、购买、使用、储存

6.9.1.1 应从有资质的单位购买植保产品，保留购买植保产品票据。

6.9.1.2 植保产品的使用应符合相关标准要求。应优先使用无毒或低毒的植保产品，严禁使用禁用植保产品。

6.9.1.3 应保留使用植保产品清单。植保产品的使用目的应与产品标签推荐一致。

6.9.1.4 使用、储存植保产品的人员应有相关资质或培训并证实具备能力。

6.9.1.5 应保持植保产品使用记录。

6.9.1.6 应按照标签要求的温度储存。储存设施满足相应标准、规定要求，安全、合理。防止与其他材料的交叉污染。保存过程应保护标签，换标签时应包含原标签上所有信息。应保持有效植保产品的库存清单，且至少 3 个月更新一次。

6.9.2 残留分析

6.9.2.1 应保持产品目标市场最高残留限量（MRLs）标准。

6.9.2.2 建立书面程序，规定当植保产品的残留检测结果显示超过限量标准时，应采取的补救步骤或措施（包括与顾客沟通、实施产品召回、产品追踪演练等）。

6.9.2.3　应策划实施残留分析并保持记录。

6.9.3　其他要求

6.9.3.1　应建立事故处理程序并进行演练。

6.9.3.2　应配备处置及防护设施。

6.9.3.3　通过认可或批准的方式妥善保管、标识和处置弃用的植保产品，符合相应标准要求。

6.10　采收

6.10.1　应建立程序保证收获、采收过程卫生管理。

6.10.2　采收工器具应清洁、卫生、无污染，包装材料应采用食品级材质，专用并保持清洁。

6.10.3　应采取食品防护措施保证收获安全及防止有害生物的进入。

6.10.4　使用冰（或水）时，应按程序保证食品安全。

6.10.5　适当时应对温度和湿度进行监控并记录。

7　初级农产品处理

7.1　处理程序及记录

7.1.1　应建立农产品处理规程并实施。

7.1.2　使用化学品处理时，应建立化学品使用规程并保持化学品使用记录。

7.2　筛选、分级控制

组织应按相应农产品品质及分等分级标准要求，对初级农产品进行筛选，分级。

7.3　清洗

清洗用水应符合 GB 5749 要求。应保存清洗记录。

7.4　包装

7.4.1　应根据农产品属性进行适当包装，为产品提供恰当保护。

7.4.2　包装材料应符合相应安全卫生标准要求，全新、清洁，不得带有异物和异味。使用标有商品信息的材料应使用无毒油墨或胶水。

7.4.3　包装材料应符合相应安全卫生标准要求，保证通风及强度要求，确保对产品的适宜处理、运输和保存。包装不得带有异物和异味。

7.4.4　新鲜果蔬产品应根据 CAC/RCP 44 要求进行包装。

7.5　标识

7.5.1　组织应对包装销售的农产品在包装物上标注或者附加标识标明品名、产地、生产者或者销售者名称、生产日期。

7.5.2　有分级标准或者使用添加剂的，还应当标明产品质量等级或者添加剂名称。

7.5.3　未包装的农产品，应当采取附加标签、标识牌、标识带、说明书等形式标明农产品的品名、生产地、生产者或者销售者名称等内容。

7.5.4　产品中含有转基因成分时，应明确标识。

7.5.5　农产品标识所用文字应当使用规范的中文。标识标注的内容应当准确、清晰、显著。

7.5.6 销售获得无公害农产品、绿色食品、有机产品等质量标志使用权的农产品，应当按认证要求及相应标准正确标识。

8 农产品加工

8.1 基于 HACCP 的食品安全管理要求

组织应依据目标市场要求，按 HACCP 原理实施食品安全危害的识别与管理，参考附录 A 选择适用的国际通行管理体系标准建立并实施管理体系。

8.2 生产企业资质要求

组织应按法规要求取得相应食品生产企业资质，有食品生产许可证要求的企业应获得食品生产许可资格，出口食品生产组织应符合《出口食品生产企业备案管理规定》，并持续保持。

8.3 良好生产规范 GMP 的要求

组织应符合 GB 14881 要求；专项产品生产企业良好生产规范及目标市场 GMP 标准要求。

8.4 食品添加剂和非食用物质的管理

8.4.1 食品添加剂使用应符合 GB 2760 要求及目标市场要求，应保持添加剂使用清单。

8.4.2 复合添加剂应明确具体成分并符合使用规定，所有使用的添加剂应与产品标签标注相符。

8.4.3 应在风险分析的基础上对使用的食品添加物质策划检验验证活动，保持检验结果证明。

8.5 包装、标识

8.5.1 包装

8.5.1.1 产品包装应符合相应产品标准中包装要求的规定。

8.5.1.2 包装材料应符合 GB 4806 等包装材料卫生标准的要求。

8.5.2 标识

8.5.2.1 产品标识应符合 GB 7718、GB 28050 营养标签标准要求以及相关产品专项标签标准要求。

8.5.2.2 出口产品应符合 CODEX STAN 1 预包装食品标签通用标准及相应目标市场标签标准要求。

8.5.2.3 认证产品标识应符合相关认证要求。

9 贮藏与运输

9.1 总要求

贮藏与运输应符合 GB/T 26432、CAC/RCP 44、GB/T 29372 的要求。

9.2 物流设备设施

9.2.1 应使用符合国际、国家通用规格、性能、材质的标准装备，在其堆码、包装、装载、搬运、运输及仓储过程中按照统一的规范进行。

9.2.2 在供应链过程中，物流设备设施应树立单元化、模块化、标准化理念，促成物流设备设施循环共用系统建立。

9.3　贮藏

9.3.1　贮藏方式

9.3.1.1　根据果蔬的品种特性和用途，采取适宜的贮藏方法，可采用通风库贮藏、冷藏贮藏、气调贮藏等贮藏方式。

9.3.1.2　组织应对贮藏设备实施维护，保证贮藏设施符合相应贮藏技术管理规范要求。应确保库房栈板、货架、叉车的使用不会对果蔬造成污染，使用的材料应保持完整，不得生锈。

9.3.1.3　组织应制定贮藏管理程序。入库前进行消毒灭菌，消毒物质及使用方法应符合相应标准要求。入库后定时检查，确保贮藏库正常运行。应保持产品出入库记录。

9.3.2　贮藏条件

应符合相应农产品温度、湿度、气体成分、光照、通风等贮藏条件要求。

9.3.3　贮期管理

9.3.3.1　食品不得与其他有异味的产品混放。易造成串味的农产品和食品应单独存放。获得无公害农产品、绿色食品、有机产品等质量标志使用权的农产品应根据相关标准要求单存单放或在指定区域存放。

9.3.3.2　应制定防护制度，防止装卸货其他操作过程对农产品和食品产生损伤，防止人为恶意污染食品。

9.3.3.3　应定期对库房设施、制冷系统进行巡检，确保设施设备满足储藏要求。

9.3.4　标识与追溯

9.3.4.1　应根据农产品和食品种类确定保存期限。

9.3.4.2　库房应做好进出库品、在库品的信息登记及标识，实现追溯，并确保产品先进先出。

9.3.4.3　在库品应根据品种、规格、产地、加工程度、洁净度、成熟度、采收日期等因素分类储藏，并对品种、来源、质量等级、采收及入库日期等标识，保持记录并登记业务系统。

9.4　运输

9.4.1　应根据果蔬的种类、特性、运输季节、距离及产品保质储藏的要求选择不同的运输工具和运输方式。运输方式和工具的选择符合 GB/T 26432 要求，出口产品可参照 CAC/RCP 44 相关要求和规定。

9.4.2　运输温度和相对湿度等环境条件应符合相应果蔬品种要求。运输过程中应定时观测并记录温度和湿度等环境调整，并保持运输工具内的气流通畅。

9.4.3　运输果蔬严禁与可能造成气味或有毒化学物质污染的其他货物混装在一起。应制定并执行车辆清洁消毒制度或要求，装车前对车辆状况和卫生进行检查。

9.4.4　果蔬的运输期限应根据产品特性、运输条件、季节、产地及运输距离进行确定。

9.4.5　装载及运输过程中应做好运输档案记录，包括运输果蔬的品种、产地代码、入库日期（批次）、数量、质量等级、储藏时间、装车时间、运输人员、车牌号和货柜号、卸载时间、地点、箱体温度等可追溯性信息并登记业务系统。

10 批发和零售

10.1 总要求

批发市场应符合 GB/T 19575 要求，农贸市场应符合 GB/T 21720 要求，超市销售应符合 GB/T 22502 的要求。

10.2 交易设施

10.2.1 商品应按大类设置经营区域，明确标识。蔬菜、水果、肉类、水产、畜禽等分区销售。

10.2.2 生鲜果蔬储藏应配备保鲜冷库。

10.2.3 零售场所应配备果蔬陈列货架，电子条码秤和冷藏设施等。

10.2.4 应设有产品索证查询系统。

10.2.5 应设立检测室，配备定性或定量检测设备和农残快速检测设备，检测条件（如温度、湿度等）满足相应产品检测要求。

10.2.6 批发市场应有污水处理设施，污水排放应符合 GB 8978 的要求。批发市场应设有垃圾分类收集及处理设施。

10.3 交易管理

10.3.1 交易市场应建立入市果蔬商品市场准入制度。市场与业户之间应签订市场果蔬质量卫生安全责任协议书。

10.3.2 交易市场应建立商品可追溯制度，认真做好商品索证索票和产地、来源、数量等信息的记录工作，应记录果蔬质量检测情况和不合格果蔬销毁情况。

10.3.3 零售时销售标识应包括超市（市场）名称、果蔬名称、产地、等级、重量、价格和销售日期等。

10.3.4 应建立产品质量公示制度。果蔬检测工作应在营业前检测完毕并对结果公示。

10.3.5 应设立并明确标识不合格果蔬销毁场所，对检出不合格果蔬予以销毁处理，并填写销毁记录。

10.3.6 应建立计量管理制度。

10.3.7 应设立专门的投诉处理机构，制定投诉管理制度并实施。

10.4 人员管理

10.4.1 批发市场检测室须配备足够的专职果蔬检测人员，检测人员须经技术培训合格后持证上岗。

10.4.2 批发市场应有负责质量安全检查、环境卫生、设施设备检修、装卸搬运、治安管理、信息宣传、消防安全管理等方面的服务人员，其从业人员应具备当地劳动和保障部门以及有关部门要求的从业资格。应定期检查市场服务人员的健康状况。

10.4.3 应对市场从业人员进行卫生管理和食品安全方面知识的宣传和培训。

10.5 采购端引导

应实施采购端引导，引导各类果蔬消费、加工单位应采购经检测合格的果蔬，并索取带有追溯码的购买凭证。

附　录　A
（资料性附录）
推荐性国际通行管理体系标准

ISO 9001　质量管理体系要求
ISO 14001　环境管理体系
ISO 22000　食品安全管理体系—食品链中各类组织的要求
GB/T 27320　食品防护计划及其应用指南
CAC-RCP 1　食品卫生通则/HACCP 体系及其应用准则
全球良好农业规范标准（Global GAP IFA All Farm-base Crop-base and FV）
IFS　国际食品安全标准（IFS International Food Standard）
FSSC 22000　欧盟食品及饮料产业联盟食品安全管理体系标准要求
BRC　国际食品安全标准（BRC Globle Standard-Food Safety Issue 6）
SQF 2000 食品安全标准（Comprehensive SQF 2000 System Implementation）
美国国家有机项目标准　NOP
日本有机农业标准　Japanese Agriculture Standard

附　录　B
（资料性附录）
法律法规清单

GB 2760　食品添加剂使用标准
GB 2761　食品安全国家标准　食品中真菌毒素限量
GB 2762　食品安全国家标准　食品中污染物限量
GB 2763　食品安全国家标准　食品中农药残留限量
日本肯定列表　食品中农业化学品残留限量
国际食品法典委员会（CAC）农残限量标准
EU 08-04　欧盟食品中农药残留限量标准
EC 2073　欧盟对食品中微生物的要求

附　录　C
（规范性附录）
符合性信息清单

本标准条款中体系文件、体系信息见表 C. 1。

表 C.1　体系文件信息汇总表

条款	体系文件	体系信息
4.1　管理体系的建立与保持	管理体系文件	管理体系认证证书 管理体系评价报告 不符合及整改报告
4.2　食品安全风险管理		食品安全风险基金或食品安全责任险投保证明 食品安全法律法规标准清单
4.3　食品链供方管理		合格供方名录 合格供方评价及证明材料
4.4　人员能力、培训与管理要求		培训实施记录 食品安全有关工作人员名单及能力证明 食品加工管理人员健康证明
4.5　信息保持、记录与通报要求	食品安全管理体系文件	内审、外审、监督结果报告与记录
4.6　可追溯管理		原料批次、生产、交付信息记录
4.7　食品防护	食品防护计划	
4.8　召回和不合格品管理	不合格品管理程序 产品召回程序	产品召回信息（包含产品名称、批次、数量、时间） 不合格品评审及处置记录 纠正、预防措施记录 产品召回演练证据
4.9　信用管理	食品安全信用管理程序	食品安全诚信体系认证证书 信用管理记录（包含供方、经销商及相关食品链组织违规行为及采取相应限制措施的记录）
4.10　生态、环保要求	野生动植物管理和防护方案	
5.2　产品监控、验证计划	原材料、过程、成品检验程序	产品标准全项目检验报告 原材料、过程、成品检验记录 重要食品安全检验验证记录
5.3　检验机构、取样抽样及检验方法要求	实验室管理制度 检验方法标准 校准及不合格复验程序	检验原始记录 留样记录 检验设备清单 校准检定记录
6.1　总要求	GAP 体系文件	GAP 认证证书
6.2　产地环境、场所管理		场所位置图 土壤、空气、水质检测报告 种植场所风险评估记录
6.3　繁殖材料管理	自繁育种子质量控制计划 转基因材料处理和储藏控制方案 转基因防护计划	繁殖材料供方清单及供方资质证明 繁殖材料处理记录 繁殖材料转基因情况说明 种植、使用转基因和/或源自转基因的证明

（续表）

条款	体系文件	体系信息
6.4　土壤管理		熏蒸剂使用清单 使用消毒剂清单 土壤熏蒸记录 土壤消毒记录
6.5　肥料要求		使用肥料清单及产品说明书、来源等证明文件 肥料检测报告 肥料库存清单及使用记录 有机肥来源说明及使用记录
6.6　灌溉水质要求		水源使用说明及许可证明
6.7　田间管理	田间管理规范	田间管理信息
6.8　病虫草害综合防治	病虫害综合防治计划	
6.9　植保产品		植保产品清单及使用记录 产品农残分析报告 植保产品购买地点、票据、标签 植保产品保管、处置记录 植保产品使用人员资质及培训记录
6.10　采收	收获、采收卫生管理程序	收获、采收卫生实施、监控记录
7.1　初级农产品处理	产品初级处理程序	产品初级处理记录
7.2　筛选、分级控制		产品品质及分等分级标准
7.3　清洗		清洗记录
7.5　包装		产品包装材料清单 产品包装标准要求及检测报告
7.6　标识		产品销售包装标识 产品认证证书
8.1　基于HACCP的食品安全危害管理要求	食品安全管理体系/HACCP体系文件	食品安全管理体系/HACCP认证证书 危害分析表及HACCP计划表
8.4　食品添加剂和非食用物质的管理		食品添加剂使用清单 食品添加剂供方评价及资质证明 食品添加剂检验计划及检测报告
8.5　包装、标识		产品标识 产品认证证明 产品包装标准及检测报告
9.3　贮藏		产品贮藏方法 库房温湿度监控记录 库房清洁消毒记录 产品贮藏出入库记录

（续表）

条款	体系文件	体系信息
9.4　运输		运输过程监控记录
10.1　批发和零售总要求	批发/零售市场管理文件	
10.3　交易管理	市场准入制度	入场产品索证证明 市场商品检测记录 不合格产品处置记录 市场投诉记录
10.4　人员管理		市场人员培训记录

附录三

山东省地方标准（预计于2019年发布）

农产品产业链全过程管理规范
第2部分：生姜　技术指南

Standard for the whole process management of agricultural product industry chain
Part 2：Specification for Ginger

1　范围

本标准规定了山东省出口农产品质量安全示范区内生姜各生产环节的管理要求。

本标准适用于山东省出口农产品质量安全示范区内生姜的种植、生产、储运、销售产业链全过程管理。

2　规范性引用文件

下列文件对于本文件的应用是必不可少的。凡是注日期的引用文件，仅所注日期的版本适用于本文件。凡是不注日期的引用文件，其最新版本（包括所有的修改单）适用于本文件。

GB 5084　农田灌溉水质标准

GB 15618　土壤环境质量　农用地土壤污染风险管控标准（试行）

GB/T 19001　质量管理体系　要求

GB/T 20014　良好农业规范系列标准

GB/T 22000　食品安全管理体系　食品链中各类组织的要求

GB/T 30383　生姜

CAC/RCP 44　国际推荐鲜水果蔬菜包装和运输操作规程

CAC 国际食品法典委员会农残限量标准

（EC）No 396/2005　欧盟动植物源食品和饲料产品内部和表面的农药残留限量

日本肯定列表制度　农药残留限量基准值　生姜230品目

韩国农药残留肯定列表（PLS）

3　术语和定义

GB/T 19000、GB/T 20014确立的术语和定义适用于本文件。

4 生姜质量安全标准要求

4.1 产品标准

生姜质量安全应符合 GB/T 30383 及目标市场要求。

4.2 监控计划

4.2.1 应对生姜生长期管理过程、原料验收、加工过程、成品检验等过程进行全面风险分析，并建立全产业链监控计划。

4.2.2 在收获前应对生姜进行农残监控，检测内容应至少包含本年度所使用的农药或根据风险分析结果确定项目实施检测。国家、进口国或地区明令禁止高毒、高残留农药不得检出。

5 种植过程

5.1 一般要求

5.1.1 组织应按良好农业规范 GB/T 20014 系列标准建立体系，实施并保持。

5.1.2 生产基地应配备农业技术人员，以满足农业生产需要。

5.1.3 保持必要的生产记录，应包括生产者信息、生产技术、病虫害防治和采收等内容。

5.2 产地环境、场所管理

5.2.1 产地环境

5.2.1.1 基地应选择地势较高，有可持续水源、排水良好，无重大污染源的地块。

5.2.1.2 应制定野生生物保护管理方案，对野生生物和环境进行保护，将农事活动对环境产生的影响降到最低限度。

5.2.1.3 应综合考虑产品特性、工艺特点、原料控制情况等因素合理确定检验项目和检验频次以有效验证生产过程中的控制措施。

5.2.2 场所管理

5.2.2.1 当基地存在外源漂移污染时应进行适当防护，例如设置缓冲带、隔离带、隔离网等。

5.2.2.2 应具备基地平面图，并设立基地标识牌，重要建筑物及水源带点应在平面图上进行标识。地块应以区域或收获单元进行编号。

5.2.2.3 应在基地适宜位置张贴平面图、来访者须知、卫生规程及各警示标识牌。

5.3 土壤管理

5.3.1 姜田应选择土层深厚、有机质丰富、保水保肥、通气排水良好和呈微酸性反应的肥沃土壤。

5.3.2 首次选址时，种植前应对基地土壤进行检测以评价土壤是否适宜生姜种植。

5.3.3 同一地块连续种植时，应每年进行土壤检测，有突发污染事件或相关部门有要求时应增加检测频次。

5.3.4 土壤应符合 GB 15618 要求，保留检测报告。

5.3.5 近 2~3 年内发生过姜瘟病的地块不可种生姜。必要时，可用符合法律法规要求的熏蒸剂进行熏蒸。保存土地熏蒸的记录。

5.4　水质要求

5.4.1　基地灌溉水应符合 GB 5084 要求，保留检测报告。

5.4.2　应每年进行灌溉水质检测，如有突发污染事件或相关部门有要求时应增加检测频次。

5.5　培育壮芽

5.5.1　选种时应选择姜块肥大、丰满、皮色光亮、肉质新鲜、不干缩、不腐烂、未受冻、质地硬、无病虫危害的健康姜块作种，严格淘汰瘦弱干瘪、内质变褐及发软的姜块。

5.5.2　培育壮芽通常包含晒姜、困姜、催芽。

5.5.3　播种时宜选择黄色鲜亮，顶部钝圆、芽身粗壮、基部有根突起的壮芽。应保留姜种催芽记录。

5.6　整地

5.6.1　宜在越冬之前对土地翻耕，深耕。种植前应旋耕整平，开沟。

5.6.2　应根据生姜对养分的需要量集中在中后期，重施以有机肥为主的基肥，有机肥适宜在旋耕时结合土壤翻耕。化肥集中沟施。

5.6.3　不应使用未经合理腐熟的农家肥和未经处理的人畜粪尿。保持田间管理记录。

5.7　播种

5.7.1　播种前应先掰选姜种。每块生姜上只保留 1 个短壮芽。若发现幼芽基部发黑或掰开的姜块断面褐变，应予以严格割除。种块以 35~75 克为宜。

5.7.2　播种前应向姜沟浇透底水，并将选好的姜种按一定株距排放沟中。

5.7.3　应合理密植，一般每亩 6 000 株左右。

5.7.4　一般高产优质地块栽培用种块大，每亩 400 千克左右。一般地块或新发展姜区，不低于 300 千克，应保持田间管理记录。

5.8　田间管理

5.8.1　水分管理

5.8.1.1　如有连续暴雨，应及时排水，保证畦沟不存水。

5.8.1.2　幼苗期幼苗植株小，需水量少，应小水勤浇。浇水时间，夏季早晚为宜。暴雨后及时排涝。

5.8.1.3　立秋之后，植株旺盛生长，根茎膨大，一般 6 天左右浇水一次。

5.8.1.4　应保持田间管理记录。

5.8.2　遮阴

生姜应进行遮阴栽培。

5.8.3　追肥

5.8.3.1　生姜生长期较长，应及时合理追肥。

5.8.3.2　发芽期应依靠姜种的营养生长，不需要施肥。

5.8.3.3　苗高 30 厘米左右，具有一两个分枝时第一次追肥，有机肥和化肥混用较好。

5.8.3.4 立秋前后结合除草追第二次肥。

5.8.3.5 旺盛生长在 6~8 个分枝时，追第三次肥，沟施高钾化肥或者浇水时冲施。

5.8.3.6 应保持田间管理记录。

5.8.4 中耕除草

5.8.4.1 生姜不宜深中耕，以免伤根。一般中耕 2~3 次，结合培土进行。

5.8.4.2 应保持田间管理记录。

5.8.5 培土

培土深浅应根据栽培目的而定。嫩姜应深培土，使子姜长度增加，质地脆嫩。老姜应浅培土，使根茎粗壮老健。应保持田间管理记录。

5.9 病虫草害综合防治

5.9.1 预防

5.9.1.1 应按照“预防为主、综合防治”的原则。

5.9.1.2 合理布局，实行换茬轮作。

5.9.1.3 应清洁田园，加强中耕除草，降低病虫源基数，用薄膜覆盖。

5.9.2 监测和评价

应对生姜及其生长环境、害虫发育阶段和暴发强度及虫害、病害、草害暴发的场所，进行系统性检查。

5.9.3 防治

5.9.3.1 应制定病虫害综合防治计划并实施，防治应遵循优先使用农业防治、物理防治和生物防治措施、合理使用化学防治的原则。

5.9.3.2 采用物理防治，人工捕捉害虫，或设置杀虫灯诱杀；生物防治，保护利用天敌防治害虫，或者用生物农药防治；化学防治，应使用符合要求的低毒、低残留的农药。

5.9.3.3 应并保存病虫草害防治记录。

5.10 植保产品

5.10.1 选择、购买

5.10.1.1 应优先选择使用无毒或低毒植保产品；

5.10.1.2 应从有资质单位购买植保产品，保留购买凭证，记录购货渠道。

5.10.1.3 应保留使用植保产品清单。

5.10.1.4 不应使用我国、进口国或地区明令禁止的高毒、高残留农药。

5.10.2 使用

5.10.2.1 植保产品用量应按照标签的说明并准确计算、配制记录。

5.10.2.2 使用、储存植保产品人员应具备相关资质，实施必要培训并证实具备相应能力。保持植保产品使用记录。

5.10.3 储存

5.10.3.1 应按照标签要求温度储存植保产品。

5.10.3.2 储存设施应安全、合理。防止与其他材料交叉污染。

5.10.3.3 应保持有效植保产品的库存清单，且至少 3 个月更新一次。

5.10.4　应急管理

5.10.4.1　应建立事故处理程序并进行演练。

5.10.4.2　应配备处置及防护设施。

5.10.4.3　应通过认可或批准的方式妥善保管、标识和处置弃用的植保产品。

5.11　采收、储存

5.11.1　采收

5.11.1.1　宜在白露至秋分收获嫩姜，初霜到来前，收鲜姜。

5.11.1.2　采收前，应对产品农药残留等有害物质进行检验，保证产品符合出口国家、地区要求，并保持样品农药残留检测结果记录。主要国家及地区最高残留限量（MRLs）标准见附录C。

5.11.2　储存

5.11.2.1　生姜收获后，将茎叶去除，保留地上茎2~3厘米，摘除根须，掰下种姜，随收随贮。

5.11.2.2　采用井窖贮藏的产品，贮藏时应轻拿轻放，以免碰伤或姜片断裂。下窖时，窖底部铺一层沙，摆一层姜，依次摆到距离姜窖顶部30厘米为止，顶部盖沙。各地可根据传统经验采用适宜的贮藏方法。

5.11.2.3　冷库贮藏的产品，在采收时应先装入塑料袋后再装纸箱直接码垛到货架上入冷库贮藏。保持库内温度11~13℃、空气相对湿度90%~95%。

5.11.2.4　应保持储存记录。

6　初级农产品处理

6.1　原料、包装材料验收

6.1.1　应以新鲜、符合目标客户农残标准的生姜为原料，生姜应来自可追溯基地。生姜初级处理过程的CCP点可参考附录A要求。

6.1.2　原料姜应完整，无腐烂、霉变、损伤、病虫害等不良品及夹杂物。

6.1.3　加工用包装材料应来自合格供方，有相关厂家资质证明及产品合格证明，进厂验收检验合格。

6.2　原料入库

原料经验收合格后，及时入库，及时降温、预冷。

6.3　原料出库

生产人员将预冷好生姜出库时应轻拿轻放，避免碰伤。

6.4　清洗

生姜应清洗至没有泥土。

6.5　挑选分级

按GB/T 30383标准以及客户要求对生姜进行挑选分级。

6.6　包装、装箱

6.6.1　应参考CAC/RCP 44要求进行包装。

6.6.2　检验合格后，放入客户要求的包装箱。包装纸箱上注明产品名称、生产日期、成品批次、生产单位等信息。

6.7 成品入库

6.7.1 包装好的生姜应放在托盘或货架上面送入成品保鲜库。成品保鲜库应保持洁净、通风、干燥，库内温度控制在13~16℃。

6.7.2 库内产品应标识清楚，保持成品到原料的可追溯性。保存储存记录。

7 运输

7.1 一般要求

生姜运输可参照CAC/RCP 44相关要求和规定，应根据运输季节、距离及产品保质储藏的要求选择不同的运输工具和运输方式。

7.2 控温运输

7.2.1 出口产品以集装箱运输时应保持空气新鲜、温湿度设定合理，无凝露。注意轻装轻卸、防热防冻。

7.2.2 保持监装记录表，记录集装箱温度、数量、批次号、发运时间和车号等信息。

7.3 非控温运输

7.3.1 内销产品以露天货车运输时，应用覆盖物遮盖，控制中心温度不宜过高。采取适当保护措施，防冻防热防污染。

7.3.2 应保持随车记录，记录产品数量、批次号、发运时间和车号等信息。

8 销售

应符合《农产品产业链全过程管理规范 第1部分：果蔬 通用要求》第10章的规定。

附 录 A
（资料性附录）
生姜初级处理过程的CCP

1. 控制过程	2. 食品安全危害	3. 控制措施方法/参数	监控程序				8. 纠正或纠正措施	9. 记录	10. 验证（职责、频率、方法）
			4. 监控对象	5. 监控方法	6. 频率	7. 监控人员			
原料CCP1	原料中的农药残留、重金属超标	来自备案基地的原料，采收前检测合格	备案证明、检测报告	查看检测	按批次检查	质检员	拒收原料	原料监控记录、纠偏记录	质检员每批进行检验，负责人复核记录，必要时抽样进行检测药残和重金属

附　录　B
（规范性附录）
生姜常用农药残留项目各出口国、地区标准比对表

（单位：毫克/千克）

农药中文名称	日本	欧盟	美国	韩国
六六六	0.01	0.02		
涕灭威	0.01	0.05		
涕灭威亚砜	0.01	0.05		
涕灭威砜	0.01	0.05		
百菌清	0.05	0.1		
甲胺磷	0.05	0.1		
甲拌磷	0.05	0.1		0.05
毒死蜱	0.01	1		
氟虫腈	0.01	0.005		0.02
乙草胺	0.01	0.01		
嘧霉胺	0.05	0.1		
虫酰肼	0.015	1		
异丙威	0.01			
多效唑	0.01	0.02		
双甲脒	0.01	0.1		
二硫代氨基甲酸酯	0.2	0.1		
百草枯	0.05	0.05	0.1	0.05

注：根据（EC）No 396/2005、日本肯定列表制度　农药残留限量基准值　生姜230品目、韩国农药残留肯定列表（PLS）等标准整理，使用时参照相关标准执行。

附　录　C
（规范性附录）
指南符合性信息清单

条款	体系信息
5.2　产地环境、场所管理	场所位置图
5.3　土壤要求	土壤检测报告
5.4　水质要求	土水质检测报告
5.5　培育壮苗	种子处理使用记录 田间管理记录

（续表）

条款	体系信息
5.6　整地	田间管理记录 肥料清单
5.7　播种	田间管理记录
5.8　田间管理	田间管理记录
5.9　病虫草害综合防治	病虫草害防治记录
5.10　植保产品	植保产品清单 植保产品购入和领用记录 植保产品使用记录
5.11　采收、储存	采收记录 农药残留检测结果记录 储存记录 农药残留检测结果记录
6.1　原料验收	原料验收记录
7　运输	监装记录 随车记录

附录四

山东省地方标准（预计于2019年发布）

农产品产业链全过程管理规范 第3部分：苹果 技术指南

Standard for the whole process management of agricultural product industry chain
Part 3：Specification for Apple

---

1 范围

本标准规定了山东省出口农产品质量安全示范区内苹果各生产环节的监控管理要求。

本标准适用于山东省出口农产品质量安全示范区内苹果的栽植、生产、储运、销售等产品链全过程管理要求。

2 规范性引用文件

GB 2760 食品添加剂使用标准
GB 3095 环境空气质量标准
GB 5084 农田灌溉水质标准
GB/T 8559 苹果冷藏技术
GB/T 10651 鲜苹果
GB 12695 饮料企业良好生产规范
GB 15618 土壤环境质量 农用地土壤污染风险管控标准
GB/T 18963 浓缩苹果汁
GB/T 20014 良好农业规范系列标准
NY/T 441 苹果生产技术规程
NY/T 1505 水果套袋技术规程 苹果
出口饮料生产企业注册卫生规范
美国 果蔬汁HACCP体系法规—21CFR Part 120

3 术语和定义

GB/T 19000、GB/T 20014、GB/T 22000确立的术语和定义适用于本标准。

3.1

浓缩苹果汁

以苹果为原料，采用机械方式获取的可以发酵但未发酵，经物理方法去除一定比例的水分获得的浓缩液，不得添加食糖、果葡糖浆、梨汁或其他蔬菜汁等原料。

4　苹果质量安全标准要求

4.1　苹果质量安全标准

鲜苹果应符合 GB/T 10651 的要求以及目标市场的要求。

4.2　监控计划

4.2.1　企业应对苹果生长期管理过程、原料验收、加工过程、成品检验等整个苹果产业链进行全面风险分析，并建立全产业链监控计划。

4.2.2　收获前对每个基地苹果进行农残监控，检测内容应至少包含本年度所使用的农药或根据风险分析的结果确定项目实施检测。

5　栽植及管理过程

5.1　总要求

组织应按良好农业规范 GB/T 20014 系列标准要求建立体系，实施并保持。

5.2　园地选择与规划

5.2.1　果园环境

5.2.1.1　空气应符合 GB 3095 的规定、灌溉水应符合 GB 5084 的规定、土壤质量应符合 GB 15618 的规定。

5.2.1.2　应每 3 年对灌溉水质、土壤环境进行检测，有突发的污染事件或相关部门有要求时应增加频次并保持检测报告。

5.2.1.3　目标市场有要求时，果园应避免使用杨树、槐树、泡桐等作防护林，果园周围 2 千米范围内不能栽植锈病转主寄主。

5.2.1.4　应对野生生物和环境进行保护，将农事活动对环境产生的影响降到最低限度。

5.2.2　园地选择

果园应选择水源丰富、排水良好，无污染源地点。

5.2.3　园地规划

5.2.3.1　应配备必要排灌系统、道路系统和附属建筑（包括独立的生活区、物资存放区、配药点和垃圾等废弃物收集区）。

5.2.3.2　基地存在外源漂移污染时应进行防护，如缓冲区、隔离带、隔离网等。

5.2.3.3　每个独立区域应设立标识牌，同时绘制基地平面图，并与实际相符合。地块以区域或收获单元进行合理编号实现追溯。

5.2.3.4　基地应在适宜位置张贴平面图、来访者须知、卫生规程及各种警示标识牌。

5.2.4　品种和砧木选择

应结合当地自然条件，选择优良品种和适宜的砧木，并从有资质的苗木公司选购。

5.3　栽植

5.3.1　栽植时，需对苗木进行药剂浸根等杀菌、除虫处理。国外引进的苗木，应严格执行植物检验检疫的相关法规和程序。

5.3.2　应避免多种水果在同一地块混栽，种类应单一，更不能在果园内种植蔬菜、花生等其他作物。

5.3.3　出境水果果园应具备较高的整齐度，果树株行距必须一致、适当，避免过密。

5.4　土肥水管理

5.4.1　土壤管理

5.4.1.1　可行间间作绿肥作物，通过翻压、覆盖、沤制等方法将其转变为苹果园有机肥。

5.4.1.2　果园禁止使用未经无害处理的城市垃圾、含有金属、橡胶和有害物质的垃圾和污泥；未腐熟的人粪尿；含有毒化学物质或未经腐熟的家禽家畜粪便；硝态氮肥和含氯复合肥；未获准登记的肥料产品。

5.4.2　施肥

以有机肥为主、化肥为辅，根据土壤营养诊断配方进行施肥。保持施肥记录，内容至少包括作物名称或品种、施用地点和面积、施用日期、化肥的商品名、类型、成分含量、施用量、施用方法、操作人员。

5.4.3　水分管理

5.4.3.1　施肥后及根据土壤墒情及时灌溉，宜采用滴灌、微喷灌等节水灌溉措施。应保持灌溉记录。

5.4.3.2　每年对灌溉用水进行风险评估，必要时进行检测。

5.4.3.3　不得使用未经处理的污水。

5.4.3.4　灌溉水源需要进行安全防护，防止生活垃圾和其他污染物的落入。利用水库和平塘水源的应在周围做好安全警示标识。

5.4.3.5　雨季利用沟渠及时排水。

5.5　整形修剪

5.5.1　定植后即根据栽植密度和砧穗组合选定适宜树形，适时整形修剪，修剪伤口需消毒保护。

5.5.2　剪除病树、病枝所用的修枝剪、手锯和刮刀等，都应消毒后再继续使用。

5.5.3　修剪下来的枝条、枯枝、落叶和僵果等，要及时清理出果园，烧毁或深埋，不得堆放在果园内或作果园的防护围栏。

5.5.4　应保持修剪过程农事活动记录。

5.6　花果管理

5.6.1　授粉

花期应采用放蜂及人工授粉等方法。

5.6.2　疏花疏果

应根据果间距疏花疏果。

5.6.3　果实套袋

5.6.3.1　选择优质纸袋进行套袋。

5.6.3.2　依据 NY/T 1505 进行套袋，以晴天为宜，避开雨天、露水未干及中午强光时段。

5.6.3.3　果袋及套袋时间应符合目标市场要求。出口产品应按目的国要求在脱袋前先摘除未套袋或破袋果实，明确区分套袋果和未套袋果。

5.6.3.4　应保持农事活动的记录。

5.6.4　铺反光膜

5.6.4.1　依据 NY/T 441 铺反光膜，使树冠地面透光率达到 30% 以上。

5.6.4.2　果实套袋树在完全除袋和第一次摘叶后进行。

5.6.4.3　果实未套袋树在果实开始着色和适当摘叶后进行。

5.6.5　摘叶转果

5.6.5.1　依据 NY/T 441 进行摘叶，一般在第一次摘叶后一周进行。

5.6.5.2　待果实向阳面充分着色后进行转果。

5.7　病虫草害综合防治

5.7.1　有害生物监测

5.7.1.1　应对果园内常规病虫害发生状况进行监测，如对苹小卷叶蛾、锈病的预测预报。

5.7.1.2　出口果园应对国外所关注的检疫性有害生物进行监测，如对实蝇监测。

5.7.1.3　应保持有害生物监测记录。

5.7.2　综合防治

以农业防治为基础，生物防治和物理防治为核心，合理使用化学防治技术，以有效控制病虫害。应保持病虫害的监测记录、农药的施用记录。

5.7.2.1　农业防治

采取剪除病虫枝、清除枯枝落叶、刮除树干翘裂皮、翻树盘、地面秸秆覆盖、科学施肥等措施抑制病虫害发生。

5.7.2.2　生物防治

利用寄生性、捕食性天敌昆虫及病原微生物，控制害虫种群密度，将其种群数量控制在危害水平以下。

5.7.2.3　物理防治

根据害虫生物学特性，采取糖醋液、树干缠草绳和诱虫灯等方法诱杀害虫。

5.7.2.4　化学防治

据国家法律法规及相关要求选择农药，参照农药标签的说明执行用药量和用药次数。

5.8　植保产品

执行《农产品产业链全过程管理规范　第 1 部分：果蔬　通用要求》中第 6.9 条款的规定。

5.9　采收运输

5.9.1　采收

5.9.1.1　要确保果品采收时间符合植保产品安全间隔期要求。

5.9.1.2　采收时应将病虫果、伤果、畸形果等剔除，并单独存放周转箱内。

5.9.1.3　采收、装箱等过程中，果实应轻拿轻放，避免造成人为碰压刺伤。

5.9.1.4　采摘人员必须身体健康，采前洗手或戴干净手套，避免手上戴首饰和涂抹化妆品。

5.9.1.5　应对采收过程使用的工器具、容器进行清洗处理并保持记录。

5.9.1.6　采收后的苹果放入周转箱内，并在周转箱侧面加贴标签。

5.9.1.7　应对车辆等运输工具进行清洗，运输过程中需要采取合理安全防护措施并保持记录。

5.9.2　运输

5.9.2.1　运输过程中应根据目标市场要求采取帆布遮盖等措施。

5.9.2.2　原料果入库时应按果园编码分区码放，每一大件上加贴果园编码。

5.9.2.3　出口产品应根据协议国家要求专库专用。

5.9.3　储存

5.9.3.1　入库前要对库房、包装容器、工具等进行消毒灭菌并及时进行通风换气。

5.9.3.2　对空库进行降温应执行 GB/T 8559 的规定，并在入库前 2~3 天将库温降到 -2~0℃。

5.9.3.3　苹果采收后入库前应进行预冷，预冷后的苹果应及时入库。

5.9.3.4　无专用预冷设备的基地，应在苹果采后依据 GB/T 8559 在 48 小时之内入冷库降温。

5.9.3.5　应按照 GB/T 8559 对苹果进行贮期管理。

5.9.3.6　如对入库苹果进行保鲜处理，应使用国家许可的保鲜剂。保持保鲜处理记录。

5.9.3.7　应做好库房防虫防鼠工作，定期检查库房卫生应保持库房检查记录。

5.10　果园卫生

5.10.1　果树落叶后，应彻底清除果园地面的落叶落果，摘除树上的败叶僵果及病虫果，剪除病虫枯枝，刮除老翘树皮，运出果园集中深埋或销毁。

5.10.2　对重大危险性病害，应及时清除果园病株，采取合理措施处理带病土壤。

5.10.3　应及时清除果园内垃圾，定期集中运出果园。

5.10.4　果园内应修建厕所等卫生设施，不得在果园内大小便。

5.10.5　厕所旁应备有流动清水，以备洗手等个人卫生之用。

5.10.6　果园管理部门应制定果园卫生管理制度，并保持卫生检查记录。

6　保鲜苹果加工

6.1　包装厂要求

6.1.1　厂区环境

厂区独立，周围环境无污染；厂区内无兼营、生产和存放影响水果卫生的其他产品。

6.1.2　车间环境

6.1.2.1　车间面积与生产能力相适应，车间设计布局合理。

6.1.2.2　出口企业应保证在同一车间，同一时间仅加工输往同一国家的单一水果品种。

6.1.2.3　车间卫生符合要求；与外界相通的排水口、通风口、电线电缆孔、人员和物料进出口的防鼠、防蝇、防虫设施有效。

6.1.2.4　车间内生产线上照明设施应有防护罩。

6.1.3　厂区病虫害监测防治要求

6.1.3.1　厂区应有疫情监控体系，厂区及周围2千米范围内无有梨锈病转主寄主。

6.1.3.2　所有生产区域应实施预防性虫害控制方案，定期对现场进行检查和处理，并进行记录。

6.1.3.3　病虫害控制检查结果应定期的评估并分析，以保证问题得到恰当改正。

6.2　加工过程

6.2.1　原料果入厂时应进行验收，保持原料验收记录。

6.2.2　应按果园进行加工，加工过程应去除树叶、土壤、染病果、碰压刺伤果、害虫虫体及其附属物等。

6.2.3　出口企业同一场地不得同时加工种类不同或输往国家和地区要求不同的水果。

6.2.4　在大型单体车间加工出境水果时，应遵循不同国家或地区分区加工单独存放的原则，区域之间应设立明显隔离标志。

6.2.5　有水洗工艺的产品应确保清洗用水符合饮用水标准要求并保持清洗用水检测报告。

6.2.6　必须使用新的、清洁的包装材料（纸箱、网套、托盘等）。不得使用新鲜的和干的植物源性包装材料（例如稻草），只有经过加工或合成的包装材料方可使用。

6.2.7　包装箱应按目标客户要求进行标识，注明水果品种、产地、果园注册号、加工厂代码、生产批次、生产日期和输往国家等信息。

6.2.8　标签应贴在纸箱固定位置上，且清晰、牢固。

6.2.9　包装后的水果不得与其他水果混放。

6.2.10　企业应对产品的加工过程和装柜前进行检验，并保持相关记录。

6.3　成品储存

6.3.1　加工合格的成品应及时入库，并做到专库专存。

6.3.2　成品货物入库时应设定可追溯性标识。标识应包括产地、果园代码、批次、库存数量、储存温度、出入库时间等作为重要信息应予以记录并保存2年。

6.3.3　成品存放要堆码整齐，环境清洁，输往不同国家或地区的货物要单独码垛堆放，不同品种货物不能存放在同一库内。

6.3.4　在成品贮藏期间，包装厂质检员须定期对贮藏时间较长的成品进行抽样检验，对发现的问题及时采取有效措施进行控制。

6.3.5　贮藏库由专人负责管理和维护，做好出入库记录和温湿度记录，保持清洁卫生并定期消毒。

6.4　溯源要求

应建立标识和可追溯制度。从原料果入厂到成品出库的各环节均可追溯。

6.5　防疫制度

6.5.1　包装厂应建立有害生物监测与防治措施，并严格执行。

6.5.2　包装厂区及周围应选择种植抗病抗虫的绿化植物。

6.5.3　在适当地方悬挂实蝇诱捕器，并由专人负责，同时做好虫害检查记录。

6.5.4　包装车间内有害生物监测与防治应尽量采取物理方法。

6.6　集装箱装运

6.6.1　成品装柜前，包装厂质检员要对集装箱进行有无植物残体及土壤等有害物质检验检疫。

6.6.2　结合目标市场要求，重点检查包装箱标签、规格、品种等信息，并记录铅封号。

6.6.3　做好监装记录表，记录集装箱卫生状况、天气、温度、数量、批次号、发运时间和车号。

7　苹果制品生产加工

7.1　浓缩苹果汁质量安全标准要求

7.1.1　浓缩苹果汁应符合GB/T 18963及目标市场要求。

7.1.2　监控项目具体见附录E。

7.2　苹果汁加工企业要求

7.2.1　企业厂区环境、设施设备、人员条件等应符合GB 12695要求。

7.2.2　出口企业应符合《出口饮料生产企业注册卫生规范》和美国《果蔬汁HACCP体系法规—21CFR Part 120》的要求。

7.3　果汁生产关键控制点

7.3.1　原料验收

7.3.1.1　应对原料果、酶制剂、澄清剂、过滤剂、食品添加剂和包装材料验收，并保持验收记录。

7.3.1.2　原料果应关注农残和烂果率，并安排农药残留检测和抽检烂果率，腐烂率应小于5%，并保持原料验收记录。

7.3.2　过程控制要点

7.3.2.1　拣选工序应控制烂果率在2%以下，保持记录。

7.3.2.2　果汁进入巴氏杀菌装置进行杀菌，杀菌后的果汁进入冷却装置迅速降温至20℃以下，由管道送至灌装前过滤工序。保持杀菌记录。

7.3.2.3　浓缩汁在灌装前经金属过滤器过滤，以除去金属碎片和管道部件老化脱落物。

7.3.2.4　加工过程中使用的各种辅料，包括酶制剂、澄清剂、过滤剂和食品添加剂的使用和添加量，应符合GB 2760或目标市场相关法律法规与标准的要求。保持使用记录。

7.3.2.5　按照规定对生产系统进行清洗或者CIP清洗。保持清洗记录。对清洗效果定期验证。

7.3.2.6 包装应完好，无破损、渗漏，无污染等。包装上应包含企业名称、出口备案号、品名与规格、生产批号、生产日期、标记、数量、质量、保质期等。

7.4 抽样和检测项目

7.4.1 依据 GB/T 18963 进行取样和检测。保持成品检验记录。

7.4.2 样品容器应加贴样品标签，标签内容应包括产品名称、样品编号、产地、生产加工企业名称、批号、取样时间与地点、取样人员。

7.4.3 样品应保持至成品有效期。

7.5 贮存和运输

7.5.1 运输和贮存应符合 GB/T 18963 的规定。

7.5.2 贮存期间应定期检查产品质量，保持检查记录。

7.5.3 应对装运出口产品集装箱实施清洁、卫生、密固等适载措施，出口产品运输应获得检验部门出具《集装箱检验检验结果单》。

7.5.4 应记录装运产品批次、数量、天气等信息，保持监装记录。

8 批发和零售

执行《农产品产业链全过程管理规范　第 1 部分：果蔬　通用要求》中第 10 章的规定。

附　录　A
（规范性附录）
法律法规标准清单

GB 7101　食品安全国家标准　饮料
GB 9683　复合食品包装袋卫生标准
GB 9685　食品安全国家标准　食品接触材料及制品用添加剂使用标准
GB 12695　食品安全国家标准　饮料生产卫生规范
GB 19297　果、蔬汁饮料卫生标准
GB 19741　液体食品包装用塑料复合膜、袋

附　录　B
(规范性附录)
国外关注的检疫性有害生物名单

出口国家/地区	关注的有害生物名单
加拿大	苹小卷叶蛾 *Adoxophyes orana*, summer fruit tortrix 山楂叶螨 *Amphitetranychus viennensis* (=*Tetranychus viennenis*), hawthorn spider mite 桃小食心虫 *Carposina sasakii*, peach fruit moth 桃蛀螟 *Conogethes punctiferalis*, yellow peach moth 苹小食心虫 *Cydia inopinata*, Manchurian codling moth 干枯病 *Diaporthe tanakae*, twig blight 梨小食心虫 *Grapholita molesta*, Oriental fruit moth 旋纹潜蛾 *Leucoptera malifoliella*, pear leaf blister moth 褐腐病 *Monilinia fructigena*, brown rot 苹果花腐病 *Monilinia mali*, apple blossom blight
墨西哥	苹小卷叶蛾 *Adoxophyes orana* 桃小食心虫 *Carposina sasakii* 李小食心虫 *Cydia funebrana* 梨心食心虫 *Cydia molesta* 木槿曼粉蚧 *Maconellicoccus hirsutus* 橘小实蝇 *Bactrocera dorsalis* 桃蛀螟 *Conogethes punctiferalis* 苹小食心虫 *Cydia inopinata* 榆蛎盾蚧 *Lepidosaphes ulmi*
智利	橘小实蝇 *Bactrocera dorsalis* 桃小食心虫 *Carposina niponensis* 苹小食心虫 *Cydia inopinata* 桃蛀野螟 *Conogethes punctiferalis* 李小食心虫 *Cydia funebrana*
秘鲁	桃小食心虫 *Carposina sasakii* 苹小食心虫 *Grapholita inopinata* 神泽叶螨 *Tetranychus kanzawai* 山楂叶螨 *Tetranychus* (*Amphitetranychus*) *viennensis* 褐腐病 *Monilinia fructigena* 李小食心虫 *Grapholita funebrana* 梨小食心虫 *Grapholitha molesta* 轮纹病 *Botryosphaeria ribis*
阿根廷	桃条麦蛾 *Anarsia lineatella* 桃小食心虫 *Carposina niponensis* 大红蜡蚧 *Ceroplastes rubens* 苹小食心虫 *Cydia inopinata* 梨大食心虫 *Ectomyelosis pyrivorella* 杏球蚧 *Sphaerolecanium prunastri* 橘小实蝇 *Bactrocera dorsalis* 日本龟蜡蚧 *Ceroplastes japonicum* 桃蛀螟 *Conogetes punctiferalis* 梨蛎蚧 *Diaspidiotus ostreaformis* 梨锈病 *Gymnosporangium asiaticum* 山楂叶螨 *Tetranychus viennensis*
南非	山楂叶螨 *Amphitetranychus viennensis* 橘小实蝇 *Bactrocera dorsalis* 桃蛀螟 *Conogethes punctiferalis* 苹小食心虫 *Grapholita inopinata* 日本长盾蚧 *Lopholeucaspis japonica* 苹果小卷叶蛾 *Adoxophyes orana* 桃小食心虫 *Carposina sasakii* 李小食心虫 *Cydia funebrana* 旋纹潜蛾 *Leucoptera malifoliella* 康氏粉蚧 *Pseudococcus comstocki*

（续表）

出口国家/地区	关注的有害生物名单
澳大利亚	苹小卷叶蛾 *Adoxophyes orana* 山楂叶螨 *Amphitetranychus viennensis* 橘小实蝇 *Bactrocera dorsalis* 桃小食心虫 *Carposina sasakii* 丽新须螨 *Cenopalpus pulcher* 香梨优斑螟 *Euzophera pyriella* 苹小食心虫 *Grapholita inopinata.* 槭树绵粉蚧 *Phenacoccus aceris* 康氏粉蚧 *Pseudococcus comstocki* 白小食心虫 *Spilonota albicana* 苹果褐腐病 *Monilinia fructigena* 苹果枝溃疡病 *Neonectria ditissima* 苹果褐斑病 *Diplocarpon mali* 苹果锈病 *Gymnosporangium yamadae* 苹果圆斑病 *Phyllosticta arbutifolia* （注意：西澳增加苹果蠹蛾 *Cydia pomonella*）
美国	丽新须螨 *Cenopalpus pulcher*（Canestrini & Fanzago） 樱桃虎象 *Rhynchites auratus*（Scopoli） 欧洲苹虎象 *Rhynchites bacchus*（L.） 南欧梨虎象 *Rhynchites giganteus Krynicky* 日本苹虎象 *Rhynchites heros Roelofs* 橘小实蝇 *Bactrocera dorsalis*（Hendel） 桃小食心虫 *Carposina sasakii Matsumura* 高粱穗隐斑螟 *Cryptoblabes gnidiella*（Millière） 旋纹潜蛾 *Leucoptera malifoliella*（Costa） 枇杷暗斑螟 *Euzophera bigella*（Zeller） 香梨优斑螟 *Euzophera pyriellaYang* 苹小卷叶蛾 *Adoxophyes orana*（Fischer von Röslerstamm） 桃白小卷蛾 *Spilonota albicana*（Motschulsky） 西宁卷蛾 *Argyrotaenia ljungiana*（Thunberg） 拟后黄卷蛾 *Archips micaceana*（Walker） 李小食心虫 *Cydia funebrana*（Treitschke） 苹小食心虫 *Grapholita inopinata Heinrich* 苹果白小食心虫 *Spilonota prognathana Snellen* 多齿卷蛾 *Ulodemis trigrapha Meyrick* 褐腐病 *Monilia polystroma van Leeuwen* 仁果褐腐病 *Monilinia fructigena Honey*
毛里求斯	樱桃绕实蝇 *Rhagoletis cerasi* 墨西哥按实蝇 *Anastrepha ludens* 南美按实蝇 *Anastrepha fraterculus* 西印度按实蝇 *Anastrepha mombinpraeoptans* 苹果实蝇 *Rhagoletis pomonella* 西花蓟马 *Frankliniella occidentalis* 梨树火疫病 *Erwinia amylovora* 香梨优斑螟 *Euzophera pyriella* 橘小实蝇 *Bactrocera dorsalis* 苹果褐腐病 *Monilinia fructigena* 梨黑斑病 *Alternaria gaisen* 梨黑星病 *Venturia nashicola* 梨锈病 *Gymnosporangium asiaticum* 梨笠圆盾蚧 *Quadraspidiotus perniciosus* 苹果锈病 *Gymnosporangium yamadae* 苹果树枝溃疡病 Nectria galligena 苹果轮纹病 *Botryosphaeria berengeriana f.* sp. *piricola*

附　录　C

（规范性附录）

标准与记录对照表

条款	体系信息
5.2　园地选择与规划	行政区划图 基地平面图 土壤检测报告 灌溉水检测报告
5.4　土肥水管理	肥料清单 肥料施用记录 灌溉记录

（续表）

条款	体系信息
5.5　整形修剪	农事活动记录
5.6　花果管理	农事活动记录
5.7　病虫草害综合防治	病虫害监测记录
5.8　植保产品	植保产品清单 植保产品采购证据 农药施用记录
5.9　采收运输	原料入库单 农药残留检测结果记录 库温记录
6.6　集装箱装运	监装记录
7.3.1　原料验收	原料果验收记录 辅料验收记录 包装材料验收记录
7.3.2　过程控制要点	拣选记录 辅料、添加剂使用记录 杀菌记录 CIP 清洗记录
7.4　抽样和检测项目	成品检验记录
7.5　贮存和运输	监装记录

附　录　D
（规范性附录）
各国家/地区农残对照表

（单位：毫克/千克）

序号	药品名称	中国	欧盟	Codex	美国	加拿大	澳大利亚	马来西亚	新加坡	印度	中国香港
1	阿维菌素	0.02	0.01	未规定	0.020	0.02	0.01	未规定	无	无	0.02
2	百菌清	1	2	未规定	未规定	未规定	未规定	未规定	未规定	未规定	1
3	苯菌灵	未规定	0.2	无	无	无	0.2	未规定	5	5.00	无
4	苯醚甲环唑	0.5	0.8	0.8	5.0	5	0.3	未规定	无	0.01	1
5	吡虫啉	0.5	0.5	0.5	0.5	0.6	0.3	无	无	未规定	0.5
6	啶虫脒	0.8	0.8	0.8	1.0	1	未规定	未规定	无	未规定	1
7	丙森锌	5	0.3	无	未规定	未规定	3	未规定	未规定	1.0	无
8	哒螨灵	2	0.5	无	0.5	0.5	0.5	未规定	无	无	0.5
9	代森锰锌	5	5	无	0.6	无	3	未规定	3	3.00	无
10	毒死蜱	1	0.5	1	0.01	0.01	0.5	未规定	1	0.5	1

（续表）

序号	药品名称	中国	欧盟	Codex	美国	加拿大	澳大利亚	马来西亚	新加坡	印度	中国香港
11	多菌灵	3	0.2	3	无	5	无	无	无	无	3
12	氟硅唑	0.2	0.01	0.3	未规定	0.2	0.2)	无	无	无	0.3
13	氯氟氰菊酯	0.2	0.1	未规定	0.30	0.01	未规定	未规定	无	未规定	0.2
14	氟氯氰菊酯	0.5	0.2	未规定	0.5	未规定	未规定	未规定	无	未规定	0.5
15	氯氰菊酯	2	1	未规定	未规定	1	1	2	无	未规定	2
16	高效氯氰菊酯	2	1	无	无	1	无	无	无	无	无
17	氟氰戊菊酯	0.5	0.01	无	无	未规定	未规定	无	无	无	0.5
18	甲氰菊酯	5	0.01	5	5.0	5	未规定	无	无	未规定	5
19	氰戊菊酯	1	0.1	未规定	无	无	未规定	未规定	无	未规定	2
20	甲基硫菌灵	3	0.5	无	2.0	5	未规定	未规定	5	无	无
21	甲霜灵	1	1	1	0.2	0.1	0.2	未规定	未规定	无	1
22	甲维盐	未规定	0.02	未规定	无	无	未规定	未规定	无	无	无
23	咪鲜胺	2	0.05	未规定	无	无	未规定	无	未规定	无	未规定
24	灭幼脲	未规定	5	5	无	无	无	无	无	无	未规定
25	扑灭津	无	无	无	未规定	无	未规定	无	无	无	未规定
26	戊唑醇	2	0.3	1	0.05	未规定	0.01	未规定	无	未规定	0.5
27	烯酰马啉	未规定	0.01	未规定	未规定	未规定	未规定	未规定	无	未规定	未规定
28	乙酰甲胺磷	0.5	0.01	未规定	未规定	未规定	未规定	未规定	未规定	未规定	0.5
29	三唑锡	0.5	0.2	0.2	无	无	无	无	2	无	0.5
30	甲氧虫酰肼	3	2	2	2.0	1.5	0.5	无	无	无	3
31	炔螨特	5	0.01	3	未规定	3	3	无	3	未规定	5
32	噻虫嗪	未规定	0.5	0.3	0.2	0.2	未规定	未规定	无	未规定	0.3
33	三唑酮	1	0.2	0.3	未规定	无	1	未规定	无	未规定	0.3
34	异菌脲（扑海因）	5	6	5	未规定	未规定	3	未规定	10	未规定	5
35	噻嗪酮	未规定	3	3	3.0	无	未规定	未规定	无	未规定	3
36	戊氰菊酯	无	0.1	未规定	无	无	未规定	未规定	未规定	未规定	无

资料来源：GB 2763—2016

http：//www.GLOBAL MRL.COM

附　录　E

（规范性附录）

浓缩苹果汁的监控项目（示例）

产品	理化项目/频次	微生物项目/频次
原料果	农药残留、棒曲霉毒素/原料入厂时	
半成品	棒曲霉毒素（展青霉素）/批次	菌落总数、大肠菌群、大肠杆菌、霉菌和酵母菌、沙门氏菌、志贺氏菌、金黄色葡萄球菌、棒曲霉毒素、耐热嗜酸菌/批次
成品	农药残留、苯甲酸及其钠盐、山梨酸及其钾盐、糖精钠、甜蜜素/年	菌落总数、大肠菌群、大肠杆菌、霉菌和酵母菌、沙门氏菌、志贺氏菌、金黄色葡萄球菌、耐热嗜酸菌/批次

附录五

山东省地方标准（预计 2019 年发布）

农产品产业链全过程管理规范
第 4 部分：花生　技术指南

Standard for the whole process management of agricultural product industry chain
Part 4：Specification for Peanut

1　范围

本标准规定了山东省出口农产品质量安全示范区内花生各生产环节的管理要求。

本标准适用于山东省出口农产品质量安全示范区内花生的种植、生产、储运、销售产业链全过程管理。

2　规范性引用文件

GB/T 1532　花生
GB 2760　食品安全国家标准　食品添加剂使用标准
GB 2721　食品安全国家标准　食盐要求
GB 2763　食品安全国家标准　食品中农药最大残留限量
GB 4407.2　经济作物种子　第 2 部分：油料类
GB 5084　农田灌溉水质标准
GB 5491　粮食、油料检验扦样、分样法
GB 5749　生活饮用水卫生标准
GB 7718　预包装食品标签通
GB/T 8321　农药合理使用准则
GB 14881　食品安全国家标准　食品生产通用卫生规范
GB 15618　土壤环境质量标准
GB 19300　食品安全国家标准　坚果与籽类食品
GB/T 20014　良好农业规范
GB 28050　食品安全国家标准　预包装食品营养标签通则
NY/T 1893　加工用花生等级规格
SN/T 0798　进出口粮油、饲料检验检验名词术语
SN/T 0800.1　进出口粮油、饲料检验　抽样和制样方法
国际食品法典委员会（CAC）农残限量标准

预防和降低花生中黄曲霉毒素污染操作规范 CAC/RCP 55

欧盟农残限量标准 EC/396/2005

欧盟食品中污染物最大限量 EC/1881/2006

日本肯定列表　食品中农业化学品残留限量

3　术语和定义

GB/T 19000、GB/T 22000、GB/T 20014.1、GB/T 1532、SN/T 0798 界定的术语和定义适用于本标准。

4　花生质量安全标准要求

4.1　总要求

花生应符合 GB/T 1532、GB 19300 要求以及目标市场的要求，见附录 A。

4.2　监控计划

4.2.1　花生种植者、加工企业、经营者应对花生种植、原料验收、成品检验、储存、运输等花生产业链过程进行全面风险分析，根据不同目标市场建立全产业链农产品质量安全监控计划。

4.2.2　花生种植者和花生加工企业应收集花生黄曲霉毒素污染情况等花生质量安全信息，并对花生种植地收获的花生进行质量安全检查。

4.2.3　花生加工企业应对进厂的花生原料和出厂花生成品进行检验，检验内容应包含 GB 2761 规定的黄曲霉毒素等花生重要安全卫生项目验证。

5　种植过程管理

5.1　总要求

应按良好农业规范 GB/T 20014、CAC/RCP 55 建立体系，实施并保持。

5.2　种植环境

5.2.1　应选生茬地或轮作地，地力中等以上，旱能浇、涝能排。

5.2.2　对灌溉水按 GB 5084 要求，土壤环境按 GB 15618 要求进行检测，如有突发的污染事件或相关部门有要求时增加频次。应保持检测报告。

5.3　种子管理

5.3.1　根据当地自然条件、农艺特点、市场需求和优势区域规划选择抗黄曲霉毒素侵染或产毒、抗病、抗逆性强、优质丰产、适应性广的花生品种。

5.3.2　种子应符合 GB 4407.2 的要求，剔除虫果、芽果、烂果，播种前剥壳，剥壳后选用大小均匀，籽粒饱满、完整无损伤的种仁。

5.3.3　引种种植花生时，花生种子应检疫合格，以防止危险性杂草种子进入农田。

5.4　土壤管理

5.4.1　选用轻壤或沙壤土，土层深厚、排灌方便的地块。

5.4.2　播前或收后，深翻。

5.4.3　土传病害重的地块，可用生物土壤消毒剂结合地膜覆盖对土壤进行消毒，保持消毒记录。

5.5　肥料要求

应以基肥为主，追肥为辅，基肥以有机肥为主。对肥料使用进行记录并保存。

5.6　病虫草害综合防治

5.6.1　花生种植者应综合运用农业、物理、生物、化学等防治措施，控制花生生长期间的病虫害。

5.6.2　农药使用应符合 GB/T 8321 要求，农药最大残留量应符合 GB 2763 要求或目标市场要求。

5.6.3　人工除草时，应避免对花生荚果的损伤。

5.6.4　花生种植者应填写病虫害防治记录、农药使用记录等相关农事记录，并保存。

5.7　田间管理

5.7.1　播种

根据地温、墒情、品种、栽培方法等，结合当地自然条件、栽培制度和品种特性等综合考虑，确定适宜播种期。种植密度可参考 NY/T 2399 花生种子生产技术规程，应避免过度密集种植。

5.7.2　灌溉

5.7.2.1　灌溉用水应符合 GB 5084 要求，每年进行灌溉水质检测，如有突发污染事件或相关部门有要求时应增加检测频次。

5.7.2.2　花生收获前，应密切关注天气条件，干旱时应对花生适当灌溉，降低花生黄曲霉毒素污染水平，并填写田间管理记录。

5.7.3　排水

在花生生长期间，遇涝应及时排水。

5.8　植保产品

执行《农产品产业链全过程管理规范　第 1 部分：果蔬　通用要求》中 6.9 的规定。

5.9　采收、储存、运输

5.9.1　采收

5.9.1.1　花生荚果成熟时应及时收获。

5.9.1.2　收获后应去杂和晾晒，或用干燥设备烘干，及时将荚果水分含量降至 10%以下。

5.9.1.3　花生收获后，应将田内的残膜拣净，减少田间污染。

5.9.1.4　填写采收、晾晒记录并保存。

5.9.2　储存

5.9.2.1　应建立完善有效的花生原料储藏管理规范，对仓库储存过程实施管理。

5.9.2.2　储存仓库地面应平整、干燥、清洁，垛底应垫高并合理铺垫，防止花生原料受潮霉变。

5.9.2.3　储存仓库应具有防虫、鸟、防鼠等措施，且无异味污染。

5.9.2.4　确需使用露天货场存放原料时，应确保货场清洁卫生、无积水，垛底垫高并合理铺垫，防止水浸受潮。堆垛要封盖严密，防止水淋。

5.9.3　运输

5.9.3.1　运输工具应清洁、干燥、适载，雨雪天运输时应采取必要的防护措施。

5.9.3.2　原料运输过程中，避免不同产区、不同品质的原料混放。

5.9.3.3　防止运输过程中出现虫害、鸟类和啮齿动物侵袭。

6　初级花生加工

6.1　原料

6.1.1　花生加工企业应制定包括水分、黄曲霉毒素、农残、重金属、不完善粒（霉粒、芽粒、虫蚀粒）等项目在内的花生原料验收标准，根据目标市场要求进行验收，填写原料验收记录并保存。

6.1.2　应确保原料的安全性，建立良好供货商管理制度，定期对供货商在供货质量和信誉、加工及仓储运输等环节进行评估和考核，填写供货商评价记录并保存。

6.2　成品

6.2.1　花生加工企业应制定包括水分、黄曲霉毒素、农残、重金属、不完善粒（霉粒、芽粒、虫蚀粒）、规格及粒数等项目在内的成品验收标准。

6.2.2　根据目标市场要求进行验收，填写成品验收记录并保存。

6.3　脱壳管理

6.3.1　脱壳场地、脱壳机等设备应保持清洁卫生，加工前后清理卫生，脱壳机等设备内不留存花生果、仁或碎粒。

6.3.2　应在脱壳前对花生果进行检验，若水分高于10%，应重新晾晒。

6.3.3　脱壳时应减少对花生籽仁的损伤，不得在脱壳前润水，应采取去尘、去杂质的控制措施，填写脱壳记录并保存。

6.3.4　脱壳后，花生仁水分高于9%时，应重新晾晒，并用清洁卫生、透气性好、质量符合要求的包装物盛放储存。

6.4　洗果

6.4.1　洗果企业应具备洗果机，具备晾晒场地或烘干设备，晾晒场地应清洁，清洗用水应符合GB 5749的要求。

6.4.2　出口花生果果壳不得残留土壤。

6.5　贮藏

6.5.1　原料与成品应分库存放，货物存放要整齐，离墙、离地、离顶放置，并在货物前挂牌标识，不同种植地、批次的产品不得混放。

6.5.2　夏季加工企业应将花生原料或成品入冷风库保存，温度应保持在10℃以下，相对湿度保持在70%以下，储存库内应安装温湿度计，并定期检测做好记录。

6.5.3　储存期间应定期检查花生原料的质量状况，如发现霉变现象，须立即采取措施，查明原因，并对有关货物进行必要处理。

6.5.4　储存仓库应具有防虫、鸟、啮齿类动物等措施。

6.6　包装及标识

6.6.1　包装材料应清洁卫生。

6.6.2 不同种植地、批次的产品不得混放，并在货物前挂牌标识，确保产品的追溯性，填写包装记录并保存。

6.7 熏蒸

6.7.1 昆虫多发季节应对仓库和货物进行熏蒸除害处理。

6.7.2 当出口花生需要出具“熏蒸证书”时，采取的熏蒸除害处理方式应符合目标市场的要求。

6.7.3 熏蒸时应填写熏蒸记录并保存。

7 花生加工

7.1 加工企业资质要求

7.1.1 花生加工企业应取得相应生产资质，有食品生产许可证要求的企业应获得食品生产许可资格。

7.1.2 花生加工企业应符合 GB 14881 及目标市场良好生产规范标准的要求。

7.2 加工

7.2.1 花生加工企业应按 HACCP 原理实施食品安全危害的识别与管理，建立并实施 HACCP 管理体系。

7.2.2 花生及制品所使用的花生原料应符合 GB/T 1532 要求，或符合目标市场的要求。

7.2.3 加工过程所使用的添加剂应符合 GB 2760 或目标市场要求。

7.2.4 花生制品加工过程中所使用的辅料应符合国家标准和目标市场的要求使用的辅料还应考虑目标市场关于转基因的要求。花生加工企业应填写添加剂及辅料出入库及领用记录并保存。

7.3 检验

7.3.1 花生取样应按 GB 5491 执行。

7.3.2 出口花生取样应按 SN/T 0800.1 执行，输入国家或地区有取样规定的应按国外规定取样。

7.3.3 对原料、辅料的安全进行风险分析，根据进口国（地区）、我国国家标准、行业标准的强制性要求，确定检验项目和检验方法。

7.3.4 花生成品检测项目应参考 GB/T 1532 及 GB 19300 的要求。

7.3.5 不合格产品应单独存放，填写不合格产品记录并跟踪流向。

7.4 包装、标识

7.4.1 包装材料应符合我国法规和目标市场的要求。

7.4.2 包装材料进应厂前进行检查验收，包材供方应提供检验报告，

7.4.3 包装材料应坚固、完整，清洁卫生，无异味、污染、破损，适合长途运输，包装封口应牢固。

7.4.4 直接提供给消费者的预包装食品的包装应符合 GB 7718 或目标市场的要求。

7.4.5 预包装食品的营养标签应符合 GB 28050 或目标市场的要求。

7.5 运输

7.5.1 加工企业应建立装运操作规范，核实发货数量、批次、天气等记录，填写监装

记录并保存。

7.5.2　装箱前要检查箱体的密封及卫生状况，如不合格应拒绝使用。

7.5.3　装运时应注意天气情况，没有防护措施时，不允许在雨雪天装箱，以防止水湿。

7.5.4　装运冷风库中储存的花生时，应先将其搬到阴凉、干燥、清洁处，至温度接近平衡时再装运，避免凝结水露造成霉变。

7.5.5　非纸箱包装的货物应在集装箱内铺设纸质垫板，放置干燥剂等防潮措施。

7.5.6　需混批装运时，应在装运记录中记录每批花生数重量及批次编号，生熟制品应分开装运。

7.5.7　出口花生集装箱应采取水陆运输。

7.6　追溯体系

7.6.1　加工企业应建立食品追溯体系，对于进厂原料、辅料实行批次管理。

7.6.2　建立原料验收、加工、成品检验、装运等环节的记录体系，相关记录可参照附录B，所有记录应保留2年以上。

8　批发和零售

应符合《农产品产业链全过程管理规范　第1部分：果蔬　通用要求》第10章的规定。

附　录　A
（规范性附录）
各国/地区花生及制品主要检测项目及限量

序号	检测项目	国际食品法典	美国	欧盟	日本	澳大利亚	韩国
1	黄曲霉毒素 $B_1+B_2+G_1+G_2$	15 克/千克	20 微克/千克	—	10 微克/千克	15 微克/千克	—
2	黄曲霉毒素（直接食用）B_1/（$B_1+B_2+G_1+G_2$）	—	—	2/4 微克/千克	—	—	—
3	镉	—	—	—	—	0.5 毫克/千克	—
4	乙草胺	—	—	0.01 毫克/千克	0.01 毫克/千克	—	—
5	六六六	—	—	—	0.01 毫克/千克	—	—
6	毒死蜱	—	—	0.05 毫克/千克	0.2 毫克/千克	0.05 毫克/千克	0.05 毫克/千克

附　录　B
（资料性附录）
指南符合性信息清单

条款	体系信息
5.5　肥料要求	肥料清单 田间管理记录
5.6　病虫草害综合防治	田间管理记录
5.8　植保产品	植保产品清单 植保产品购入和领用记录 植保产品使用记录
5.9　采收、储存、运输	采收记录
6.1　原料	原料验收记录
6.3　脱壳管理	脱壳记录
6.5　贮藏	储存库温湿度记录
6.7　熏蒸	熏蒸剂（有毒有害物质）购买领用使用记录 熏蒸记录
7.2　加工	加工记录
7.5　运输	监装记录

附　录　C
（资料性附录）
法律法规标准清单

GB 2721　食品安全国家标准食盐要求
GB 2760　食品添加剂使用标准
GB 2761　食品安全国家标准　食品中真菌毒素限量
GB 2762　食品安全国家标准　食品中污染物限量
GB 2763　食品安全国家标准　食品中农药残留限量
GB 4407.2008　经济作物种子　第 2 部分：油料类
GB 5491　粮食、油料检验扦样、分样法
GB 7102.1　食用植物油煎炸过程中的卫生标准
GB 13104　食品安全国家标准　食糖
GB 19300　食品安全国家标准　坚果与籽类食品
日本肯定列表　食品中农业化学品残留限量
国际食品法典委员会（CAC）农残限量标准

EU 08-04　欧盟食品中农药残留限量标准
EC 2073　欧盟对食品中微生物的要求
CODEX 200　花生的规则标准
预防和降低花生中黄曲霉毒素污染操作规范 CAC/RCP 55

附录六

山东省地方标准（预计 2019 年发布）

农产品产业链全过程管理规范
第 5 部分：大蒜　技术指南

Standard for the whole process management of agricultural product industry chain
Part 5：Specification for Garlic

1　范围

本标准规定了山东省出口农产品质量安全示范区内大蒜各生产环节的管理要求。

本标准适用于山东省出口农产品质量安全示范区内大蒜的种植、生产、储运、销售产业链全过程管理。

2　规范性引用文件

下列文件对于本文件的应用是必不可少的。凡是注日期的引用文件，仅所注日期的版本适用于本文件。凡是不注日期的引用文件，其最新版本（包括所有的修改单）适用于本文件。

GB 5749　生活饮用水卫生标准

GB 7718　食品安全国家标准　预包装食品标签通则

GB/T 8321　农药合理使用准则

GB 8861　脱水大蒜

GB 14881　食品生产通用卫生规范

GB 15618　土壤环境质量标准

GB/T 19000　质量管理体系　基础和术语

GB/T 20014　良好农业规范系列标准

GB/T 23416.9　蔬菜病虫害安全防治技术规范　第 9 部分：葱蒜类

GB/Z 26578　大蒜生产技术规范

SB/T 10348　大蒜

NY/T 1208　葱蒜热风脱水加工技术规范

CAC/RCP 44　新鲜水果蔬菜包装和运输国际推荐操作规程

3　术语和定义

GB/T 19000、GB/T 20014 确立的术语和定义适用于本标准。

4　大蒜质量安全标准要求

4.1　产品标准

大蒜质量安全应符合SB/T 10348及目标市场要求。

4.2　监控计划

4.2.1　应对大蒜生长期管理过程、原料验收、加工过程、成品检验等过程进行全面风险分析，并建立全产业链监控计划。

4.2.2　在收获前应对大蒜进行农残监控，检测内容应至少包含本年度所使用的农药或根据风险分析结果确定项目实施检测。国家、进口国或地区明令禁止高毒、高残留农药不得检出。

5　种植过程

5.1　一般要求

5.1.1　组织应按良好农业规范GB/T 20014系列标准建立体系，实施并保持。

5.1.2　生产基地应配备农业技术人员，以满足农业生产需要。

5.1.3　保持必要的生产记录，应包括生产者信息、生产技术、病虫害防治和采收等内容。

5.2　产地环境、场所管理

5.2.1　果园应选择地势较高，有可持续水源、排水良好、无污染源地点。

5.2.2　应制定野生生物保护管理方案，对野生生物和环境进行保护，将农事活动对环境产生的影响降到最低限度。

5.2.3　基地应设立明显的环境界限，确保不受周围农田、果园农药使用污染。

5.2.4　应在基地适宜位置张贴平面图、来访者须知、卫生规程及各警示标识牌。地块应以区域或收获单元进行编号，标识牌内容应包括种植基地的名称、面积、种植品种、植保员等。

5.2.5　施药器械和未用完的种子、农药、化肥应设立单独区域存放。

5.3　土壤管理

土壤应符合GB 15618要求，保持水质、土壤检测报告。

5.4　种子管理

5.4.1　应选择抗逆性强，抗病，优质且适合本地栽培的品种。

5.4.2　应根据大蒜的品种、纯度、色泽、完整度和整齐度，选用合适播种的当年大蒜瓣。陈年蒜、个体过小、有损伤、霉变、病斑、变色现象的蒜瓣不应作种。

5.4.3　种用大蒜应经植物检疫合格，除去茎踵，勿剥蒜皮。

5.4.4　必要时应在种子播种前进行药物预处理，用药应符合安全要求，并保持种子处理记录。

5.5　肥料要求

5.5.1　应结合土壤肥力情况施用底肥和合理追肥。

5.5.2　施用化肥种类、数量及施肥时期应科学合理，以优质有机肥为主，化肥为辅。

5.5.3 肥料应符合安全生产要求，有效成分符合国家规定标准，并从有资质的肥料销售商或生产厂家采购，保持使用肥料清单。

5.5.4 不得施用受重金属或其他化学物质污染的粪肥和其他肥料。

5.6 灌溉要求

5.6.1 应根据大蒜生长时期、天气和植株长势合理安排灌溉。

5.6.2 井灌区水井口应高出地面适当高度，并配有防护设施。

5.7 病虫草害综合防治

5.7.1 应符合本系列标准《山东省农产品产业链全过程管理通用要求　第1部分：果蔬　通用要求》中6.8条款的规定。

5.7.2 农药使用应符合GB 4285、GB/T 8321要求。出口大蒜应符合目标市场要求。

5.7.3 大蒜病虫害防治技术可参考GB/T 23416.9要求，大蒜的葱地种蝇防治技术可参考附录E。

5.7.4 记录并保持病虫害防治记录。

5.8 田间管理

5.8.1 山东秋播大蒜应在9月下旬至10月上旬播种。

5.8.2 播种前应清除前茬作物不良残留，降低病源和虫源基数。

5.8.3 保护土壤不受生活垃圾、工业废渣、污泥等污染。

5.8.4 根据土质、水源以及种植习惯做畦，在播前浇透底水。

5.8.5 合理密植，合理覆盖地膜，及时中耕除草，及时浇水、追肥。

5.8.6 选择适当的时机提薹，采收大蒜。收获后应清除植株残体，清除地膜，集中销毁处理。大蒜生产技术应参考GB/Z 26578要求。

5.8.7 应记录轮作管理，施用化肥的时间、种类和数量，灌溉时间、方式和必要时加肥、加药等信息，记录并保持田间管理记录。

5.9 植保产品

5.9.1 应执行本系列标准《山东省农产品产业链全过程管理通用要求　第1部分：果蔬　通用要求》6.9条款的规定。

5.9.2 出口产品应符合目标市场最高残留限量标准。

5.10 采收

5.10.1 蒜头颈部组织开始变软、鳞球茎大小不再增加时开始收获，宜在干燥的天气下短时间进行。

5.10.2 用于腌渍、酱渍或特别加工用途的大蒜等根据所需原料品质适时采收。填写并保持采收记录。

5.10.3 大蒜切根须应边收获边切根须，将根须削净，使根须部位稍凸出。

5.10.4 应适时对产品农药残留、重金属等有害物质进行检验，保证产品符合要求，并保持残留检测结果记录。

5.10.5 与新鲜大蒜产品接触设备或容器应由无毒无污染材料制成，易清洗、消毒及维修。

5.10.6 无法继续维持卫生状态的容器应作为废物处理。盛放废物、下脚料、非食用品或危险物品的容器应醒目并易于辨认。

5.11　晾晒

5.11.1　晾晒时大蒜鳞球茎勿直接暴晒。在晾晒过程中应经常翻动，注意轻拿轻放。

5.11.2　切须后的切口应避免触地污染。

5.11.3　初步干燥后，剪去蒜秆，放置阴凉通风处，严防霉变、污染或损伤。

5.11.4　根据情况，应适时将大蒜转移到仓库存放。

5.12　储存

5.12.1　大蒜采收后，应根据市场要求及时按规格要求分级挑选。

5.12.2　保鲜大蒜应适时进行冷藏处理。

5.12.3　冷藏大蒜应色泽正常，洁净、完整，无发芽，未受虫害侵染，无日晒伤或冷害，无异味。

5.12.4　包装物应洁净无污染，并妥善存放，防止有害物质污染。

5.12.5　大蒜冷藏时应放置在搁架上，堆码至合适的层数，间隙足以保证各个方向的空气循环流动。

5.12.6　冷藏期间应定期检查温度和湿度等贮藏条件，控制恒温冷藏库温度和湿度，减少温度和湿度波动。

5.12.7　大蒜入冷藏库前应预冷，入库操作应在短时间内完成。

5.12.8　应保持大蒜出入库记录。

6　大蒜初级加工

6.1　原料验收

6.1.1　原料应符合目标市场质量要求，且建立追溯体系基地生产的大蒜为原料。

6.1.2　原料要求应检疫合格，形态完整，无腐烂、霉变或损伤，不夹带不良杂物，适于食用。

6.1.3　应由专职检验员对原料大蒜进行感官检查和单证信息审核。

6.1.4　填写并保持原料验收记录。

6.2　入库和出库

6.2.1　原料验收后应及时入冷藏库。

6.2.2　大蒜产品需要暂存时应及时入冷藏库。

6.2.3　冷藏库应保持洁净，便于通风、降温。

6.2.4　应按照规格、产品批次分别上架或码垛，标识牌应标明产品名称、规格、数量和产品批次等内容。

6.2.5　上架或码垛产品应与地面、墙壁和房顶保持适当距离。

6.2.6　大蒜出冷藏库时，应先开放库门，待库房内外温度一致时出货。

6.2.7　出入库操作应避免大蒜碰伤。

6.2.8　填写并保持大蒜出入库记录，记录出入库时间、温度控制和大蒜数量、批次信息等内容。

6.3 整理

大蒜原料应去残须、剪秆、去皮和分级。削去残留顶须、秆长适度，剥掉感官不清洁的外皮，应按品质、规格及等级标准要求，对产品进行筛选，分级。

7 大蒜制品加工

7.1 一般要求

7.1.1 加工厂应符合 GB 14881 的要求。

7.1.2 应根据大蒜加工产品生产工艺流程，设置与生产能力相适应的原料预处理区、挑选分级区、半成品暂存区、包装区及原辅料和成品贮藏库。

7.1.3 所有与大蒜产品接触的设备和工具，应便于拆卸、清洗，表面材料应不影响产品卫生质量。

7.2 加工过程控制

7.2.1 各个工序之间、半成品存留时间应尽可能短。

7.2.2 加工冷冻蒜泥、保鲜蒜米等产品时应有温度控制要求，从进入加工到运输销售，应尽可能保持持续低温。

7.2.3 加工过程中如有清洗环节，应保证水质清洁卫生，水质应符合 GB 5749 要求；如果有冷风降温或热风干燥环节，应保证空气清洁卫生。

7.2.4 大蒜制品加工中需要使用杀菌剂的环节，应对杀菌剂使用进行控制，保持有效浓度，并保证化学残留不超过食品安全可接受水平。

7.2.5 进入车间应设置非手动式洗手设施、消毒池和清除人体脱落毛发的装置或实施人工清除。

7.2.6 车间内的废弃物及污物应及时处理。

7.3 脱水蒜片、蒜粒及蒜粉

7.3.1 大蒜热风脱水加工技术应参考 NY/T 1208 的要求，产品质量应符合 GB 8861 的要求。

7.3.2 大蒜脱水制品原料大蒜应无病虫害、规格整齐、均匀，无霉变、无杂质，具有大蒜特有的风味和色泽，无异味、无变色。

7.3.3 脱水工艺环节应根据设备条件确定脱水温度和时间。保证烘干过程中引入的清洁空气，保持热风量与排湿量稳定，复烘后蒜片含水量应符合加工要求。

7.3.4 脱水蒜制品加工拣选工艺应除去蒜皮、腐烂蒜瓣及未切尽蒜蒂的蒜瓣，除去黑色、褐变等色泽异常的产品，除去脱水后蒜制品中的外来杂质及规格不合格的产品。

7.3.5 脱水蒜制品包装前应进行金属探测，金属探测设备检测灵敏度应符合质量安全要求，应能探测出产品中夹杂的金属物质。

7.4 保鲜蒜米

7.4.1 加工保鲜蒜米原料大蒜应无腐烂、霉变、损伤且大小均匀。剥去外表干皮及内膜，并按照顾客要求分级。

7.4.2 应剔除剥皮不净蒜米，剔除带有损伤、干疤、带斑点等不良蒜米，经过抽样检验合格后转入下一工序。

7.4.3　验收合格的蒜米应用清水冲洗，在经过杀菌后再用流动清水冲洗。

7.4.4　清洗杀菌后的蒜米经物理沥水、吸附水分，送入风干室进行风干一段时间。风干室内应保持相对低温和可接受湿度。

7.4.5　保鲜蒜米储存和运输应控制环境的温度和湿度，防止蒜米霉变或胀气。

7.5　检验

质检员应对生产加工产品进行检验，合格后方可进行包装，填写并保持大蒜检验记录。

7.6　包装、标识

7.6.1　应参考 CAC/RCP 44 新鲜水果蔬菜包装和运输操作规程进行包装和运输。

7.6.2　检验合格后的大蒜应放入客户要求的包装箱，纸箱应留透气孔。

7.6.3　应使用合格供方的包装材料，包装物料应清洁卫生，必要时应提供包装性能检验报告单。

7.6.4　包装应按规定施加标识，符合我国食品安全法、农产品质量安全法等法规要求。出口产品运输包装上应注明产品名称、生产批次、生产日期、生产企业名称和检验检疫备案号。

7.6.5　包装材料应清洁卫生，预包装产品标签应符合 GB 7718 要求。

7.7　贮存、运输

7.7.1　大蒜运输应根据运输季节、距离及产品保质期选择运输工具和运输方式。

7.7.2　运输工具应清洁、卫生，符合对食品运输工具要求，严禁与可能造成气味或有害物质污染货物混装在一起。

7.7.3　长距离运输过程中应保持全程均衡制冷，应保持适度低温和相对湿度，防冻、防热、防污染。

7.7.4　装运大蒜的集装箱应在装运前检查制冷情况，装前应预冷，装后应设定温度。做好监装记录，必要时加施铅封。在货物交付时集装箱温度记录应提交接货人员。

8　批发和零售

应符合本系列标准《农产品产业链全过程管理规范　第1部分：果蔬　通用要求》第10章的规定。

附　录　A
（资料性附录）
法律法规标准清单

GB 2760　食品添加剂使用标准

GB 2761　食品安全国家标准　食品中真菌毒素限量

GB 2762　食品安全国家标准　食品中污染物限量

GB 2763　食品安全国家标准　食品中农药残留限量

日本肯定列表　食品中农业化学品残留限量

国际食品法典委员会（CAC）农残限量标准
EU 08-04　欧盟食品中农药残留限量标准
EC 2073　欧盟对食品中微生物的要求

附　录　B
（资料性附录）
标准与记录对照表

条款	体系信息
5.1　一般要求	种植基地农事记录
5.2　产地环境、场所管理	水质、土壤检测报告 基地平面图
5.3　土壤管理	田间管理记录
5.4　种子管理	种子处理记录
5.5　肥料要求	肥料清单 田间管理记录
5.6　灌溉要求	田间管理记录
5.7　病虫草害综合防治	病虫害防治记录
5.8　田间管理	田间管理记录
5.9　植保产品	植保产品购入和领用记录 植保产品清单 残留检测超 MRL 处置程序 事故处理程序
5.10　采收	采收记录 残留检测结果记录
5.12　储存	冷藏库温湿度检查记录 大蒜出入库记录
6.1　原料验收	原料验收记录
6.2　入库和出库	大蒜储存记录
7.2　加工过程控制	加工用水检测报告
7.5　检验	大蒜检验记录
7.7　贮存、运输	监装记录

附　录　C

（规范性附录）

各国家/地区/国际组织农残标准对照表

序号	农药中文名称	中国	CAC	澳大利亚	韩国	欧盟	日本	加拿大	美国	印度尼西亚
1	烯草酮	0.5	0.5							
2	苯醚甲环唑	0.2	0.02		0.5	0.05				
3	精二甲吩草胺	0.01	0.01			0.01				
4	抑芽丹	15	15	15	50	15	50			15
5	乐果	0.2			1	0.02	1			
6	马拉硫磷	0.5			2	0.02				
7	噁草酮	0.1			0.1	0.05				
8	乙氧氟草醚	0.05			0.05	0.05	0.05			
9	戊唑醇	0.1			0.1	0.1	0.1			
10	二甲戊灵	0.1			0.2	0.05	0.2		0.1	
11	辛硫磷	0.1			0.1	0.01	0.02			
12	抗蚜威	0.1			2	0.5	0.5			
13	马拉硫磷	0.5					8	0.5	8	
14	咪鲜胺及咪鲜胺锰盐	0.1				0.5	0.5			

注：上述数值单位是毫克/千克；中国农药残留标准来自GB 2763《食品中农药最大残留限量》，本表数据仅供参考，农药残留标准以各国最新发布法律法规标准为准。

附　录　D

（规范性附录）

国外关注产品危害表

序号	国别/地区	产品危害
1	澳大利亚	大蒜白腐病、蒜茎腐病、洋葱黑粉病、葱地种蝇、葱韭霜霉、蓟马、螨及活体生物、家蝇、尖眼蕈蚊科、露尾甲科、象甲科、粉螨科食酪螨、花蝇科
2	巴拉圭	刺短体线虫、马铃薯腐烂茎线虫、罗宾根螨
3	巴拿马	谷斑皮蠹、咖啡豆象、鳞球茎茎线虫、马铃薯腐烂茎线虫

（续表）

序号	国别/地区	产品危害
4	巴西	葱木蠹蛾、短角象属、马铃薯腐烂茎线虫、鳞球茎茎线虫、甘蓝夜蛾、棉铃虫、食蚜蝇属、亮小镰螯螨、刺足根螨、罗宾根螨、长毛根螨
5	多米尼加	螨、葱木蠹蛾、短角象属、马铃薯腐烂茎线虫、鳞球茎茎线虫、甘蓝夜蛾、棉铃虫、食蚜蝇属
6	厄瓜多尔	蔬菜象、刺足根螨、郁金香瘿螨、斑皮蠹属
7	波利尼西亚	葱韭霜霉、洋葱黑腐病、葱蝇
8	斐济	紫苑黄化病、马铃薯腐烂茎线虫
9	哥斯达黎加	郁金香瘿螨、洋葱食牙蝇、甘蓝夜蛾、鳞球茎茎线虫、马铃薯腐烂茎线虫、洋葱锈病、洋葱黑粉病、蜗牛、蛞蝓
10	哥伦比亚	谷斑皮蠹
11	洪都拉斯	鳞球茎茎线虫、马铃薯腐烂茎线虫、黄地老虎、筛豆龟蝽
12	肯尼亚	洋葱黑粉病、鳞球茎茎线虫、马铃薯腐烂茎线虫、葱木蠹蛾、马铃薯金线虫、短角蟓属
13	留尼汪	巢蛾总科、葱地种蝇、洋葱黑粉病
14	孟加拉国	叶尖枯萎（葱球腔菌）和茎线虫（鳞球茎茎线虫）
15	尼加拉瓜	鳞球茎茎线虫、马铃薯腐烂茎线虫、洋葱锈病、白腐病、穿刺短体线虫、洋葱黄矮病、叶枯病及洋葱黑粉病
16	萨尔瓦多	葱木蠹蛾、洋葱食蚜蝇、谷斑皮蠹、甘蓝夜蛾、菊叶滑刃线虫、马铃薯腐烂茎线虫、鳞球茎茎线虫、短角蟓属、郁金香瘿螨
17	土耳其	鳞球茎茎线虫、洋葱黑粉病、葱黑粉病和白腐病症状
18	危地马拉	马铃薯金线虫、马铃薯白线虫、鳞球茎茎线虫、马铃薯腐烂茎线虫、谷斑皮蠹、葱木蠹蛾、短角蟓属
19	乌拉圭	葱地种蝇、马铃薯腐烂茎线虫
20	新喀里多尼亚	葱韭霜霉、洋葱黑粉病
21	新西兰	葱地种蝇、南美斑潜蝇、三叶草斑潜蝇、马铃薯腐烂茎线虫和洋葱黑粉病
22	以色列	寄生线虫（滑刃线虫属，马铃薯腐烂茎线虫，马铃薯金线虫，马铃薯白线虫和香蕉穿孔线虫）、白腐小核菌引起的白腐病、黑粉菌引起的洋葱黑粉病
23	印度尼西亚	稻褐斑病菌、洋葱黑粉病、草莓滑刃线虫、葱地种蝇、马铃薯腐烂茎线虫、麦岩螨、镉含量、穿刺短体线虫、伤残短体线虫
24	智利	马铃薯金线虫、马铃薯白线虫、鳞球茎茎线虫、马铃薯腐烂茎线虫、菊叶滑刃线虫、甘蓝夜蛾、葱木蠹蛾
25	南非	番茄黑环病毒、紫苑黄花病、烟草脆裂病毒、棉花刺线虫病、马铃薯腐烂茎线虫、鳞球茎茎线虫、香蕉穿孔线虫、标准剑线虫、洋葱黑粉病、褐切根虫、白菜卷叶蛾、葱蝇、冬葱瘤额蚜、菊旌蚧、顶岩螨、葱潜蝇、草地夜蛾、斜纹夜蛾、野生夜蛾、掌夜蛾

（续表）

序号	国别/地区	产品危害
26	印度	大蒜黑头病
27	波多黎各	花蝇科
28	智利	标签标识内容齐全
29	西班牙	鞘翅目、象甲科、双翅目

附录七

山东省地方标准（预计 2019 年发布）

农产品产业链全过程管理规范 第 6 部分：黄瓜　技术指南

Standard for the whole process management of agricultural product industry chain Part 6：Specification for Cucumber

---

1　范围

本标准规定了山东省出口农产品质量安全示范区内黄瓜各生产环节的管理要求。

本标准规定了山东省出口农产品质量安全示范区内黄瓜的种植、生产、储运、销售产业链全过程管理。

2　规范性引用文件

GB 2763　食品安全国家标准　食品中农药最大残留限量

GB/T 3543　农作物种子检验规程

GB 16715.1　瓜菜作物种子　第 1 部分：瓜类

GB/T 19000　质量管理体系　基础和术语

GB/T 20014　良好农业规范系列标准

GB/T 23351　新鲜水果和蔬菜　词汇

CAC/RCP 44　新鲜水果和蔬菜包装与运输操作规范

CAC/MRL 1　国际食品法典委员会（CAC）食品中农药最大残留限量

3　术语和定义

GB/T 19000、GB/T 20014、GB/T 23351 确定的术语和定义适用于本标准。

4　黄瓜质量安全标准要求

4.1　执行标准

4.2　监控计划

4.2.1　应对黄瓜生长期管理过程、原料验收、加工过程、成品检验等过程进行全面风险分析，并建立全产业链监控计划。

4.2.2　在收获前应对黄瓜生姜进行农残监控，检测内容应至少包含本年度所使用的农药或根据风险分析结果确定项目实施检测。我国、进口国或地区明令禁止高毒、高残留农药不得检出。

4.2.3　黄瓜及其制品安全监控项目，可参考附录B和附录C并结合目标市场要求实施。

4.2.4　出口企业应建立出口黄瓜制品原料安全风险信息搜集制度。

5　种植过程

5.1　一般要求

5.1.1　组织应按良好农业规范GB/T 20014系列标准建立体系，实施并保持。

5.1.2　生产基地应配备农业技术人员，以满足农业生产需要。

5.1.3　保持必要的生产记录，应包括生产者信息、生产技术、病虫害防治和采收等内容。

5.2　产地环境、土壤管理

5.2.1　产地环境

5.2.1.1　应选择地势高燥，排灌方便，地下水位较低，土层深厚疏松、富含有机质的偏黏质沙壤土。

5.2.1.2　应制定野生生物保护管理方案，对野生生物和环境进行保护，将农事活动对环境产生的影响降到最低限度。

5.2.1.3　应综合考虑产品特性、工艺特点、原料控制情况等因素合理确定检验项目和检验频次以有效验证生产过程中的控制措施。

5.2.1.4　应避免选用根结线虫发生严重土壤作为黄瓜种植用地。

5.2.1.5　出口蔬菜原料种植场备案应执行原国家质检总局2012年第56号公告规定。

5.2.2　基地管理

5.2.2.1　当基地存在外源飘移污染时应进行适当防护，例如设置缓冲带、隔离带、隔离网等。

5.2.2.2　应具备基地平面图，并设立基地标识牌，重要建筑物及水源带点应在平面图上进行标识。地块应以区域或收获单元进行编号。

5.2.2.3　应在基地适宜位置张贴平面图、来访者须知、卫生规程及各警示标识牌。

5.3　繁殖材料来源和质量

5.3.1　品种要求

5.3.1.1　应选择抗病、优质丰产、抗逆性强的品种。

5.3.1.2　嫁接栽培时，应选用抗逆性强的南瓜品种作砧木。

5.3.2　种子选择与处理

5.3.2.1　黄瓜种子质量要求应符合GB 16715.1规定。

5.3.2.2　应按照GB/T 3543规定提前验证种子质量。

5.3.2.3　应进行浸种处理，降低黄瓜种子农药残留污染可能。

5.3.2.4　应保留种子处理记录，应包括使用药剂、浸种时间，处理方式和其他必要信息。

5.4　肥料要求

5.4.1　应依据《农产品产业链全过程管理规范　第1部分：果蔬　通用要求》6.5条款对肥料采购、储存、使用进行管理。

5.4.2　肥料使用应保留肥料使用记录，包括肥料品种、采购商、使用时间及其他必要信息。

5.5　灌溉水质要求

5.5.1　应对灌溉用水进行水质检测，水质符合GB 5084要求，结合追肥进行浇灌。

5.5.2　浇水后应通风换气，降低棚内湿度，减轻病害和控制徒长。

5.6　田间管理

5.6.1　育苗

5.6.1.1　育苗床土、育苗容器应消毒。

5.6.1.2　用作砧木应同时育苗并适时嫁接。

5.6.2　定植

5.6.2.1　定植应在地温稳定至合适温度后开展。

5.6.2.2　定植前应整地，清除前茬残留物，精耕细耙。

5.6.2.3　根据品种特性、栽培季节和栽培方式确定定植密度。

5.6.3　定植后管理

5.6.3.1　定植后应及时补水、补苗、插架、吊蔓、绑蔓、整枝、摘心、打底叶。

5.6.3.2　生产中不得使用植物激素处理花穗。

5.6.3.3　生产中应注意清洁田园，将田园废弃物集中进行无害化处理。

5.6.3.4　应保持农事活动记录，农事活动记录应包括播种时间、播种量、灌溉、施肥、初采收时间等信息。

5.7　病虫草害综合防治

5.7.1　应制定病虫草害综合防治计划并实施，综合防治应减少化学投入品使用。

5.7.2　应记录并保存病虫草害防治记录，包括防治对象、防治时间、施用药剂，频次及使用方法等信息。

5.8　植保产品

5.8.1　选择、购买

5.8.1.1　应优先选择使用无毒或低毒植保产品。

5.8.1.2　应从有资质单位购买植保产品，保留购买凭证，记录购货渠道。

5.8.1.3　应保留使用植保产品清单。

5.8.1.4　不应使用我国、进口国或地区明令禁止高毒、高残留农药。

5.8.2　使用

5.8.2.1　植保产品用量应按照标签的说明并准确计算、配制记录。

5.8.2.2　使用、储存植保产品人员应具备相关资质，实施必要培训并证实具备相应能力。保持植保产品使用记录。

5.9　采收

5.9.1　应在农药安全间隔期之后采收。

5.9.2　应对采收容器和工具进行清洁保养，避免污染。

5.9.3　采收员在采收前应接受基础卫生培训，采收过程应执行卫生规程。

5.9.4　采收前应对产品农药残留等有害物质进行检验，保证产品符合目标市场要求，并保持检测报告。

5.9.5　包装物应整洁、牢固、透气、无污染、无异味。

6　初级农产品处理

6.1　原料

6.1.1　原料黄瓜应新鲜、完整，无腐烂、霉变、损伤、病虫害等不良品及夹杂物。

6.1.2　根据目标市场要求进行验收并保持验收记录。

6.2　筛选分级

6.2.1　黄瓜分级应根据目标市场和客户要求进行。

6.2.2　筛选时人员和设备应严格执行消毒程序，同时避免微生物污染以及异物混入。

6.2.3　筛选容器具和操作台应定期清洁消毒，避免污染。

6.3　包装

6.3.1　黄瓜包装应参考《新鲜水果蔬菜包装和运输国际推荐操作规程》（CAC/RCP 44）进行操作。

6.3.2　包装容器应整洁、干燥、牢固、美观，无污染、无异味、无虫蛀、无腐烂现象。

6.3.3　包装时应注意卫生控制，避免异物混入。

6.3.4　包装容器上应标明品名、规格、毛重、净含量、产地、生产者、采摘日期、包装日期、保质期。

6.4　贮藏和运输

6.4.1　黄瓜贮藏和运输应按照 GB/T 18518 执行。

6.4.2　贮藏于冷库内产品应该标识清楚，堆放整齐，离墙离地。

6.4.3　贮藏期间应进行定期检查并保持储存记录。

6.4.4　运输过程不得与其他有毒、有害和有异味物品混装。

6.4.5　运输应记录集装箱号码、数量、批次号、发运时间和运输车号，并留有装运记录。

7　黄瓜制品加工

7.1　加工企业要求

组织应按法规要求取得并持续保持相应生产资质。

7.2　腌制黄瓜生产过程控制

7.2.1　工艺流程

原料选择→原料腌渍→原料脱盐→辅料配制→腌渍→清洗脱盐→辅料调配→计量→真空包装→杀菌→金属探测→外包装→验收入库→检验出厂。

7.2.2 生产工艺操作要点

7.2.2.1 原料验收

a）应选择新鲜、无腐烂黄瓜为原料。

b）出口黄瓜制品原料基地须符合质检总局2012年第56号公告要求。

c）原料验收应保持验收记录，记录应包含备案基地、黄瓜产品批次、原料等级等信息。

7.2.2.2 生产过程防护

a）生产中应剔除果实表面泥沙、污物以及黄瓜蒂、顶花等不可食用部分。

b）员工和设备应消毒，避免带入微生物。

c）应保留腌制原料、腌制时间、脱盐时间等记录。

d）生产中使用食品添加剂应符合GB 2760或目标市场要求。

e）辅料配制应符合生产及卫生要求。

7.2.2.3 包装

a）产品包装过程中，包装人员应按卫生规程清洗手和产品接触面。

b）包装应区分班次、车间，并保持包装记录。

c）包装材料应清洗到位，避免污染产品。

7.2.2.4 成品杀菌

a）严格遵守灭菌流程，控制灭菌条件。

b）定期对灭菌效果进行验证。

c）保持灭菌记录。

d）评估和隔离达不到要求产品。

7.2.2.5 成品检测

a）应使用金属探测等方法避免混入异物。

b）应根据目标市场要求进行品质检测。

c）不合格品应隔离并标识。

8 销售

应符合《农产品产业链全过程管理规范　第1部分：果蔬　通用要求》第10章的规定。

附　录　A
（规范性附录）
标准符合性信息清单

条款	体系信息
5.2　产地环境、土壤管理	场所位置图 土壤、空气、水质检测报告
5.3　繁殖材料来源和质量	种子处理记录

（续表）

条款	体系信息
5.4　肥料要求	肥料清单 田间管理记录
5.5　灌溉水质要求	田间管理记录
5.6　田间管理	田间管理记录
5.7　病虫草害综合防治	病虫草害防治记录 基地农药使用记录
5.8　植保产品	植保产品清单 植保产品购入和领用记录 植保产品使用记录
5.9　采收	采收记录 农药残留检测结果记录
6.1　原料	原料验收记录
6.4　贮藏和运输	储存记录 监装记录

附　录　B
（资料性附录）
黄瓜常用农药残留项目对比

（单位：毫克/千克）

序号	通用名	英文名	中国	日本	CAC	欧盟
杀菌剂						
1	腈嘧菌酯	azoxystrobin	—	1	—	1
2	多菌灵	carbendazim	0.5	3	2	0.1
3	百菌清	chlorothalonil	5（瓜菜）	5	5	1
4	苯醚甲环唑	difenoconazole	—	1	—	—
5	烯酰吗琳	dimethomorph	—	2	—	—
6	唑菌酮	famoxadone	—	2	—	—
7	噁霉灵	hymexazol	—	0.5	—	—
8	异菌脲	iprodione	2	5	2	2
9	醚菌酯	kresoxim-methyl	—	0.5	—	0.05
10	代森锰锌	mancozeb	2	2	2	0.5
11	甲霜灵	metalaxyl	0.5	2	0.5	0.5
12	多抗霉素	polyoxin	—	0.1	—	—

（续表）

序号	通用名	英文名	中国	日本	CAC	欧盟
13	咪鲜胺	prochloraz	—	0.05	—	0.05
14	腐霉利	procymidone	2	5	2	1
15	霜霉威	propamocarb	—	2	2	—
16	丙森锌	propineb	—	2	—	2
17	二甲嘧菌胺	pyrimethanil	—	2	—	—
18	福美双	thiram	—	2	—	3
19	甲基立枯磷	tolclofos-methyl	—	2	—	—
20	氟菌唑	triflumizole	—	1	—	—
21	乙烯菌核利	vinclozolin	1	1	1	1
杀虫杀螨剂						
22	阿维菌素	abamectin	—	0.01	—	0.01
23	啶虫脒	acetamiprid	—	5	—	—
24	毒死蜱	chlorpyrifos	—	0.05	—	0.05
25	氟氯氰菊酯	cyfluthrin	—	2	—	0.02
26	氯氟氰菊酯	cyhalothrin	—	0.5	—	0.1
27	氯氰菊酯	cypermethrin	—	0.5	—	—
28	溴氰菊酯	deltamethrin	—	0.5	—	0.1
29	氰戊菊酯	fenvalerate	0.2（瓜类）	0.2	0.2	0.02
30	氟虫脲	flufenoxuron	—	2	—	—
31	氟虫腈	fipronil	—	0.002	—	—
32	吡虫啉	imidacloprid	—	1	—	—
33	茚虫威	indoxacarb	—	0.5	—	—
34	高效氯氟氰菊酯	lambda-cyhalothrin	—	0.5	—	0.1
35	甲氧虫酰肼	methoxyfenozide	—	2	—	—
36	抗蚜威	pirimicarb	—	2	1	—
37	克螨特	Propargite	—	0.5	0.5	—
38	哒螨灵	pyridaben	—	1	—	—
39	多杀菌素	spinosad	—	0.5	—	—
40	噻虫嗪	thiamethoxam	—	0.5	—	—
除草剂						
41	丁草胺	butachlor	—	一律标准	—	—

（续表）

序号	通用名	英文名	中国	日本	CAC	欧盟
42	乙草胺	acetochlor	—	一律标准	—	—
43	草甘膦	glyphosate	—	0.5	—	0.1
44	精喹禾灵	quizalofop-p-ethyl	—	0.02	—	—
45	吡氟禾草灵	fluazifop-butyl	—	0.1	—	—

数据支持：GB 2763　食品安全国家标准 食品中农药最大残留限量
EU 08-04　欧盟食品中农药残留限量标准
CAC/MRL 1　国际食品法典委员会（CAC）食品中农药最大残留限量
日本肯定列表　食品中农业化学品残留限量
https：//www.globalmrl.com/
（本表数据为本标准制定时数据，农药残留以最新数据为准）

附　录　C
（资料性附录）
参考法律法规标准清单

GB 4285　农药安全使用标准
GB 5084　农田灌溉水质标准
GB/T 8321　农药合理使用准则
GB 15618　土壤环境质量标准
GB/T 18518　黄瓜贮藏和冷藏运输
GB/T 23351　新鲜水果和蔬菜 词汇
GB/T 23416.1　蔬菜病虫害安全防治技术规范　第1部分：总则
GB/T 23416.3　蔬菜病虫害安全防治技术规范　第3部分：瓜类
GB/T 26432　新鲜蔬菜贮藏与运输准则
GB/T 33129　新鲜水果、蔬菜包装和冷链运输通用操作规程
GB/Z 21724　出口蔬菜质量安全控制规范
GB/Z 26581　黄瓜生产技术规范
EU 08-04　欧盟食品中农药残留限量标准
日本肯定列表　食品中农业化学品残留限量

附录八

山东省地方标准（预计 2019 年发布）

农产品产业链全过程管理规范
第 7 部分：番茄　技术指南

Standard for the whole process management of agriculture product industry chain
Part 7：Specification for Tomato

1　范围

本标准规定了山东省出口农产品质量安全示范区内番茄各生产环节的管理要求。

本标准适用于山东省出口农产品质量安全示范区内番茄的种植、生产、储运、销售产业链全过程管理。

2　规范性引用文件

GB 2760　食品安全国家标准　食品添加剂使用标准
GB/T 3543　农作物种子检验规程
GB 5084　农田灌溉水质标准
GB 15618　土壤环境质量　农用地土壤污染风险管控标准（试行）
GB 16715　瓜菜作物种子
GB/T 19001　质量管理体系　要求
GB/T 20014　良好农业规范系列标准
GB/T 33129　新鲜水果、蔬菜包装和冷链运输通用操作规程
CAC/RCP 44　新鲜水果和蔬菜包装与运输操作规范
EU 08-04　欧盟食品中农药残留限量标准
CAC/MRL 1　国际食品法典委员会（CAC）食品中农药最大残留限量
日本肯定列表　食品中农业化学品残留限量

3　术语和定义

GB/T 19000、GB/T 20014 确立的术语和定义适用于本标准。

4　番茄质量安全标准要求

4.1　产品标准

番茄质量安全应符合目标市场要求。

4.2　监控计划

4.2.1　番茄生产过程中应制定监控计划，监控计划应包括监控项目、监控时间、原料、产品流向、应对措施、责任人等信息。

4.2.2　组织应对生产环境卫生条件、原辅料安全性检测、工人卫生防护的实施、加工过程控制、半成品、成品品质等进行监控，保证最终产品符合目标市场需求，我国、进口国或地区明令禁止高毒、高残留农药不得检出。

4.2.3　番茄及其制品安全监控项目，可参考附录B和附录C并结合目标市场要求实施。

4.2.4　出口企业应建立出口番茄制品原料安全风险信息收集、分析制度。

5　种植过程

5.1　一般要求

5.1.1　应按良好农业规范GB/T 20014系列标准建立体系，实施并保持。

5.1.2　生产基地应配备农业技术人员，以满足农业生产需要。

5.1.3　保持必要的生产记录，应包括生产者信息、生产技术、病虫害防治和采收等内容。

5.2　产地环境、土壤管理

5.2.1　产地环境

5.2.1.1　基地应选择地势较高，有可持续水源、排水良好，无重大污染源的地块。

5.2.1.2　应制定野生生物保护管理方案，对野生生物和环境进行保护，将农事活动对环境产生的影响降到最低限度。

5.2.1.3　应综合考虑产品特性、工艺特点、原料控制情况等因素合理确定检验项目和检验频次以有效验证生产过程中的控制措施。

5.2.1.4　出口蔬菜原料种植场备案应执行原国家质检总局2012年第56号公告规定。

5.2.2　土壤管理

5.2.2.1　土壤应符合GB 15618要求。

5.2.2.2　应选择土层深厚、有机质丰富、中性偏酸、排水和通气性良好的肥沃壤土。

5.2.2.3　首次选址时，种植前应对基地土壤进行检测以评价土壤是否适宜番茄种植，保持分析报告。

5.2.2.4　应具备基地平面图，并设立基地标识牌，重要建筑物及水源带点应在平面图上进行标识。地块应以区域或收获单元进行编号。

5.2.2.5　应在基地适宜位置张贴平面图、来访者须知、卫生规程及各警示标识牌。

5.3　繁殖材料来源和质量

5.3.1　品种要求

5.3.1.1　应选择优质、抗病虫、耐低温、高秧丰产的优良品种。

5.3.1.2　不得使用转基因品种。

5.3.2　材料来源和质量

5.3.2.1　番茄种子应符合GB 16715规定。

5.3.2.2 应按照 GB/T 3543 规定提前验证种子质量。

5.3.2.3 可进行浸种处理，降低番茄遭受农药残留等污染可能。

5.3.2.4 应保留种子处理记录，种子处理记录应包括使用药剂、浸种时间，处理方式和其他必要信息。

5.4 肥料要求

5.4.1 应以基肥为主，追肥为辅，基肥以有机肥为主。

5.4.2 保持肥料使用及施肥记录，肥料使用记录应包含肥料品种、采购商、使用时间及其他必要信息。

5.5 水质要求

5.5.1 应对灌溉用水进行水质检测，水质符合 GB 5084 要求，结合追肥进行浇灌。

5.5.2 浇水后应通风换气，降低棚内湿度，减轻病害和控制徒长。

5.6 田间管理

5.6.1 育苗

5.6.1.1 育苗床土、育苗容器应消毒。

5.6.1.2 番茄育苗期间应适时实施假植。

5.6.2 定植

5.6.2.1 定植应在地温稳定至 10℃后开展。

5.6.2.2 定植前应清除前茬残留物，精耕细耙。

5.6.2.3 根据品种特性、栽培季节和栽培方式确定定植密度。

5.6.3 定植后管理

5.6.3.1 定植后应及时补水、补苗、插架、绑秧、整枝、摘心、打底叶。

5.6.3.2 生产中应注意清洁田园，将田园垃圾集中进行无害化处理。

5.6.3.3 应保持农事活动记录，农事活动记录应包括播种时间、播种量、灌溉、施肥、初采收时间等信息。

5.7 病虫草害综合防治

5.7.1 应制定病虫草害综合防治计划并实施，综合防治应减少化学投入品使用。

5.7.2 应记录并保存病虫草害防治记录，病虫害防治记录应包含防治对象、防治时间、施用药剂，频次及使用方法等信息。

5.8 植保产品

5.8.1 选择、购买

5.8.1.1 应优先选择使用无毒或低毒植保产品。

5.8.1.2 应从有资质单位购买植保产品、保留购买凭证、记录购货渠道。

5.8.1.3 应保留使用植保产品清单。

5.8.1.4 不应使用我国、进口国或地区明令禁止高毒、高残留农药。

5.8.2 使用

5.8.2.1 植保产品用量应按照标签的说明并准确计算、配制记录。

5.8.2.2 使用、储存植保产品人员应具备相关资质，实施必要培训并证实具备相应能力。保持植保产品使用记录。

5.9　采收

5.9.1　番茄应及时采收，果实转色至七成熟时，即可采收。

5.9.2　长途运输销往外地时可在果实刚转色时采收。

5.9.3　应在农药安全间隔期后采收。

5.9.4　应对采收容器和工具进行清洁保养，避免污染。

5.9.5　采收员在采收前应接受基础卫生培训。

5.9.6　采收前应对产品农药残留等有害物质进行检验，保证产品符合目标市场要求，并保持检测报告。

5.9.7　包装物应整洁、牢固、透气、无污染、无异味。

6　初级农产品处理

6.1　原料

6.1.1　原料番茄应新鲜、完整，无腐烂、霉变、损伤、病虫害等不良品及夹杂物。

6.1.2　应根据目标市场要求进行验收并保持验收记录。

6.2　筛选分级

6.2.1　番茄分级应根据目标市场和客户要求进行。

6.2.2　筛选时人员和设备应严格执行消毒程序，同时应避免微生物污染以及异物混入。

6.2.3　筛选容器具和操作台应定期清洁消毒，避免污染。

6.2.4　废弃番茄和其他废弃物应存放于指定区域并定期处理。

6.3　包装

6.3.1　番茄包装操作应参考CAC/RCP 44进行操作。

6.3.2　包装容器应整洁、干燥、牢固、美观，无污染、无异味、无虫蛀、无腐烂现象。

6.3.3　包装时应注意卫生控制，避免异物混入。

6.3.4　包装容器上应标明品名、规格、毛重、净含量、产地、生产者、包装日期、保质期等信息。

6.4　贮藏和运输

6.4.1　番茄贮藏和运输应按照GB/T 33129执行。

6.4.2　同等级、同批次、同一成熟度的果实加入冷库前应进行预冷。

6.4.3　贮藏期间应进行定期检查并保持储存记录。

6.4.4　应根据番茄成熟期确定番茄贮藏运输温度。

6.4.5　运输过程不得与其他有毒、有害和有异味物品混装贮藏期间进行定期检查并做储存记录。

6.4.6　运输车辆应能尽量减少对番茄损伤，运输设施应无毒和便于清洁。

6.4.7　运输过程不得与其他有毒有害和有异味物品混装。

6.4.8　运输应记录集装箱号码、数量、批次号、发运时间和运输车号，留有装运记录。

7　番茄制品加工

7.1　番茄制品加工企业要求

组织应按法规要求取得并持续保持相应生产资质。

7.2 番茄酱生产过程管理要求

7.2.1 工艺流程

原料验收→清洗→修整→破碎、脱籽→热烫→打浆（去皮、渣）→加热浓缩→杀菌→冷却→无菌灌装→成品。

7.2.2 生产工艺过程控制

7.2.2.1 原料验收

a）应选择充分成熟，色泽鲜艳，干物质含量高，皮薄、肉厚、籽少的果实为原料。

b）组织应建立并实施原料基地管理制度、原料番茄风险评估与验收制度、病虫害防治制度和溯源制度。

c）应当配备原料管理人员巡视检查原料基地，配备农技人员对原料基地实施技术指导。

d）出口番茄制品原料基地备案申请须符合国家质检总局2012年第56号公告规定。

e）使用收购番茄作为原料，应建立健全原料收购登记制度、原料供应商合格评价制度、原料来源地农药使用情况调查制度、生产加工记录制度。

f）原料验收应保持验收记录，验收记录应包含备案基地、番茄产品批次、原料等级等信息。

7.2.2.2 生产过程防护

a）生产中应剔除果实表面泥沙、污物以及果蒂。

b）生产工艺中应剔除果皮籽粒步骤，避免果皮籽粒影响风味口感。

c）员工和设备应消毒避免带入微生物。

d）生产中使用食品添加剂应符合 GB 2760 或目标市场要求。

7.2.2.3 杀菌及冷却

a）产品应通过杀菌程序处理。

b）杀菌后应及时彻底冷却。

c）按照规定方法调整杀菌或冷却温度、时间，直至符合规程要求。

d）冷却水中必须含有余氯，防止产品受到二次污染。

e）检查每日杀菌和冷却操作记录，并对照自动记录仪记录。

f）评估和隔离达不到要求产品。

7.2.2.4 无菌灌装

a）调整罐装温度，避免灌装时杀菌温度不足易造成微生物二次污染。

b）灌装后避免封口不合格导致微生物污染。

c）保持灌装记录。

7.2.2.5 包装材料管理

a）应建立包装材料验收制度并保持验收记录。

b）包装材料的防护和清洗要彻底。

7.2.2.6 成品检测

a）应使用金属探测等方法避免异物混入。

b）应根据目标市场要求对成品浓度、黏度、霉菌、感官等项目实施检测。

c）不合格品应隔离并标识。

8　销售

应符合《农产品产业链全过程管理规范　第 1 部分：果蔬　通用要求》第 10 章的规定。

附　录　A
（规范性附录）
指南符合性信息清单

条款	体系信息
5.2　产地环境、土壤管理	场所位置图 土壤、空气、水质检测报告
5.3　繁殖材料来源和质量	种子处理记录
5.4　土壤管理	田间管理记录
5.5　肥料要求	肥料清单 田间管理记录
5.6　灌溉水质要求	田间管理记录
5.7　田间管理	田间管理记录
5.8　病虫草害综合防治	病虫害防治记录 基地农药使用记录
5.9　植保产品	植保产品清单 植保产品购入和领用记录 植保产品使用记录
5.10　采收	采收记录 农药残留检测结果记录
6.1　原料	原料验收记录
6.4　贮藏和运输	储存记录 监装记录

附　录　B

(资料性附录)

目标市场对番茄酱产品的检验检疫要求

目标市场	特殊要求
意大利	标注番茄产地
日本	番茄种植地 3 年来所轮种的各种农作物使用的农药种类和农残证明，还包括番茄地周围所种植的其他农作物使用的农药种类和农残证明
菲律宾、韩国、沙特阿拉伯、斯里兰卡	非转基因证书
德国	检验杀灭聚酯、百菌清等项目和出具符合欧盟农药残留标准的证明
英国	检测厌氧菌、平酸菌
沙特阿拉伯	出具不含有机磷和有机氯残留、人工色素等防腐剂、稳定剂以及化学毒物证书
尼日利亚	自由贸易销售证书

附　录　C

(资料性附录)

番茄常用农药残留项目对比

(单位：毫克/千克)

农药名称	中国	欧盟	日本
2,4-滴	0.5	0.05	0.2
阿维菌素	0.02	0.02	0.02
百菌清	5	2	5
保棉磷	1	0.5	—
苯丁锡	1	1	1
苯氟磺胺	2	—	15
苯醚甲环唑	0.5		0.5
苯霜灵	0.2	0.2	0.5
苯酰菌胺	2	—	2
吡丙醚	1	—	1

（续表）

农药名称	中国	欧盟	日本
吡虫啉	1	—	2
丙森锌	5	—	2
丙溴磷	10	0.05	2
草铵膦	0.5	—	0.2
虫酰肼	1	—	1
代森锰锌	5	—	—
敌菌灵	10	—	10
敌螨普	0.3	—	—
丁硫克百威	0.1	—	1
啶虫脒	1	—	2
毒死蜱	0.5	0.5	0.5
多菌灵	3	0.5	2
多杀霉素	1	0.5	—
噁唑菌酮	2	—	—
二嗪磷	0.5	0.5	—
氟吡菌胺	0.1	—	—
氟硅唑	0.2	—	—
氟氯氰菊酯和高效氟氯氰菊酯	0.2	0.05	0.5
氟氰戊菊酯	0.2	—	—
氟酰脲	0.02	—	—
腐霉利	2	2	5
福美双	5	3	—
环酰菌胺	2	—	2
己唑醇	0.5	—	—
甲氨基阿维菌素苯甲酸盐	0.02	—	—
甲苯氟磺胺	3	—	—
甲基硫菌灵	3	0.5	3

（续表）

农药名称	中国	欧盟	日本
甲氰菊酯	1	—	—
甲霜灵和精甲霜灵	0.5	—	2
乐果	0.5	0.02	1
联苯肼酯	0.5	—	1
联苯菊酯	0.5	0.2	0.5
联苯三唑醇	3	3	—
螺虫乙酯	1	—	—
氯氟氰菊酯和高效氯氟氰菊酯	0.2	—	—
氯菊酯	1	0.05	—
氯氰菊酯和高效氯氰菊酯	0.5	0.5	2
马拉硫磷	0.5	—	—
嘧菌环胺	0.5	—	0.5
嘧霉胺	1	—	2
灭菌丹	3	—	3
萘乙酸和萘乙酸钠	0.1	—	—
嗪氨灵	0.5	0.05	2
氰戊菊酯	0.2	—	—
噻虫啉	0.5	—	1
噻螨酮	0.1	—	0.1
噻嗪酮	2	—	1
杀线威	2	—	—
双胍三辛烷基苯磺酸盐	1	—	—
双甲脒	0.5	0.5	—
霜霉威	2	—	2
四螨嗪	0.5	0.3	1
五氯硝基苯	0.1	0.02	0.02
戊菌唑	0.2	0.05	0.2

（续表）

农药名称	中国	欧盟	日本
烯草酮	1	—	1
溴氰菊酯	0. 2	0. 2	0. 5
乙霉威	1	—	5
乙烯菌核利	3	0. 05	3
乙烯利	2	3	2
异菌脲	5	—	5
增效醚	2	—	2
百草枯	0. 05	0. 05	0. 05
倍硫磷	0. 05	—	5
苯线磷	0. 02	—	0. 2

注：中国农药残留标准来自 GB 2763 食品安全国家标准 食品中农药最大残留限量。
欧盟农药残留标准来自 EU 08-04　欧盟食品中农药残留限量标准。
日本农药残留数据来自日本肯定列表　食品中农业化学品残留限量。
本表数据仅供参考，农药残留标准以各国最新发布法律法规标准为准。

附录九

山东省地方标准（预计 2019 年发布）

农产品产业链全过程管理规范
第 8 部分：辣椒　技术指南

Standard for the whole process management of agricultural product industry chain
Part 8：Specification for hot pepper

1　范围

本标准规定了山东省出口农产品质量安全示范区内辣椒各生产环节的管理要求。

本标准适用于山东省出口农产品质量安全示范区内辣椒的种植、初级农产品处理、加工、运输贮存、流通等产业链全过程管理。

2　规范性引用文件

下列文件中的条款通过本标准的引用而成为本标准条款。凡是注日期的引用文件，仅所注日期的版本适用于本文件。凡是不注日期的引用文件，其最新版本（包括所有的修改单）适用于本文件。

GB 5084　农田灌溉水质标准
GB 7718　食品安全国家标准　预包装食品标签通则
GB 10465　辣椒干
GB 14891.4　辐照香辛料类卫生标准
GB 16715.3　瓜果作物种子　第 3 部分：茄果类
GB/T 19000　质量管理体系基础和术语
GB/T 20014　良好农业规范系列标准
GB/T 22000　食品安全管理体系　食品链中各类组织的要求
GB/T 30382　辣椒（整的或粉状）
国际食品法典委员会（CAC）农残限量标准

3　术语和定义

GB/T 19000、GB/T 20014、GB/T 22000 界定的术语和定义适用于本文件。

4　辣椒质量安全标准要求

4.1　质量安全标准

辣椒及其制品应符合 GB/T 30382 要求及目标市场要求。

4.2　监控计划

4.2.1　辣椒加工企业应对辣椒种植、原料验收、成品检验等辣椒产业链进行全面风险分析，建立全产业链监控计划。

4.2.2　根据不同种植地搜集辣椒质量安全信息，对种植地收获的辣椒进行质量安全评估，对进厂辣椒原料和出厂辣椒成品进行检验，检验内容应包含辣椒重要安全危害项目的验证，检测内容可参考附录 B。

5　种植过程

5.1　总要求

组织应按良好农业规范 GB/T 20014 系列标准建立体系，实施并保持。

5.2　产地环境、场所管理

产地环境及场所管理应符合《农产品产业链全过程管理规范　第 1 部分：果蔬通用要求》6.2 条款的规定。

5.3　轮作

常年种植地应避免与茄科蔬菜连作。

5.4　种子管理

5.4.1　根据自然条件、农艺特点、市场需求和优势区域规划选用抗病虫能力和抗逆性强、优质、高产、商品性好的种子。

5.4.2　种子质量应符合 GB 16715.3 要求。

5.5　土壤管理

应选择土层深厚、有机质丰富、排水和通气性良好的肥沃土壤。

5.6　肥料要求

以有机肥为主、化肥为辅，根据土壤营养诊断配方进行施肥。保持施肥记录，内容至少包括作物名称或品种、施用地点和面积、施用日期、化肥的商品名、类型、成分含量、施用量、施用方法、操作人员。

5.7　水质要求

灌溉水应符合 GB 5084 要求，不得使用未经处理污水。

5.8　病虫草害综合防治

5.8.1　应制定病虫害综合防治计划并实施。综合防治应使用安全、绿色的防控手段，减少化学投入品使用。

5.8.2　保存病虫害防治记录，记录应包含防治对象、防治时间、施用药剂、频次及使用方法等信息并注意农药使用安全间隔期。

5.9　田间管理

5.9.1　播种前处理

5.9.1.1　种子应进行消毒处理。

5.9.1.2 应选用适宜生产的消毒剂或高温闭棚进行床土消毒。

5.9.1.3 播种前应对种子进行催芽处理并保持种子湿润。

5.9.1.4 应保留种子处理记录及苗床消毒记录，记录应包括使用药剂、消毒时间，处理方式和其他必要信息。

5.9.2 播种和育苗

5.9.2.1 应根据栽培季节、气候条件、育苗设施选择适宜的播种期。

5.9.2.2 应根据种子大小、发芽率及定值密度确定播种量。

5.9.2.3 播前应浇足底水，播后覆盖营养土，苗床覆盖地膜，幼苗顶土后，应撤掉床面覆盖物。

5.9.2.4 应根据环境条件和栽培目的，采用温室或塑料棚冷床或温床育苗。采用穴盘，营养钵、纸袋等护根措施。

5.9.3 定植

5.9.3.1 移植过程中起苗应少伤根，多带土，栽植深度同秧苗原入土深度一致。

5.9.3.2 应根据品种特性、栽培季节和栽培方式确定定植密度。

5.9.4 施肥

5.9.4.1 重施底肥，合理追肥。不得使用以有毒有害工业原料生产的肥料及未经腐熟的人畜粪尿和饼肥。应保持施肥记录。

5.9.4.2 施肥后应根据土壤墒情及时灌溉，并保持灌溉记录。

5.9.4.3 应及时整枝打杈、摘除枯黄病叶、立支架、中耕除草，培土上厢，适时通风。

5.10 植保产品

应执行《农产品产业链全过程管理规范　第1部分：果蔬　通用要求》中6.9条款的规定。

5.11 采收

5.11.1 采收辣椒应连根拔起，不破坏根系，保证椒果继续从秸秆上吸收养分，增加椒皮厚度、红度和光泽。

5.11.2 应避免采收白皮花果，严禁黄果、青果、红果混装，采摘时应轻拿轻放，不要挤压椒果，损伤椒果表皮蜡质层，影响干椒品质。

5.11.3 采摘器具不得与常用器具混用、混放。用前清洗，保持清洗记录。

5.12 晾晒

5.12.1 晾晒场应选择干燥、通风、透气场所，避免阳光直接暴晒。

5.12.2 干制辣椒应符合GB/T 30382要求。

6 辣椒制品加工

6.1 生产企业资质要求

组织应按法规要求取得并持续保持相应生产资质。

6.2 原料

6.2.1 应选用同一品种，大小、光泽、颜色、滋味基本整齐一致，无明显缺陷的辣椒进行生产。

6.2.2　生产企业应制定包括农残、水分、微生物等项目的辣椒原料验收标准，根据标准要求进行项目检测，填写原料验收记录，并留存。

6.2.3　生产企业应进行原料产地风险评估。

6.2.4　应建立良好供货商管理制度，定期对供货商进行评估和考核，填写供货商评价记录并保存。

6.3　去石去杂

6.3.1　应采用比重去石机或风选去石机去除辣椒中杂质。

6.3.2　去石去杂车间与机械应保持清洁卫生，加工前后及时清理卫生，确保去石机内不留存辣椒干，以防霉变引起交叉感染。

6.4　清洗

应具备清洗设备对辣椒干表面泥土和灰尘进行清洗，符合目标市场感官要求。

6.5　筛选

应采用色选仪或人工挑选的方式对原料进行分级、筛选。

6.6　磨粉

6.6.1　辣椒磨粉技术应根据目标市场要求选用不同筛网目数的振动筛。

6.6.2　磨粉后，应经烘干机将辣椒粉水分降至安全线以下，并通过去磁机将辣椒粉中的金属杂质去除。

6.6.3　应对烘干机和去磁机定期进行维护，保存校验记录。

6.7　检测

质检人员对辣椒制品应按目标市场要求进行检测，合格后方可进行包装、入库。

6.8　熏蒸消毒

6.8.1　必要时，应根据目标市场要求对产品或包装材料进行熏蒸处理。

6.8.2　熏蒸时应填写熏蒸记录并保存。

6.9　辐照

6.9.1　目标市场要求应对产品进行辐照时，应对辣椒制品进行辐照处理。

6.9.2　产品应符合 GB 14891.4 要求或目标市场要求。

6.10　包装、标识

6.10.1　应选用干净无污染无异味包装材料进行包装，包装及标示应符合 GB 7718 要求或目标市场要求。

6.10.2　不同种植地、批次产品不得混放，并在货物前挂牌标识，确保产品追溯性，并做好记录。

7　运输

7.1　生产企业应建立装运操作规范，专人负责监装货物，填写监装记录并留存，监装记录应包括发货数量、批次、天气等。

7.2　装运前应检查运输车辆有无污染及锋利凸出物体。

7.3　装箱前应检查箱体的密封及卫生状况，如不合格应拒绝使用。

7.4　装运时应注意天气情况，没有防护措施时，不允许在雨雪天装箱。

7.5 非纸箱包装货物应在集装箱内铺设纸质垫板，放置干燥剂等防潮措施。

8 销售

应符合《农产品产业链全过程管理规范　第1部分：果蔬　通用要求》第10章的规定。

附　录　A
（规范性附录）
各国家/地区辣椒及制品主要检测项目要求及限量

项目	韩国	欧盟	美国
黄曲霉毒素总量	15微克/千克	10微克/千克	20微克/千克
黄曲霉毒素 B_1	10微克/千克	5微克/千克	
赭曲霉毒素A	10微克/千克	15微克/千克	
铅	0.2毫克/千克		
镉	0.1毫克/千克		
金属异物	10毫克/千克		
污秽腐败			不得检出

注：欧盟黄曲霉毒素限量标准来自欧盟指令EC（1881/2006）。
欧盟赭曲霉毒素限量标准来自欧盟指令（EU）2015/1137。
美国黄曲霉毒素限量标准来自美国FDA。
韩国要求限量标准来自韩国食品法典。

附　录　B
（规范性附录）
熏蒸消毒处理技术

磷化铝熏蒸室常压熏蒸处理

温度（℃）	磷化铝剂量（克/立方米）	密闭时间（小时）
11	3.96	72

溴甲烷熏蒸室常压熏蒸处理

温度（℃）	溴甲烷剂量（克/立方米）	密闭时间（小时）
11	64	24
16	48	48
21	48	24

附　录　C
（规范性附录）
指南符合性信息清单

条款	体系信息
5.2　产地环境、场所管理	场所位置图 土壤、空气、水质检测报告
5.4　种子管理	种子处理记录
5.5　土壤管理	田间管理记录
5.6　肥料要求	肥料清单 田间管理记录
5.7　水质要求	水质检验报告
5.8　病虫草害综合防治	病虫草害防治记录 基地农药使用记录
5.9　田间管理	田间管理记录
5.10　植保产品	植保产品清单 植保产品购入和领用记录 植保产品使用记录
5.11　采收	采收记录 农药残留检测结果记录 储存记录 农药残留检测结果记录
6.2　原料	原料验收记录
7　运输	监装记录

附录十

山东省地方标准（预计 2019 年发布）

农产品产业链全过程管理规范 第 9 部分：禽肉 通用要求

Standard for the whole process management of agricultural product industry chain Part 9：General requirements for poultry

---

1 范围

本标准规定了山东省出口农产品质量安全示范区内禽类的养殖和禽肉的生产、储运、销售等各个环节管理体系及产品质量安全的技术管理要求。

本标准适用于山东省出口农产品质量安全示范区内禽肉的养殖、加工、运输贮存、流通等产业链上的组织。

2 规范性引用文件

下列文件对于本文件的应用是必不可少的。凡是注日期的引用文件，仅注日期的版本适用于本文件。凡是不注日期的引用文件，其最新版本（包括所有的修改单）适用于本文件。

GB 2707 食品安全国家标准 鲜（冻）畜、禽产品
GB 2760 食品安全国家标准 食品添加剂使用标准
GB 2761 食品安全国家标准 食品中真菌毒素限量
GB 2762 食品安全国家标准 食品中污染物限量
GB 2763 食品安全国家标准 食品中农药残留限量
GB 4806 食品安全国家标准 食品接触材料及制品安全要求
GB 5749 生活饮用水卫生标准
GB 7718 国家标准预包装食品标签通则
GB 12694 食品安全国家标准 畜禽屠宰分割卫生规范
GB 13078 饲料卫生标准
GB 13457 肉类加工工业水污染物排放标准
GB/T 16548 病害动物和病害动物产品生物安全处理规程
GB/T 16569 畜禽产品消毒规范
GB 16869 鲜、冻禽产品
GB 18394 畜禽肉水分限量

GB 18596　畜禽养殖业污染物排放标准
GB/T 19000　质量管理体系 基础和术语
GB/T 19480　肉与肉制品术语
GB/T 20014　良好农业规范系列标准
GB/T 20799　鲜、冻肉运输条件
GB/T 22468　家禽及禽肉兽医卫生监控技术规范
GB/T 24616　冷藏食品物流包装、标志、运输和储存
GB/T 27301　肉及肉制品生产企业要求
GB/T 27320　食品防护计划及其应用指南
GB 28009　冷库安全规程
GB 28050　食品安全国家标准　预包装食品营养标签通则营养标签标准
GB/T 28640　畜禽肉冷链运输管理技术规范
GB 29921　食品安全国家标准　食品中致病菌限量
GB/T 29372　食用农产品保鲜贮藏管理规范
GB/T 33300　食品工业企业诚信管理体系
GB 50072　冷库设计规范
SN/T 3197　出口动物及动物源性食品残留监控技术规范

3　术语和定义

GB/T 19000、GB/T 20014.1、GB/T 19480 和 GB 12694 界定的术语和定义适用于本标准。

3.1

组织

为实现目标，由职责、权限和相互关系构成自身功能的一个人或一组人。

注1：组织的概念包括但不限于代理商、公司、集团、商行、企事业单位、行政机构、合营公司、协会、慈善机构或研究机构，或上述组织的部分或组合，无论是否为法人组织，公有的或私有的。

注2：本标准中的组织指出口农产品质量安全示范区中从事各类农产品种植、养殖、加工、运输、贮存、流通等活动的机构（注1）。

3.2

食品链

从初级生产直至消费的各环节和操作的顺序，涉及食品及其辅料的生产、加工、分销、贮存和处理。

注1：食品链包括食源性动物的饲料生产，和用于生产食品的动物的饲料生产。

注2：食品链也包括与食品接触材料或原材料的生产。

3.3

农产品产业链

各类农产品种植、养殖、加工、运输、贮存、流通等食品链过程活动的环节。

3.4

供方

提供产品或服务的组织。

示例：产品或服务的制造商、批发商、零售商或商贩。

注1：供方可以是组织内部或外部的。

注2：在合同情况下，供方有时称为“承包商”。

4 管理体系

4.1 管理体系的建立与保持

4.1.1 应建立和实施适用的管理体系，符合国际通行管理体系标准（附录A）要求。

4.1.2 组织每年应至少实施一次内部审核或委托有资质的第三方机构对管理体系进行审核，提供管理体系评价报告，并持续改进。

4.2 食品安全风险管理

4.2.1 组织应建立机制，跟踪国际、国家、行业食品安全风险监测信息及与组织有关的食品安全危害信息。

4.2.2 组织应策划、评估食品安全状况，对可能存在的安全隐患，应依据食品安全风险评估结果采取相应的措施。

4.2.3 组织应按HACCP原理识别食品链相关过程中的食品安全危害，并建立有效的控制措施。

4.2.4 组织应预留与食品安全风险相对应的食品安全风险基金或投保食品安全责任险。

4.3 食品链供方管理

4.3.1 组织应与食品链供方进行沟通，获得充分的食品安全信息。

4.3.2 组织应有效实施供方能力评价，选择合格供方，确保供方产品持续满足要求。

4.4 人员能力、培训与管理要求

4.4.1 组织应确保食品安全检验人员、不合格评审人员、质量管理与控制人员、农药及各类兽药产品使用与管理人员，化学品管理及使用人员、关键岗位操作人员、内审员接受过专业培训并具备相应能力。

4.4.2 组织应持续识别培训需求，制定培训计划，实施培训并保持培训记录。

4.4.3 组织应对所有与食品安全有关的人员实施食品安全法规标准、食品安全意识、HACCP理论、食品安全管理体系标准及文件培训。应确保专业兽医技术人员、动物检疫人员、养殖人员、产品安全检验人员、质量管理与控制人员、化学品管理及使用人员、内审员和关键岗位操作人员接受过专业培训并具备相应能力。

4.4.4 组织应保持与食品安全有关的有效人员名单，畜牧养殖、食品加工、管理人员应持有健康证明。

4.4.5 养殖场员工应经过业务培训且保持培训记录，能够处理可能发生的对人体健康安全、动物健康福利造成伤害的紧急事故。

4.5　信息保持、记录与通报要求

4.5.1　组织应按适用的管理体系标准要求建立文件、记录管理程序并保持相关记录。

4.5.2　应保持农产品产业链相关信息及记录，以提供产业链全过程标准化体系有效运行的证据。相关记录按附录C执行。

4.5.3　应策划有效的内部监督活动，根据内部、外部监督结果实施持续改进，并保持所有内部、外部监督管理信息。

4.5.4　应按要求通报产品质量安全重大事件。

4.6　可追溯管理

4.6.1　组织应建立且实施可追溯性系统，识别本标准要求的基本信息，确保能够识别产品批次及其与原料批次、生产和交付记录的关系，识别直接供方的进料和终产品初次分销的途径。

4.6.2　应按规定期限保持可追溯性记录。应采用适当方式公开向相关方展示追溯信息。可追溯性记录应符合相应标准、规范要求、顾客要求。

4.7　食品防护

组织应识别人为故意污染和蓄意破坏的可能性，建立食品防护计划并实施，应符合GB/T 27320要求。

4.8　召回和不合格品管理

4.8.1　组织应识别法规要求，建立书面的召回和不合格品管理程序。

4.8.2　当发现产品不符合质量安全标准或存在潜在危害时，应隔离不合格产品，对不合格品情况进行评审，实施处置，分析原因并采取纠正措施。

4.8.3　需要召回处理的，应在规定时间内通知相关生产经营者、消费者及监管部门。

4.8.4　每年对召回程序进行演练并保持纪录。对实际发生的召回应按规定的期限保持完整记录。

4.9　信用管理

4.9.1　组织应建立食品安全信用管理程序，对供应商、经销商及相关食品链组织违规行为进行记录，并采取相应限制措施。

4.9.2　加工组织应参照GB/T 33300实施食品诚信管理。

4.9.3　批发、零售市场应建立信用记录制度，对场内经销商违规经营行为应进行警示通告。建立对场内交易农产品的价格、检测、计量、质量等相关信息的公示制度。

4.10　生态、环保要求

4.10.1　组织应实施环境和生态保护。种植者应建立野生动植物管理和保护方案，了解农事活动对环境造成的影响。

4.10.2　组织应尽可能使用可持续的能源并进行监视，确保绿色环保、低碳节能、资源节约。

4.10.3　组织应实施废弃物和污染物管理，回收、处置并再利用。养殖污染物排放应符合GB 18596，加工废水排放符合GB 13457要求，畜禽产品消毒应符合GB/T 16569要求。

5 农产品质量安全要求

5.1 禽肉质量安全标准

农产品品质、食品安全应满足目标市场相关标准要求，标准包括但不限于 GB 2761、GB 2762、GB 2763、GB 29921、GB 2707、GB 16869 和 GB 18394。

5.2 产品监控、验证计划

5.2.1 组织应策划、制定产品质量安全验证计划，以提供对组织生产产品食品质量安全水平符合相应标准的证实。

5.2.2 应综合考虑产品特性、工艺特点、原料控制情况等因素合理确定检验项目和检验频次以有效验证生产过程中的控制措施。

5.2.3 监控验证计划应符合目标市场的相应标准、要求。家禽及禽肉兽医卫生监控应符合 GB/T 22468 要求，出口肉类残留监控应符合 SN/T 3197 要求。

5.2.4 监控计划应包含食品链过程中重要食品安全危害的验证活动。

5.2.5 监控计划应考虑适宜、可操作、有效的检测与验证方法。适宜时，可考虑对相关过程配备快速检测设备实施检测与验证。

5.2.6 每年应至少实施一次产品标准全项目验证检测，并提供检测报告。

5.3 检测机构、取样抽样及检测方法要求

5.3.1 应通过自行检验或委托具有资质的检验机构对原料和产品进行检验，应建立出厂检测记录制度。

5.3.2 自行检验应具备与所检项目适应的检验室和检验能力，应有相应资质的检测人员按规定抽样、检测。应确保检测设备设施满足检测需求，并对设备按期校准或检定。使用快速检测设备实施验证活动的，应对快速检测设备校准，并实施不合格复验程序。

5.3.3 检验室应有完善的管理制度，妥善保存各项检验的原始记录和检验报告。应建立产品留样制度，及时保留样品。

5.3.4 不同产品抽样要求，应按相关产品标准规定执行。

6 养殖过程管理

6.1 场址的选择和设施布局

6.1.1 养殖场应建在地势平坦、交通方便、背风向阳、排水良好的地方，水源足充、水质良好，周围 3 000 米内无大型化工厂，无有害气体、烟尘及其他污染。

6.1.2 养殖场布局应合理，便于卫生防疫，养殖场内应分设生活管理区、生产区及粪污处理区，养殖场内净道与污道应分开，应有废弃物处理和销毁设施。

6.1.3 污染防制应遵循减量化、无害化、资源化和综合利用的原则。

6.1.4 消毒剂等化学物质的使用应不影响禽的健康，储存有污染风险的化学物质应远离禽和饲料。

6.2 种禽管理

6.2.1 种禽养殖场应得到国家批准。

6.2.2 应确保种禽的出生或孵化和饲养符合 GB/T 20014 规定。

6.2.3　应保存关于种禽来源的书面记录，应能追溯到禽出生或孵化的养殖场。

6.2.4　引入的种禽应有畜牧兽医部门出具的检疫合格证明。

6.3　饲料和饮水

6.3.1　禽饮用水应充足，水质应符合 GB 5749 要求，并保持水质定期监测报告。

6.3.2　养殖场应确保饲料符合 GB 13078 的要求。

6.3.3　养殖场购买的配合饲料应能够追溯至合法供应商，应记录并保持饲料来源信息，包括供应商名称，饲料类型、数量和交付日期。

6.3.4　自制配合饲料应得到主管部门的授权或登记，并保存自配饲料配方、饲料原料标签或来源证明，每一种外购的饲料原料应来自合法供应商，应保存饲料原料供应商清单。

6.3.5　饲料应分类储藏，加药饲料应单独存放，标识清晰，防止饲料变质和交叉污染。

6.3.6　对供给饲料和饮水的设施设备应制定卫生清洁程序，并定期清洁。

6.3.7　应制定并执行饲料和饮水供给程序，并针对供给饲料和饮水的异常事故制定应急程序。

6.4　禽健康

6.4.1　舍内环境不应对禽健康产生负面影响。

6.4.2　专业兽医技术人员对养殖场每年至少一次全面检查。

6.4.3　应在专业兽医技术人员协助下制定并执行动物健康计划。计划应包括疾病预防策略、常见问题处置措施、饲料和水进行药物处理要求。

6.4.4　所有治疗应由专业兽医技术人员完成，兽医用具和设备应清洁且维护良好。

6.4.5　养殖场应制定并实施卫生防疫规范，做好日常卫生清理、消毒，应建立饲养日志，记录动物健康检查、饲料投喂、卫生防疫和死亡淘汰等内容。

6.4.6　应按我国动物防疫法要求选用符合质量标准的疫苗，结合当地实际制定并实施科学的免疫程序。

6.4.7　应对每次使用的疫苗种类、批号、产地、有效期、禽批次标识等详细记录。

6.4.8　应制定并实施疫病监测计划，按法律要求向有关部门通报相关疾病情况。

6.5　用药

6.5.1　养殖场应完整保存兽药合法购买记录。记录应包括购买日期、产品名称、数量、批号、有效期和生产厂家。

6.5.2　应使用主管部门批准注册的兽药，应保存使用过的药物清单。

6.5.3　应遵守主管部门制定的兽药安全使用规定，并建立用药记录。记录应包括兽药批号、用药日期、用药禽标识代码、用药禽数量、用药总量、用药结束日期、休药期，药物管理者姓名。

6.5.4　应严格遵守兽药休药期，并遵守药物使用说明书规定。

6.5.5　不应将原料药直接添加到饲料及动物饮用水中，不应将人用药品用于动物。

6.5.6　兽药应由专人管理，管理药物员工应经过培训且具备相关知识。药物应储藏在安全、环境适宜且与其他材料分开的场所。

6.5.7　过期药物和使用过的药物包装，应按照兽医建议的方式进行处理，以避免导致误用。

6.5.8 当药物残留超过规定限值时，应执行由专业兽医技术人员批准的整改程序。

6.6 病死禽处理

病死禽存放应远离禽舍，盛放病死禽的容器应密闭，易于清洗和消毒。

6.7 活禽配送

6.7.1 配送禽时应随附识别禽批次等初级生产信息文件。

6.7.2 运输过程中应注意动物福利，避免增加禽的不适感。

6.7.3 禽装运前应由政府主管部门进行检疫并出具动物检疫合格证明。

6.7.4 装运禽的运输工具应及时清洗和消毒。

7 禽肉生产加工

7.1 基于 HACCP 的食品安全管理要求

组织应依据目标市场要求，按 HACCP 原理实施食品安全危害的识别与管理，选择适用的国际通行管理体系标准建立并实施管理体系，包括但不限于附录 A 列明标准。

7.2 加工企业资质要求

应按法规要求取得相应食品生产企业资质，有食品生产许可证要求的企业应获得食品生产许可资格，并持续保持。

7.3 良好生产规范要求

7.3.1 一般要求

7.3.1.1 应遵循相关法规和标准，建立原辅料接收、屠宰、分割、肉制品加工、包装、储存和运输全过程的卫生质量控制良好操作规范，符合目标市场要求。

7.3.1.2 屠宰加工应符合 GB 12694 要求，肉制品加工应符合 GB/T 27301 的要求。

7.3.2 原料接收和宰前检查

7.3.2.1 供宰禽应来自经批准的养殖场，具有动物检疫合格证明，必要时运载工具应有消毒证明。

7.3.2.2 执行宰前检查的人员应能够科学实施运输过程中死亡禽的处理、传染病或疑似传染病的处理、来源不明或证明不全的禽的处置。

7.3.2.3 宰前检查应考虑禽饲养状况、用药及疫病防治情况等。

7.3.2.4 应将宰前检查信息向养殖场和宰后检查人员的反馈，保存宰前检查记录。

7.3.2.5 在待宰管理、宰前处理等环节应能够保证动物福利。

7.3.3 宰后检查

7.3.3.1 检疫点站位合理，检验检疫人员有相应兽医知识和技能，能够满足屠宰线速度要求。

7.3.3.2 应通过对禽胴体和内脏检验，结合初级生产和宰前检查信息，判断肉类是否适合人类食用。

7.3.3.3 感官检查不能准确判定肉类是否适合人类食用时，应采取其他适当手段进一步检验或检测。

7.3.3.4 判定无害化处理的肉类或其他部分应按 GB 16548 要求合理处置。

7.3.3.5　主管兽医为确保充分完成宰后检查，应有权减慢或停止屠宰分割。

7.3.3.6　宰后检查应做好记录，检查结果应及时分析，汇总上报政府主管部门并反馈养殖场。

7.3.4　屠宰分割要求

7.3.4.1　食品接触面应清洁卫生，材料防水，设计易于清洗。

7.3.4.2　应保证链条、挂钩、传送带、生产线缝隙和工作台背面的清洁卫生，避免存在锈蚀、污物、碎肉、脂肪等。

7.3.4.3　屠宰、检验过程中使用的工器具和设备应保持清洁并定期消毒。

7.3.4.4　应设专门区域暂存和处理禽肉副产品和废料。

7.3.4.5　副产品加工车间的设备设施应保持卫生，废水及时排放。

7.3.4.6　应防控肉类污染。避免可疑病害禽胴体、组织、体液、胃肠内容物污染其他肉类、设备和场地。

7.3.5　肉制品加工要求

7.3.5.1　肉类制品原料肉应来自符合要求屠宰企业。

7.3.5.2　辅料和助剂需根据本标准4.3条款要求选择合格供方，验收合格，保存物料清单和验收合格证明。

7.3.5.3　生产车间应按工序设置，按照高清洁区和低清洁区要求，做到相对独立。

7.3.5.4　肉品原料、辅料和成品的存放场所应分开设置，不得直接相通或共用一个通道。

7.3.5.5　生品和熟品加工操作区之间应有界面实施隔离。

7.3.5.6　热杀菌产品应开展杀菌设备热分布和热穿透测试，进行热杀菌工艺规程验证。

7.3.5.7　压力表、温度显示及自动记录装置应及时经计量检定和校准。

7.3.5.8　与蒸煮、油炸、烟熏、烘烤设施配套的排油烟和通风装置合理有效。

7.3.5.9　应保持良好的环境温度和产品温度，有温度测量显示装置和温度自动记录装置。应控制预冷、分割、包装、换装的环境温度，使产品符合GB 12694要求。

7.4　食品添加剂和非食用物质的管理

7.4.1　食品添加剂使用应符合GB 2760要求及目标市场要求，应保持添加剂使用清单。

7.4.2　复合添加剂应明确具体成分并符合使用规定，所有使用的添加剂应与产品标签标注相符。

7.4.3　应在风险分析的基础上对使用的食品添加物质策划检验验证活动，保持检验结果证明。

7.5　包装

7.5.1　产品包装应符合相应产品标准中包装要求的规定。

7.5.2　包装材料应符合GB 4806等包装材料卫生标准的要求。

7.5.3　标签制作应使用无毒油墨或胶水。

7.5.4　应保存产品包装材料清单、检测报告。

7.6　标识

7.6.1　产品标识应符合GB 7718、GB 28050要求以及相关产品专项标签标准要求。

7.6.2 出口产品应符合 CODEX STAN 1 预包装食品标签通用标准及相应目标市场标签标准要求。

7.6.3 应在包装销售的禽肉包装上标注品名、产地、生产者或者销售者名称、生产日期。

7.6.4 认证产品标识应符合相关认证要求。产品有分级标准应当标明产品质量等级。

7.6.5 未包装的禽肉应当采取附加标签、标识牌、标识带、说明书等形式标明禽肉的品名、生产地、生产者或者销售者名称等内容。

8 贮藏与运输

8.1 总要求

禽肉的贮藏运输应符合 GB/T 20799、GB/T 28640、GB/T 24616、GB/T 29372 的要求。

8.2 物流设备设施

8.2.1 应使用符合国际、国家通用规格、性能、材质的标准装备，在其堆码、包装、装载、搬运、运输及仓储过程中按照统一的规范进行。

8.2.2 在供应链过程中，物流设备设施应树立单元化、模块化、标准化理念，促成物流设备设施循环共用系统建立。

8.3 贮藏

8.3.1 产品应明确贮藏方法，做好产品贮藏记录。

8.3.2 禽肉产品应在垫板上分类堆放，并与墙壁、顶棚、排管有一定距离。

8.3.3 应科学进行产品垛位标识，能够实现追溯，并确保产品先进先出。

8.3.4 应按国家标准要求建立库房，库房设计应符合 GB 50072 和 GB 28009 要求。

8.3.5 预冷库、速冻库、冷藏库等库房的温度应符合 GB 20799 要求。温湿度显示装置、自动温度记录装置能够正常运行，应保存温湿度运行记录。

8.3.6 产品入库前库房应进行消毒，入库后库房应定时检查，确保正常运行。

8.3.7 库房内应保持通风，应有防霉、防鼠、防虫设施。库房应定期清洁消毒，并保存记录。

8.4 运输

8.4.1 有温度要求的运输工具，冷藏或保温设施应性能良好，并能进行清洗消毒，能正常密闭。

8.4.2 冷藏运输车辆在装车前应检查车辆制冷性能、箱体的预冷温度。

8.4.3 运输过程中应定时记录温度和湿度，并保持运输工具内的气流通畅。对于长途运输，应制定应急预案。

8.4.4 严禁与可能造成气味或有害污染的货物混装。

8.4.5 应制定并执行车辆清洗消毒程序，装车前对车辆卫生状况检查，必要时监督装运，并保存监装记录。

8.4.6 装载应做好记录，记录禽肉的品种、批次号、装车时间、车牌号和货柜号、卸载时间、地点、箱体温度等可追溯性信息。

9　批发和零售

执行《农产品产业链全过程管理规范　第1部分：果蔬　通用要求》中第10章的规定。

附　录　A
（资料性附录）
推荐性国际通行管理体系标准

ISO 9001：2015　质量管理体系要求

ISO 14001：2015　环境管理体系

ISO 22000：2018　食品安全管理体系—食品链中各类组织的要求

HACCP 体系及其应用准则

全球良好农业规范标准（Global GAP All farmbase corp base and FV V4.0）

IFS 国际食品安全标准（IFS International Food Standard · V6）

FSSC 22000 欧盟食品及饮料产业联盟食品安全管理体系标准要求

GMP 良好生产规范（Good Manufacturing Practice）

SSOP 卫生标准操作程序（Sanitation Standard Operating Procedure）

BRC 国际食品安全标准（BRC Globle Standard-Food Safety Issue 8）

SQF 2000 食品安全标准（Comprehensive SQF 2000 System Implementation）

NOP 美国国家有机项目

JAS：Japanese Agriculture Standard 日本有机农业标准

附　录　B
（资料性附录）
法律法规标准清单

GB 2761　食品安全国家标准　食品中真菌毒素限量

GB 2762　食品安全国家标准　食品中污染物限量

GB 2763　食品安全国家标准　食品中农药残留限量

日本肯定列表　食品中农业化学品残留限量

国际食品法典委员会（CAC）农残限量标准

EU 08-04　欧盟食品中农药残留限量标准

EC 2073　欧盟对食品中微生物的要求

动物性食品中兽药最高残留限量（农业部 2002 年 235 号公告）

兽药部分品种的停药期规定和部分不需制订停药期规定的品种（农业部 2003 年 278 号公告）

附　录　C

（规范性附录）

符合性信息清单

条款	体系文件	体系信息
4.1　管理体系的建立与保持	管理体系文件 文件和资料控制程序 内部审核制度	管理体系认证证书 管理体系评价报告 不符合及整改报告
4.2　食品安全风险管理	卫生质量方针、目标和责任制度 组织机构图 部门及岗位职责	食品安全法律法规标准清单
4.3　食品链供方管理	合格供方评价程序	合格供方名录 合格供方评价及证明材料
4.4　人员能力、培训与管理要求	培训计划	培训实施记录 工作人员名单及能力证明 食品加工管理人员健康证明
4.5　信息保持、记录与通报要求	食品安全管理体系文件	内审、外审、监督结果报告与记录
4.6　可追溯管理	产品标识与信息追溯程序	成品的批次、原料、半成品、生产、交付信息记录
4.7　食品防护	食品防护计划	
4.8　召回和不合格品管理	不合格品管理程序 产品召回程序	产品召回信息（包含产品名称、批次、数量、时间） 不合格品评审及处置记录 纠正、预防措施记录 产品召回演练证据
4.9　信用管理	食品安全信用管理程序	食品安全诚信体系认证证书 信用管理记录（包含供方、经销商及相关食品链组织违规行为及采取相应限制措施的记录）
4.10　生态、环保要求		废水、废料、废气、粪便、动物病尸生物无害化处置记录
5.2　产品监控、验证计划	原材料、过程、成品检验程序 加工工艺	产品标准 监控计划 原材料、过程、成品检验记录 重要食品安全检验验证记录 产品标准全项目检验报告
5.3　检验机构、取样抽样及检验方法要求	出厂检验记录制度 实验室管理制度 检验方法标准 抽样标准	检验原始记录 留样记录

（续表）

条款	体系文件	体系信息
6.1　场址的选择和设施布局		场所位置图 水质监测报告 排污记录
6.2　种禽管理	养殖孵化操作程序	种禽运输记录 禽只入场检疫合格证明 种苗供方资质证明
6.4　饲料和饮水	饲料和饮水系统定期清洁程序 供给饲料饮水程序 饲料和饮水异常事故应急程序	水质检测报告 配合饲料来源信息 饲料配方 饲料原料标签 自配饲料原料供应商清单
6.5　禽健康	兽医健康计划 免疫程序 疫病检测方案 养殖场卫生规范	饲养日志 免疫记录
6.6　用药	兽药残留超限整改计划	兽药购买记录 药物清单 用药记录 药物说明书 药物残留检测报告 用药记录
6.7　病死禽的处理	病死禽处置程序	病死禽的处理记录
6.8　活禽配送		配送禽只随附文件 动物检疫合格证 车辆消毒证（必要时）
7.1　基于HACCP的食品安全危害管理要求	食品安全管理体系文件/HACCP体系文件	食品安全管理体系/HACCP认证证书 危害分析表及HACCP计划表
7.2　加工企业资质要求		生产许可证 出口企业备案证明
7.3　良好生产规范要求	宰前宰后检查程序 加工设备设施维护保养程序 卫生标准操作程序	车间平面图 工艺流程图 供水网络图 HACCP实施记录（监控、纠偏及验证） 动物检疫合格证 运载工具消毒证明（必要时） 宰前检查记录 宰后检查记录 原辅料清单 原辅料验收合格证明 温度控制记录 金属探测记录

（续表）

条款	体系文件	体系信息
7.4　食品添加剂和非食用物质的管理		食品添加剂使用清单 食品添加剂供方评价及资质证明 食品添加剂检验计划及检测报告
7.5　包装		产品包装材料清单 包装标准要求 包装检测报告
7.6　标识		产品销售包装标识样本 产品认证证书
8.1　总要求	贮藏与运输管理程序	
8.3　贮藏		产品贮藏方法 产品贮藏记录 温湿度运行记录 储存库清洁消毒记录
8.4　运输	车辆清洁消毒程序 长途运输应急预案	监装记录 装载运输过程记录

附录十一

山东省地方标准（预计 2019 年发布）

农产品产业链全过程管理规范
第 10 部分：鸡肉　技术指南

Standard for the whole process management of agricultural product industry chain
Part 10：Specification for Chicken

1　范围

本标准规定了山东省出口农产品质量安全示范区内原料肉鸡各生产环节管理要求。

本标准适用于山东省出口农产品质量安全示范区内鸡养殖、屠宰、鸡肉加工、贮运、流通产业链全过程管理。

2　规范性引用文件

下列文件对于本文件的应用是必不可少的。凡是注日期的引用文件，仅注日期的版本适用于本文件。凡是不注日期的引用文件，其最新版本（包括所有的修改单）适用于本文件。

GB 5749　生活饮用水卫生标准
GB 7718　预包装食品标签通则
GB 12694　畜禽屠宰加工卫生规范
GB 13078　饲料卫生标准
GB 14881　食品生产通用卫生规范
GB 16548　病害动物和病害动物产品生物安全处理规程
GB/T 20799　肉和肉制品经营条件
GB/T 22469　禽肉生产企业兽医卫生规范
GB/T 27341　危害分析与关键控制点体系食品生产企业通用要求
GB 28050　预包装食品营养标签通则
GB/T 28640　畜禽肉冷链运输管理技术规范

3　术语和定义

GB/T 19000、GB/T 20014.1、GB/T 19480 和 GB 12694 界定的术语和定义适用于本标准。

4 鸡肉质量安全标准要求

4.1 执行标准

应符合《农产品产业链全过程管理规范　第9部分：禽肉　通用要求》中5.1条款禽肉质量安全标准要求。

4.2 监控计划

4.2.1 监控计划应根据风险分析确定监控项目，监控项目应包括动物疫病、有害物质残留和微生物3种。

4.2.2 根据产品种类、生产水平、目标市场等因素确定监控项目风险等级，确定需要检测样品的分析材料及取样的频率、时间和数量。

4.2.3 监控项目的安全限量应根据目标市场要求确定。

5 养殖过程

5.1 种鸡和种蛋

5.1.1 引入养殖场的种鸡应有运输记录、检疫合格证明。对引入的种禽应逐笼检查健康状况、品种类型和繁殖用途。

5.1.2 所有种鸡应按免疫程序进行免疫。

5.1.3 种鸡应未感染鸡败血支原体等能垂直传播的病原体。

5.1.4 种鸡场应按要求进行沙门氏菌的监控，淘汰阳性种蛋和种禽。将缺陷蛋、破损蛋或污染蛋剔出。应保存沙门氏菌检测记录。

5.1.5 收集种蛋之前应洗手消毒；种蛋应装在清洁干燥的蛋托中，并存放到温度湿度受控的蛋库中。

5.1.6 种蛋应有完整的收集记录，每批种蛋应标明种禽场的名称和产蛋日期。

5.2 孵化

5.2.1 孵化场应具有完善的卫生防疫设施，应能提供未受沙门氏菌感染证明。

5.2.2 孵化器应配有高质量的温度计和温湿度控制器，确保正常孵化。

5.2.3 种蛋在孵化之前应进行熏蒸或卫生处理，每批蛋应有熏蒸或卫生处理记录。

5.2.4 孵化操作应符合安全卫生要求，应保证从进蛋到出雏全过程遵守安全卫生操作程序并保存孵化记录。

5.2.5 雏禽应被放置在洁净的出雏箱内，在出雏箱内每只雏禽应有自由活动空间，出雏箱应进行温度和光照控制，废弃物和弱雏应予以识别，并人工清除。

5.2.6 应按规定进行清洗和消毒雏禽配送设备。

5.3 肉鸡的室内饲养

5.3.1 肉鸡养殖场

5.3.2 肉鸡养殖场周围应设隔离带，场内生产区和生活区分开，净道和污道应分开，粪便等废弃物应合理处置。

5.3.3 鸡舍顶棚应防水，地面和墙壁应便于清洗消毒，地面应舒适卫生。

5.3.4 鸡舍应有防鸟设施和防鼠装置，夏季应安装纱窗、纱门，冬季入口处应缓冲寒风进入。

5.3.5　在整个饲养周期内肉鸡饲养密度应可使肉鸡能自由活动，留有检查人员自由进入检查和转移病残肉鸡的空间。

5.3.6　鸡舍内有毒有害物质含量应符合相应标准要求，微生物和灰尘控制在可接受范围内。空气质量应受控，确保不引起人员明显不适。

5.3.7　夏季应降低饲养密度、增加通风量或洒水降温以预防肉鸡热应激，冬季鸡舍应有取暖和换气。

5.3.8　应根据肉鸡饲养状态调节鸡舍温度和通风量。有自动通风装置的鸡舍，每天应测量温度，减少温度波动，并做好记录。应关注天气预报，有应对温度急剧变化的措施。

5.3.9　光照强度应保持适宜，同一鸡舍内应一致。在人工光照下的肉鸡，每天应有黑暗时间。

5.3.10　鸡舍内应有标识明示养殖面积、养殖量、温度控制、饲料类型等内容。

5.3.11　同一栋鸡舍饲养的肉鸡应为同一日龄。

5.3.12　使用垫料时，垫料的材料、厚度和粒度应适宜，应干燥松散。应定时添加垫料，在肉鸡出栏后，用过的垫料应及时清除并妥善处理。

5.4　肉鸡室外饲养

5.4.1　在夏季应为室外饲养肉鸡提供避阴区域，避免热应激。

5.4.2　鸡舍内应有可供肉鸡休息区域，进出鸡舍通道应足够并分布适当，肉鸡应能正常进出鸡舍。

5.4.3　室外饲养应有保护设施，以免肉鸡受意外伤害。

5.5　饲料和饮水

5.5.1　应给肉鸡提供能满足营养健康需要的饲料，饲料应来源明确，配方合理，符合GB 13078要求。

5.5.2　应给肉鸡持续供给充分清洁、新鲜的饮水，水质应达到GB 5749要求。

5.5.3　供料和供水设备的设计应能够满足饲养需要，保证采食空间充足，所有肉鸡应易于接近。

5.5.4　水罐和输水管应定期清洁，并保存记录。源头储水罐应加盖，并进行卫生监控。

5.5.5　应安装水表以记录每天的用水量，如果出现异常情况，应采取纠正措施。

5.6　肉鸡健康

5.6.1　刚到达养殖场的鸡苗应尽快放入预热的育雏室，保存雏禽接收记录，并进行监护。

5.6.2　鸡舍环境和设施应有利于肉鸡健康，出现问题时应及时调查并采取有效措施。每栋鸡舍应保存单独饲养日志。

5.6.3　应制定并执行动物健康计划。

5.6.4　专业兽医技术人员应根据肉鸡养殖场类型确定检查频率。

5.6.5　如果每日死亡率有大的波动超过0.5%，应对原因进行调查，并记录在兽医检查记录中。

5.6.6 一般员工应能识别健康和非健康肉鸡，如遇不能有效处理的肉鸡发病情况，应通知专业兽医技术人员进行处置。

5.6.7 应识别接受过药物治疗的鸡群，如在停药期内出售，应为买方提供该批肉鸡的用药记录，并声明停药日期。

5.6.8 发现肉鸡一类传染病或疑似一类传染病时，应立即向主管机构报告。

5.6.9 已确认感染了沙门氏菌的鸡群，应对鸡舍进行彻底清洗消毒处理，避免后续存栏的鸡群受影响。

5.6.10 应执行残留监控抽样计划，如发现样品中有违禁物质残留或残留超过安全限量，应通知兽医。

5.7 卫生和害虫的控制

5.7.1 养殖场同一批次肉鸡应实行“全进全出”制度，出栏后设空舍期，应按照程序对场区、鸡舍、养殖用具、水箱和饲料仓库等全面彻底清洗消毒。

5.7.2 养殖场应设更衣、消毒设施。消毒液应合格并维持特定浓度，按规定进行更换和记录。

5.7.3 制定并落实养殖场人员、车辆和原材料进入的规章制度。人员进入养殖场应进行鞋靴消毒，车辆进出养殖场应消毒。

5.7.4 禁止猫、狗或其他宠物进入鸡舍，应有虫鼠害控制计划和记录。

5.7.5 员工不应私自饲养或接触其他禽类和鸟类。

5.7.6 员工接触过死禽、进餐前后、如厕后应洗手。

5.8 病死鸡处理

5.8.1 应对鸡舍定期检查，以便发现死鸡、病鸡或受伤的肉鸡。对采食或饮水困难的肉鸡应及时剔除，并人道处死。

5.8.2 病死鸡尸体应存放在鸡舍以外，应有易于清扫消毒且专门隔离的房间和器具存放。

5.8.3 应对病死禽进行生物无害化处理，并保存记录。

5.9 饲养员意识

5.9.1 员工应经过培训，具有药品安全使用、肉鸡养殖、肉鸡健康和福利（包括对疾病和异常行为的识别）以及获取帮助方面的知识。

5.9.2 应善待和爱护肉鸡，在管理方面给肉鸡提供应有的福利条件。

5.10 活鸡配送

5.10.1 参加捕捉、运送肉鸡的员工应经过培训，应采取正确方式抓提肉鸡。捕捉时应调整灯光亮度，降低肉鸡应激反应。

5.10.2 应有专人负责监督出栏装运，并确保禽群适于运输，不适宜的肉鸡或死禽不被启运。

5.10.3 肉鸡在装运至屠宰场前应合理禁食，适时禁水。

5.10.4 肉鸡应在安静、清洁、可以得到休息的状态下被运送到屠宰场。

6　鸡肉生产加工

6.1　一般要求

6.1.1　企业应根据 GB/T 27341 标准建立实施 HACCP 体系并有效运行。

6.1.2　肉鸡屠宰加工卫生应符合 GB 12694 要求。

6.1.3　鸡肉生产加工的厂区应符合 GB 14881 规定。

6.2　原料接受和宰前检查

6.2.1　肉鸡配送过程中应避免粪便污染、应激反应或伤害。

6.2.2　运载工具应及时清洗和消毒。

6.2.3　屠宰场兽医应检查供宰肉鸡产地检疫证明。

6.2.4　应对供宰肉鸡按程序进行宰前检查。

6.2.5　不应接受运输过程中死亡的鸡只、有传染病或疑似传染病的鸡只、来源不明或证明不全的鸡只。

6.2.6　对判定为不适宜正常屠宰的鸡只，应按照有关兽医规定处理。

6.2.7　未按期停药肉鸡应推迟宰杀。

6.2.8　临诊发现沙门氏菌病时，禁止宰杀用于人类食用。

6.3　宰后检查

6.3.1　应在适宜的光照下按规定进行宰后检查。

6.3.2　对胴体体表、胴体体腔和内脏应逐只进行视检，必要时进行触检或切开检查。

6.3.3　应注意胴体的质地、颜色和气味的异常变化，注意屠宰操作可能引起的异常变化。

6.3.4　应利用初级生产和宰前检查信息和宰后检查结果，判定肉类是否适合人类食用。感官检验不能准确判定是否适合人类食用时，应进一步检验或检测。

6.3.5　废弃肉类或鸡只其他部分，应做适当标记，并用防止与其他肉类交叉污染的方式处理，保持标识、处理记录。

6.3.6　为确保能充分完成宰后检查，主管兽医有权减慢或停止屠宰加工。

6.3.7　发现与 GB/T 22469 描述相符合的情况时，产品不能供人类食用。

6.4　屠宰加工

6.4.1　屠宰场应设兽医办公室，配有相应的检验检疫设施和办公用具。

6.4.2　不得在同一屠宰间同时屠宰不同种类动物。

6.4.3　肉鸡浸烫、脱毛与宰杀应在明显分开区域进行。

6.4.4　肉鸡宰杀后，对胴体的修整应悬挂进行。

6.4.5　车间内应留有足够的空间以便于实施宰后检查。

6.4.6　食用副产品加工车间的面积应与加工能力相适宜，设备设施应符合卫生要求。

6.4.7　胃肠加工应防止对鲜肉的污染，胃肠内容物和废水应以封闭方式排入排水系统，胃肠加工车间应安装通风装置。

6.4.8　被脓液、病理组织、胃肠内容物、渗出物等污染物污染的胴体或肉类，应由技术人员进行处理。需要无害化处理的，应符合 GB 16548 要求，并保存记录。

6.4.9 污染的设备和场地应在兽医监督下进行清洗和消毒后，才能重新加工正常鸡只。

6.4.10 加工操作应尽可能迅速，使产品保持规定温度，鸡肉及其可食用副产品应保持在微生物风险可控的温度以下。

6.5 肉制品加工

6.5.1 原料肉和成品储藏间、专用辅料、助剂存放间和配制间，应与生产能力相适应。

6.5.2 根据产品的类型和加工工艺不同，应设包装拆除间、原料解冻间、原料肉清洗间、分割间、腌制间、熟制间、烟熏间、烘烤间、预包装肉制品的切片间、冷却间和包装间，以及与加工车间相连的辅料存放间和配置间等。

6.5.3 应使用自然解冻、喷淋解冻、流动水解冻等方式解冻肉类原料，防止交叉污染。

6.5.4 热加工处理应在独立的车间进行，生、熟加工应严格分开。

6.5.5 杀菌设备应具有温度、时间和压力的指示装置。双重锅、杀菌锅等压力容器应符合国家规定的压力容器安全标准。

6.5.6 辅料、助剂应来自合格供应商，具有质量合格证明，并经过进厂验收合格后方准使用。

6.5.7 必要时应用监控设备如金属探测仪、X射线检测仪等控制物理危害。

6.6 设施、设备和工器具清洗消毒

6.6.1 在肉鸡屠宰、检验过程中使用的工器具、设备，如放血刀具、检验刀具、同步检验盛放内脏的盘等，都应定时进行清洗消毒。

6.6.2 班前班后应对车间设施、设备进行清洗消毒。

6.6.3 必要时，应对设施、设备和工器具等接触食品加工面进行班中定时清洗消毒。

7 包装、储存、运输卫生

7.1 包装

7.1.1 合理运输、存放和使用包装物料。包装物料应不含影响鸡肉食用安全的有害物质，不得改变肉的感官特性，应提供检测合格证明。

7.1.2 包装物料应有足够强度，保证在运输和搬运过程中不易破损。

7.1.3 肉类包装材料不得重复使用，除非包装是用易清洗、耐腐蚀材料制成，在使用前经过清洗和消毒。

7.1.4 内、外包装物料应分别专库存放，包装物料库应干燥、通风，保持清洁卫生，保存包装材料清单。

7.1.5 分割及检查合格后供食用的鲜肉和副产品应在防控微生物污染的条件下进行包装。

7.1.6 内包装在使用前应进行消毒处理。内、外包装材料应在卫生条件下运进车间。

7.2 贮藏

7.2.1 储存库温度应符合鸡肉及其制品要求。

7.2.2 储存库内应保持清洁、整齐、通风，不得存放有碍卫生的物品，同一库内不得存放可能造成相互污染或者串味的食品。

7.2.3 冷库应有防霉、防鼠、防虫设施，应定期除霜，定期消毒。

7.2.4　应保存产品出入库记录。按照先进先出的原则，贮藏过程中随时检查防止风干、氧化、变质。

7.2.5　建立储存过程质量检查制度，及时预告并处理有变质征兆的产品。

7.2.6　无外包装熟肉制品限时存放在专用成品库中，如需冷藏贮存应包装严密，不得与生肉、半成品混放。

7.2.7　各种腌、腊、熏制品按品种采取相应贮存方法。

7.3　运输

7.3.1　运输工具应清洁卫生，并根据产品特点配备制冷、保温等设施。

7.3.2　用于运输肉类的工具不得运输活鸡或其他可能污染肉类的物品。

7.3.3　包装肉与裸装肉同车运输应采取物理性隔离防护措施。

7.3.4　运输过程应符合 GB/T 20799 和 GB/T 28640 要求。

7.4　标识

7.4.1　预包装食品应符合 GB 7718 要求，预包装食品营养标签应符合 GB 28050 要求。

7.4.2　应保存产品销售包装标识样本。

8　特殊条款

对于必须按照传统工艺或宗教习俗生产加工的产品，在保证肉类安全卫生的前提下，应按传统工艺或宗教习俗生产加工。

附　录　A
（规范性附录）
法律法规标准清单

GB 2761　食品安全国家标准　食品中真菌毒素限量

GB 2762　食品安全国家标准　食品中污染物限量

GB 2763　食品安全国家标准　食品中农药残留限量

日本肯定列表　食品中农业化学品残留限量

国际食品法典委员会（CAC）农残限量标准

EU 08-04　欧盟食品中农药残留限量标准

EC 2073　欧盟对食品中微生物的要求

动物性食品中兽药最高残留限量（农业部 2002 年 235 号公告）

兽药部分品种的停药期规定和部分不需制订停药期规定的品种（农业部 2003 年 278 号公告）

附　录　B
(规范性附录)
标准与记录对照表

条款	体系文件	体系信息
5.1　种禽和种蛋	种鸡免疫程序 沙门氏菌监控程序	种鸡运输记录 检疫合格证明 非疫区证明 沙门氏菌检测记录 种蛋收集记录及标识
5.2　孵化	孵化安全卫生操作程序	未受沙门氏菌感染的证明 熏蒸或卫生处理记录 孵化记录
5.3　肉鸡的室内饲养	恶劣天气应对措施	鸡舍温度控制记录 鸡舍信息明示卡
5.5　饲料和饮水	用水异常纠正措施	水质检测报告 供水设备卫生清洁记录 日用水量记录 饲料配方
5.6　肉鸡健康	动物健康计划 疫情上报制度 残留监控抽样计划	雏禽接收记录 饲养日志 兽医检查记录 用药记录 停药期声明（必要时） 沙门氏菌监测记录 残留监控抽样记录
5.7　卫生和害虫的控制	全进全出制度 虫鼠害控制措施 清洗消毒程序 虫鼠害控制计划	清洗消毒记录 虫鼠害控制记录
5.8　病死鸡处理		病死鸡生物无害化处理记录
5.9　饲养员意识		员工培训记录
6.1　一般要求	HACCP 体系文件	危害分析表及 HACCP 计划表
6.2　原料接受和宰前检查	宰前检查程序	肉鸡产地检疫证明 宰前检查记录
6.3　宰后检查	宰后检查程序	宰后检查记录 废弃物处理记录
6.4　屠宰加工	产品污染处置程序	无害化处置记录
6.5　肉制品加工		原料、助剂质量合格证明 辅料、助剂进厂验收记录

（续表）

条款	体系文件	体系信息
7.1　包装	产品包装标准要求	包装检测合格证明 包装材料清单
7.2　贮藏		产品出入库记录 冷库温度控制记录
7.3　运输		运输记录
7.4　标识		产品销售包装标识样本

附　录　C
（规范性附录）
禽及禽制品主要检测项目及限量

表C.1　欧盟与中国部分兽药最高残留限量比较表

（单位：毫克/千克）

序号	药品名	欧盟		中国	
		食品名	限量	靶组织	限量
1	阿莫西林	精肉	50	肌肉、脂肪	50
2	氨苄青霉素	精肉	50		
3	阿维拉霉素	精肉	50		
4	苄青霉素	精肉	50	肌肉、脂肪	50
5	金霉素	精肉	100	精肉	100
6	邻氯青霉素	精肉	300		
7	黏菌素	精肉	200	肌肉、脂肪	150
8	双氯青霉素	精肉	300		
9	二氟沙星	精肉	300	精肉	300
10	强力霉素	精肉	100		
11	恩诺沙星	精肉	100	精肉	100
12	恩诺沙星	皮和脂肪	100	皮和脂肪	100
13	红霉素	精肉	200	精肉	200
14	氟苯尼考	精肉	100	精肉	100
15	氟苯达唑	精肉	50	肌肉	200
16	氟甲喹	精肉	400	精肉	500
17	卡那霉素	精肉	100		

（续表）

序号	药品名	欧盟		中国	
		食品名	限量	靶组织	限量
18	拉沙洛西	精肉	20	皮+脂	1 200
19	拉沙洛西	脂肪	100	皮+脂	1 200
20	林可霉素	脂肪	50	脂肪	100
21	林可霉素	精肉	100	精肉	100
22	新霉素（含新霉素B）	精肉	500	精肉	500
23	苯唑青霉素	精肉	300	精肉	300
24	苯唑青霉素	脂肪	300	脂肪	300
25	恶喹酸	精肉	100	精肉	100
26	土霉素	精肉	100	精肉	100
27	苯氧甲基青霉素	精肉	25		
28	辛硫磷	精肉　鸡	25		
29	哌嗪	精肉　鸡	100		
30	哌嗪	皮和脂肪　鸡	50		
31	沙拉沙星	皮和脂肪　鸡	10	肌肉	10
32	沙拉沙星	皮和脂肪　鸡	10	脂肪	20
33	壮观霉素	脂肪	500	肌肉	500
34	壮观霉素	精肉	300	脂肪	2 000
35	螺旋霉素	精肉	200		
36	四环素	精肉	100	精肉	100
37	甲砜霉素	精肉	50	精肉	50
38	替米考星	精肉	75	精肉	75
39	泰乐菌素	精肉	100	精肉	200

注1：中国残留限量来自农业部2002年235号公告中《需要制定最高残留限量的兽药名录》，欧盟限量要求来自EC 470/2009号条例《动物源性食品中药理活性物质残留限量的共同体程序》和EC 2377/90号条例《兽药残留限量要求》。

注2：欧盟与我国兽药限量对比，其中欧盟规定最高残留限量而中国未规定的兽药有15种，如乙酰异戊酰素乐菌素、甲氧苄氨嘧啶、甲苯三嗪酮、螺旋霉素和卡那霉素等；欧盟规定最高残留限量严于中国的兽药有8种，分别为泰乐菌素、沙拉沙星、壮观霉素、拉沙洛西、新霉素、林可霉素、氟苯达唑、氟甲喹。

表C.2　日本与中国部分兽药最高残留限量比较表

（单位：毫克/千克）

序号	兽药	商品种类	日本		中国	
			靶组织	限量	靶组织	限量
1	阿莫西林	鸡	肌肉、脂肪	20	可食组织	50
2	阿莫西林	除鸡外家禽	肌肉、脂肪	40	可食组织	50
3	杆菌肽	家禽	肌肉、脂肪	500	可食组织	500
4	苄青霉素	鸡	肌肉、脂肪	50	可食组织	50
5	氯羟吡啶	家禽	肌肉、脂肪	5 000	肌肉	5 000
6	达氟沙星	家禽	肌肉	200	肌肉	200
7	达氟沙星	家禽	脂肪	100	脂肪	100
8	达氟沙星	家禽	肾、肝	400	肾、肝	400
9	地克珠利	鸡	肌肉	500	肌肉	500
10	地克珠利	鸡	脂肪、下水	1 000	脂肪	1 000
11	地克珠利	鸡	肝	3 000	肝	3 000
12	地克珠利	鸡	肾	2 000	肾	2 000
13	地克珠利	除鸡外其他家禽	肌肉	500		
14	地克珠利	除鸡外其他家禽	脂肪、肾、肝、下水	1 000		
15	二氟沙星	家禽	肌肉	300	精肉	300
16	二氟沙星	家禽	脂肪	400	皮和脂肪	400
17	二氟沙星	家禽	肝	2 000	肝	1 900
18	二氟沙星	家禽	肾、下水	600	肾脏	600
19	二硝托胺	鸡	肌肉	100	肌肉	3 000
20	二硝托胺	鸡	脂肪	2 000	脂肪	2 000
21	二硝托胺	鸡	肝	100	肝	6 000
22	二硝托胺	鸡	肾	6 000	肾	6 000
23	恩诺沙星	鸡	肌肉、脂肪	10	精肉、皮和脂肪	100
24	恩诺沙星	鸡	肾、肝	10	肝	200
25	恩诺沙星	鸡	可食用下水	10	肾脏	300
26	红霉素	鸡	肌肉、脂肪	50	可食组织	200
27	红霉素	除鸡外家禽	肌肉、脂肪	200	可食组织	200
28	氟苯尼考	家禽	肌肉	100	精肉	100

（续表）

序号	兽药	商品种类	日本		中国	
			靶组织	限量	靶组织	限量
29	氟苯尼考	家禽	脂肪	300	皮和脂肪	200
30	氟苯尼考	家禽	肝	3 000	肝	2 500
31	氟苯尼考	家禽	肾脏	500	肾脏	750
32	氟苯哒唑	家禽	肝	500	肝	500
33	氟苯哒唑	家禽	肾、蛋	400		
34	氟苯哒唑	家禽	肌肉	200	肌肉	200
35	氟甲喹	鸡	肌肉	1 000	精肉	500
36	氟甲喹	鸡	脂肪、肝、可食用下水	2 000	脂肪	1 000
37	氟甲喹	鸡	肾	6 000	肾	500
38	氟甲喹	鸡	肝	6 000	肝	3 000
39	庆大霉素	家禽	肌肉、脂肪、肾、肝、可食用下水	100	可食组织	100
40	左旋咪唑	家禽	肌肉、脂肪、肾	10	肌肉、脂肪、肾	10
41	左旋咪唑	家禽	肝	100	肝	100
42	左旋咪唑	家禽	可食用下水	60		
43	左旋咪唑	家禽	蛋	1 000		
44	林可霉素	鸡	肌肉	200	精肉	100
45	林可霉素	鸡	脂肪	300	脂肪	100
46	林可霉素	鸡	肾、肝	500	肝	500
47	林可霉素	鸡	可食用下水	20	肾脏	1 500
48	林可霉素	除鸡外家禽	肌肉、可食用下水	100		
49	林可霉素	除鸡外家禽	脂肪	50		
50	林可霉素	除鸡外家禽	肝	300		
51	林可霉素	除鸡外家禽	肾	800		
52	马杜霉素	鸡	肌肉	100	肌肉	240
53	马杜霉素	鸡	脂肪	400	脂肪	480
54	马杜霉素	鸡	肝	800	肝	720
55	马杜霉素	鸡	肾、可食用下水	1 000		

（续表）

序号	兽药	商品种类	日本		中国	
			靶组织	限量	靶组织	限量
56	马杜霉素	除鸡外家禽	肌肉、脂肪	100		
57	马杜霉素	除鸡外家禽	肝	800		
58	马杜霉素	除鸡外家禽	肾、可食用下水	1 000		
59	莫能菌素	家禽	脂肪、肾	50	脂肪	3 000
60	莫能菌素	家禽	肝、可食用下水	50	肝	4 500
61	莫能菌素	家禽	肌肉	500	肌肉	1 500
62	甲噻嘧啶	鸡	肌肉、脂肪	30		
63	甲基盐霉素	鸡	肌肉	100	肌肉	600
64	甲基盐霉素	鸡	脂肪	500	皮+脂	1 200
65	甲基盐霉素	鸡	肾、肝、可食用下水	300	肝	1 800
66	新霉素	家禽	肌肉、脂肪、肝、可食用下水、蛋	500	脂肪、精肉	500
67	新霉素	家禽	鸡肾	10 000	肾脏	10 000
68	新霉素	家禽	其他家禽肾	8 000		
69	土霉素、金霉素、四环素	家禽	肌肉、脂肪	200	精肉	100
70	氯苯胍	鸡	可食组织	100	可食组织	100
71	氯苯胍	鸡	脂肪	200	脂肪、皮	200
72	氯苯胍	除鸡外家禽	肌肉	1 000		
73	氯苯胍	除鸡外家禽	脂肪	1 000		
74	氯苯胍	除鸡外家禽	肾、肝、可食用下水	100		
75	盐霉素	鸡	肌肉	100	肌肉	600
76	盐霉素	鸡	脂肪	400	皮、脂	1 200
77	盐霉素	鸡	肾、肝、可食用下水	500	肝	1 800
78	盐霉素	除鸡外家禽	肌肉、脂肪	100		
79	盐霉素	除鸡外家禽	肾、肝、可食用下水	500		
80	沙拉沙星	家禽	肌肉	10	肌肉	10

（续表）

序号	兽药	商品种类	日本		中国	
			靶组织	限量	靶组织	限量
81	沙拉沙星	家禽	脂肪、肾、可食用下水	20	脂肪	20
82	沙拉沙星	家禽	肝	80	肝	80
83	沙拉沙星	家禽	肾	20	肾	80
84	赛杜霉素	鸡	肌肉	90	肌肉	130
85	赛杜霉素	鸡	脂肪、肝	500	肝	400
86	赛杜霉素	鸡	肾	200		
87	赛杜霉素	鸡	可食用下水	30		
88	赛杜霉素	除鸡外家禽	肌肉	90		
89	壮观霉素	鸡	肌肉	500	肌肉	500
90	壮观霉素	鸡	脂肪、肝	2 000	脂肪、肝	2 000
91	壮观霉素	鸡	肾	5 000	肾	2 000
92	磺胺二甲嘧啶	家禽	肌肉、脂肪、肾、肝、可食用下水	100		100
93	甲砜霉素	鸡	肌肉、肾、可食用下水	20	精肉、肾脏	50
94	甲砜霉素	鸡	脂肪	40	脂肪	50
95	甲砜霉素	鸡	肝	50	肝	50
96	替米考星	家禽	肌肉、脂肪	80	精肉、脂肪	75
97	替米考星	家禽	肝	1 000	肝	1 000
98	替米考星	家禽	肾、可食用下水	300	肾脏	250
99	泰乐菌素	鸡	肌肉、脂肪、肾、肝、可食用下水	50	脂肪、精肉、肝、肾脏	200
100	泰乐菌素	除鸡外家禽	肌肉、脂肪	200		
101	克球酚	除鸡外家禽		10		10

注1：中国残留限量来自农业部2002年235号公告中《需要制定最高残留限量的兽药名录》，日本残留限量来自日本肯定列表制度中农业化学品（包括农药、兽药和饲料添加剂）残留管理的制定。

注2：中国规定禽肉中兽药最高残留限量的兽药有57种，日本规定禽肉中兽药最高残留限量的兽药有84种，日本比我国多27种，如维吉霉素、磺胺喹噁啉和螺旋霉素等；其中日本12种兽药的最高限量要严于中国，这些兽药有泰乐菌素、甲砜霉素、沙拉沙星、赛杜霉素、盐霉素、甲基盐霉素、二硝托胺、阿莫西林、恩诺沙星、红霉素、林可霉素和马杜霉素等。

附　录　D
（规范性附录）
关注产品危害表

国别/地区	关注重点	具体项目
所有国家	动物检疫	来自非疫区、经过宰前宰后检疫
日本、欧盟、美国	微生物超标	菌落总数、大肠菌群、大肠杆菌、沙门氏菌等
日本、欧盟、韩国、中国香港	兽药残留超标或禁用药物检出	硝基呋喃代谢物、抗球虫药妥曲珠利、金刚烷胺等
欧盟、美国	非法进口	是否来自注册准入企业
日本和韩国	食品添加剂检出	亚硝酸盐等
欧盟	包装不合格	包装、标签
日本、中国香港	重金属残留超标	重金属
欧盟、日本	过敏原	含有过敏原，未标识过敏原
欧盟、美国	动物福利	养殖和屠宰是否符合动物福利要求
马来西亚	宗教要求	生产加工是否清真要求

附录十二

山东省地方标准（预计 2019 年发布）

农产品产业链全过程管理规范
第 11 部分：水产　通用要求

Standard for the whole process management of agricultural product industry chain
Part 11：General requirements for fishery products

1　范围

本标准规定了山东省出口农产品质量安全示范区内水产品的捕捞、养殖、加工、流通等各个环节管理体系及产品质量安全技术管理要求。

本标准适用于山东省出口农产品质量安全示范区内水产品的捕捞、养殖、加工、流通产业链上的组织。

2　规范性引用文件

下列文件对于本文件的应用是必不可少的。凡是注日期的引用文件，仅注日期的版本适用于本文件。凡是不注日期的引用文件，其最新版本（包括所有的修改单）适用于本文件。

GB 2760　食品安全国家标准　食品添加剂使用标准
GB 2761　食品安全国家标准　真菌毒素限量
GB 2762　食品安全国家标准　食品中污染物限量
GB 2763　食品安全国家标准　食品中农药最大残留限量
GB 5749　生活饮用水卫生标准
GB 7718　食品安全国家标准预包装食品标签通则
GB 11607　渔业水质标准
GB 14881　食品安全国家标准　食品生产通用卫生规范
GB/T 19000　质量管理体系　基础和术语
GB/T 20014　良好农业规范系列标准
GB/T 22000　食品安全管理体系—产品链中各类组织的要求
GB/T 24616　冷藏食品物流包装、标志、运输和储存
GB/T 27304　食品安全管理体系　水产品加工企业要求
GB 28009　冷库安全规程
GB 28050　预包装食品营养标签通则

GB 29753　道路运输 食品与生物制品冷藏车
GB/T 31080　水产品冷链物流服务规范
GB/T 32950　鲜活农产品标签标识
GB 50072　冷库设计规范

3　术语和定义

GB/T 19000、GB/T 20014、GB/T 22000界定的术语和定义适用于本标准。

3.1

组织

为实现目标，由职责、权限和相互关系构成自身功能的一个人或一组人。

注1：组织的概念包括但不限于代理商、公司、集团、商行、企事业单位、行政机构、合营公司、协会、慈善机构或研究机构，或上述组织的部分或组合，无论是否为法人组织，公有的或私有的。

注2：本标准中的组织指出口农产品质量安全示范区中从事各类农产品种植、养殖、加工、运输、贮存、流通等活动的机构（注1）。

3.2

食品链

从初级生产直至消费的各环节和操作的顺序，涉及食品及其辅料的生产、加工、分销、贮存和处理。

注1：食品链包括食源性动物的饲料生产，和用于生产食品的动物的饲料生产。

注2：食品链也包括与食品接触材料或原材料的生产。

3.3

农产品产业链

各类农产品种植、养殖、加工、运输、贮存、流通等食品链过程活动的环节。

3.4

供方

提供产品或服务的组织。

示例：产品或服务的制造商、批发商、零售商或商贩。

注1：供方可以是组织内部或外部的。

注2：在合同情况下，供方有时称为“承包商”。

4　管理体系

4.1　管理体系的建立与保持

4.1.1　组织应按适用的国际通行管理体系标准（附录A），建立有效的管理体系，加以实施并保持，必要时进行更新。

4.1.2　组织每年应至少实施一次内部审核或委托有资质的第三方机构对管理体系进行审核，提供管理体系评价报告，并持续改进。

4.2　食品安全风险管理

4.2.1　组织应建立机制，跟踪国际、国家、行业食品安全风险监测信息及与组织有关的食品安全危害信息。

4.2.2 组织应策划、评估食品安全状况，对可能存在的安全隐患，应依据食品安全风险评估结果采取相应的措施。

4.2.3 组织应按 HACCP 原理识别食品链相关过程中的食品安全危害，并建立有效的控制措施。

4.2.4 组织应预留与食品安全风险相对应的食品安全风险基金或投保食品安全责任险。

4.3 食品链供方管理

4.3.1 组织应与食品链供方进行沟通，获得充分的食品安全信息。

4.3.2 组织应有效实施供方能力评价，选择合格供方，确保供方产品持续满足满足相应的质量安全标准要求。

4.4 人员能力、培训与管理要求

4.4.1 组织应确保食品安全检验人员、不合格评审人员、质量管理与控制人员、农药及各类植保产品使用与管理人员，化学品管理及使用人员、关键岗位操作人员、内审员接受过专业培训并具备相应能力。

4.4.2 组织应持续识别培训需求，制定培训计划，实施培训并保持培训记录。

4.4.3 组织应对所有与食品安全有关的人员实施食品安全法规标准、食品安全意识、HACCP 理论、食品安全管理体系标准及文件培训。

4.4.4 组织应保持与食品安全有关的有效人员名单，食品加工、管理人员应持有健康证明。

4.5 信息保持、记录与通报要求

4.5.1 组织应按适用的管理体系标准要求建立文件、记录管理程序并保持相关记录。

4.5.2 组织应保持农产品产业链相关信息及记录，以提供产业链全过程标准化体系有效运行的证据。

4.5.3 组织应策划有效的内部监督活动，根据内部、外部监督结果实施持续改进，并保持所有内部、外部监督管理信息。

4.5.4 组织应按要求通报产品质量安全重大事件。

4.6 可追溯管理

4.6.1 组织应建立且实施可追溯性系统，识别本标准要求的基本信息，确保能够识别产品批次及其与原料批次、生产和交付记录的关系，识别直接供方的进料和终产品初次分销的途径。

4.6.2 应按规定期限保持可追溯性记录。应采用适当方式公开向相关方展示追溯信息。可追溯性记录应符合相应标准、规范要求、顾客要求。

4.7 食品防护

组织应识别人为故意污染和蓄意破坏的可能性，建立食品防护计划并实施。

4.8 召回和不合格品管理

4.8.1 组织应识别法规要求，建立书面的召回和不合格品管理程序。

4.8.2 当发现产品不符合质量安全标准或存在潜在危害时，应隔离不合格产品，对不合格品情况进行评审，实施处置，分析原因并采取纠正措施。

4.8.3　需要召回处理的，应在规定时间内通知相关生产经营者、消费者及监管部门。

4.8.4　每年对召回程序进行演练并保持纪录。对实际发生的召回应按规定期限保持完整记录。

4.9　信用管理

4.9.1　组织应建立食品安全信用管理程序，对供应商、经销商及相关食品链组织违规行为进行记录，并采取相应限制措施。

4.9.2　加工组织应参照 GB/T 33300 实施食品诚信管理。

4.9.3　批发、零售市场应建立信用记录制度，对场内经销商违规经营行为应进行警示通告。建立对场内交易农产品的价格、检测、计量、质量等相关信息的公示制度。

4.10　生态、环保要求

4.10.1　组织应实施环境和生态保护。种植者应建立野生动植物管理和保护方案，了解农事活动对环境造成的影响。

4.10.2　组织应尽可能使用可持续的能源并进行监视，绿色环保、低碳节能、资源节约。

4.10.3　组织应采用最有效的灌溉方法以利于水土保持。

4.10.4　组织应实施废弃物和污染物管理，回收、处置并再利用。

5　水产品质量安全标要求

5.1　水产品质量安全标准

水产品品质、食品安全应满足目标市场相关标准要求，标准包括但不限于 GB 2760、GB 2761、GB 2762、GB 2763。

5.2　产品监控、验证计划

5.2.1　组织应策划、制定对产品品质安全的验证计划，以提供对组织生产产品质量安全水平符合相应标准的证实。

5.2.2　应综合考虑产品特性、工艺特点、原料控制情况等因素合理确定检测项目和检测频次以有效验证生产过程中的控制措施。

5.2.3　监控验证计划应符合目标市场要求。

5.2.4　监控计划应包含产品链过程中重要食品安全危害的验证活动。

5.2.5　监控计划应考虑适宜、可操作、有效的检测、验证方法。适宜时，可考虑对相关过程配备快速检测设备实施检测与验证。

5.2.6　每年应至少实施一次产品标准全项目验证检测，并提供检测报告。

5.3　检测机构、取样抽样及检验方法要求

5.3.1　应通过自行检验或委托具有相应资质的检验机构对原料和产品进行检测，建立出厂检测记录制度。

5.3.2　自行检验应具备与所检项目适应的检验室和检验能力。由具有相应资质的检验人员按规定的检验方法检验。组织应确保检验设备设施满足检验需求，并对设备按期检定。使用快速检测设备实施验证活动的，应建立快速检测设备校准计划及不合格复验程序。

5.3.3 检验室应有完善的管理制度，妥善保存各项检验的原始记录和检测报告。应建立产品留样制度，及时保留样品。

5.3.4 不同产品抽样要求，应按相关产品标准规定执行。

6 捕捞过程管理

6.1 渔业捕捞许可证要求

渔船应向农业部申请，取得船舶技术证书和渔业捕捞许可证，在许可的捕捞区域进行作业。

6.2 船只要求

6.2.1 船只设计与建造应避免因船底污水、其他污水、烟尘、燃料、油、油脂或其他污染物造成货物污染。

6.2.2 加工设施应不生锈、不发霉，其设计应确保融冰水不污染捕捞水产品。

6.2.3 存放及加工捕捞水产品的区域应与机房和人员住处有效隔离并确保不受污染。

6.2.4 水产品接触的容器或工具应无毒害、防腐蚀、易清洗，且与水产品、消毒剂、清洁剂不起化学反应。

6.2.5 应配备温度记录装置并安装在温度最高位置，保存温度记录。

6.3 装卸要求

6.3.1 装卸水产品的设备应保持完好、清洁。

6.3.2 设备运行作业时，对鱼体不应有机械损伤，防止外溢的润滑油污染水产品。

6.3.3 卸下的水产品应及时进入冷藏库或冷藏车内暂存，并按品种、等级、质量分别存放。

6.3.4 对有毒水产品应严格分拣和收集，使用专用容器存放，并标有特殊标识。

7 养殖过程管理

7.1 总要求

组织应按 GB/T 20014 良好农业规范标准要求建立体系，实施并保持。

7.2 场址、设施、设备

7.2.1 场址

7.2.1.1 养殖区域内不存在对养殖环境构成威胁的污染源。水源充足，水质良好。供电、交通便利。

7.2.1.2 养殖场不应位于自然环境保护区内。

7.2.1.3 养殖用水水质应符合 GB 11607 要求，并保持年度水质检测报告。

7.2.1.4 养殖场对周围环境无不良影响，包括建筑外观、围栏、养殖排放水以及养殖活动对生态无不良影响，不影响水上交通。

7.2.2 设施与布局

7.2.2.1 养殖场内设施布局合理，养殖区、办公和生活区分开。

7.2.2.2 养殖场的设施（如：贮水池、水源或饲养设备等）满足养殖需要，并保持良好的维护保养状态。

7.2.2.3　养殖场进排水设施应独立分开，避免进水受到污染。

7.2.3　设备

7.2.3.1　养殖场应配备与养殖面积和养殖方式相配套的设备，如各种网具、发电机、排灌设备、增氧机等。

7.2.3.2　养殖、收获等操作使用的工具使用无毒无害材料，接触面应平滑，避免引起养殖产品损伤。

7.2.3.3　主要设备应标注其用途，并制定操作规程，定期对其进行检查、校准和清洁保养。

7.2.3.4　主要设备的设计、安装和运转应减少对养殖产品和环境造成风险。

7.2.3.5　应配备与养殖产品病害防治相适应的必要设备，如显微镜、解剖镜、白瓷盘、剪刀等。

7.2.4　场地管理

7.2.4.1　应按合理的参照系统建立地图或示意图，确定场所准确位置及边界，并清晰识别场所内各独立区域及可见的实物标识。保持有效的图示。

7.2.4.2　应从食品安全、环境保护、生态可持续性、员工健康安全几个方面实施种植场所风险评估，确保适合农业生产，变更场所时应实施重新评估。

7.2.4.3　应策划、制定土壤、空气、水质监测计划，实施监测活动并提供测试证据。监测可采用、采信官方或有资质的第三方结果。

7.2.4.4　养殖场区域应封闭或采取适当的措施，防止家养或野生其他动物进入养殖水域；禁止可能存在安全风险的动物在养殖场内和邻近区域养殖。

7.2.5　场地防护

7.2.5.1　应保持来访人员记录，记录内容包括来访人姓名、来访日期、来访目的及携带物品等。

7.2.5.2　养殖区域周边应设置围墙、栅栏或采取其他有效措施，防止与生产无关人员进入。

7.2.5.3　必要时，养殖场所入口处应设有清洗消毒设施。

7.3　苗种管理

7.3.1　亲本来源和管理

7.3.1.1　亲本应保持可追溯到供方的证实资料，应保留供方资质文件并提供质量证明。

7.3.1.2　进口的亲本应遵守政府规定，并有相关证书以证明亲本健康无疫病。

7.3.1.3　外购亲本或后备亲本应来自行政主管部门批准并有水产苗种生产许可证的种苗场，并提供检疫证书。

7.3.2　苗种来源和管理

7.3.2.1　进口苗种应遵守政府规定，并有相关证书以证明苗种健康无疫病。

7.3.2.2　苗种应购自行政主管部门批准并有水产苗种生产许可证的种苗场。苗种供应商应提供该种类常规已知监控疾病检测证书。

7.3.2.3　繁育场应制定育种计划，监控选育过程中的遗传改良和近交退化，并保留监控记录。

7.4 化学品管理

7.4.1 化学品应来自具备生产许可证或进口登记许可证的生产单位或供应商，并保持相关资料。

7.4.2 仓库内只能存放行政主管部门批准使用的化学品。用于清洗和消毒的化学品应保存在单独的存储区域并上锁。化学品进出库应由专人负责登记。

7.4.3 应制定或配备操作人员被伤及、化学品溢流等应急处理程序或设施。

7.4.4 易产生危害的化学品应单独运输。危险化学品应由具备资质的车辆运输，并有警示标志。

7.5 渔药管理

7.5.1 渔药采购

渔药应来自具有生产许可证或进口登记许可证的生产单位或供应商，并做好采购记录。所购渔药应符合产品消费地法律法规要求。

7.5.2 渔药储存

7.5.2.1 每个养殖场应有渔药清单，包括每种药的生产商、供应商、使用方法、使用剂量等信息，并建立渔药库存台账。

7.5.2.2 渔药存放地环境应符合产品贮藏特性要求，保持通风、干燥和整洁。仓库内禁止存放产品消费地禁止使用的渔药。

7.5.2.3 渔药储存区应上锁，禁止非相关人员进入。渔药应专人保管，养殖场应建立渔药进出库台账，专人负责。

7.5.2.4 渔药应存放在原包装中。标签和说明书清晰，易于识别。

7.5.3 渔药使用

7.5.3.1 使用渔药时，应由具备水产养殖病害防治专业的有资质人员开出处方。投喂或使用渔药的员工应经过相关培训，并具备用药相关能力和知识。

7.5.3.2 渔药剂量应按处方或应严格按照药品说明书执行。不得使用激素和抗生素作为促生长剂。抗生素只能在特殊情况下在特定的养殖产品中使用。

7.5.3.3 应遵循相关渔药休药期规定。同一水域养殖场应遵循同一休药期。休药期间的水产品作为苗种外售时，应告知买方相关休药期要求。

7.5.3.4 超过使用期的渔药和用后的包装物应正确处理。禁止使用行政主管部门禁止使用的药物。

7.5.3.5 应做好用药记录，内容至少包括：日期、药名、处方、疾病诊断、使用方法、治疗效果和不良反应等。

7.5.3.6 应保留用于区分用药与非用药养殖水产品的标识或记录。

7.6 疫苗管理

7.6.1 疫苗应来自具备生产许可证或进口登记许可证的生产单位或供应商，并保持采购记录。

7.6.2 疫苗应符合使用要求，并保持记录。

7.6.3 疫苗供应单位、经营单位、使用单位应配置与品种、用量相适应的冷藏（冻）库、冷藏（冻）柜和保温箱。贮藏温度应符合疫苗要求。建立专用冷藏和（或）冷冻设施设备的使用、维护记录。记录应保存至超过兽用疫苗有效期 1 年。

7.6.4　疫苗贮藏应按生产企业、品种、规格、生产批号分类码放，定期检查并记录。发现质量异常，应先行隔离存放，停止调出按规定处理，并保持记录。

7.7　饲料管理

7.7.1　采购的饲料和饲料添加剂应来源于相关行政主管部门批准的生产企业。自配饲料的原料采购应符合法律法规规定。保存所有饲料的采购记录包括生产厂家、饲料名称、数量、适用范围、组成成分、生产日期、保质期等。

7.7.2　自配饲料配方应由专门的技术人员提供，饲料营养配比应满足不同阶段养殖品种的营养要求。

7.7.3　在饲料中添加渔药应符合相关法律法规标准要求。

7.8　养殖管理

7.8.1　养殖计划和管理

7.8.1.1　应根据养殖品种、生长周期、养殖场特点等条件，制定合理的养殖计划。根据品种、养殖条件，制定合理的苗种放养规格、密度等内容的苗种养殖程序，并做好苗种放养记录。

7.8.1.2　鱼苗出池采用排水集苗出池，操作中应避免苗种损伤。运输方式应根据情况选用箱式或桶式容器充气运输、活水船运输。运输用水水温、盐度可根据养成水环境要求进行调节。

7.8.1.3　应建立书面水质监控程序，对养殖水域至少每年一次监控，以保证养殖产品健康、卫生和安全。

7.8.2　病害防治

7.8.2.1　应制定书面病害防治计划并有效实施，每年进行审核和修订。内容应体现疾病预防和治疗计划、主要病害、环境治理措施、防治方案等。

7.8.2.2　养殖场应制定降低各成长阶段死亡率所采取措施的文件，并有养殖产品死亡率持续监测记录。

7.8.3　病死养殖动物处理

7.8.3.1　发现申报疫病的疑似病例，应立即按有关规定报告相关主管部门。

7.8.3.2　应制定发生严重疾病或大规模死亡的应急预案。

7.8.3.3　病死养殖动物处理应遵循无害化原则。无害化处理过程必须在驻场兽医和当地动物卫生监督机构的监督下进行，并对无害化处理的鱼类数量、死因、体重及处理方法、时间等进行记录，并作分析报告。无害化处理包括集中掩埋和集中焚烧。

7.8.3.4　当养殖场发生重大动物疫情时，除对病死鱼类进行无害化处理，还应根据动物防疫主管部门的决定，对同群鱼类进行扑杀和无害化处理。

7.8.4　药残控制

7.8.4.1　应建立养殖品种药物残留监控计划。

7.8.4.2　在收获前应根据监控计划进行药物残留抽样检测。残留量不得超过 GB 2762 要求。

7.8.4.3　应制定书面抽样程序包括样品的保存、编号以及样品备份，以便进行养殖产品的抽样检测。检测应由有资质的实验室进行。

7.8.5 收获

7.8.5.1 收获前，应有适当停食措施。停食时间依据养殖品种以及其他情况而确定。

7.8.5.2 休药期内不得捕捞。

7.8.5.3 用于收获物的冰及制冰用水应符合 GB 5749 规定。

8 水产品加工

8.1 基于 HACCP 的食品安全管理要求

组织应依据目标市场要求，按 HACCP 原理实施食品安全危害的识别与管理，参考附录 A 选择适用的国际通行管理体系标准建立并实施管理体系。

8.2 生产企业资质要求

组织应按法规要求取得相应食品生产企业资质，有食品生产许可证要求的企业应获得食品生产许可资格，出口食品生产组织应符合《出口食品生产企业备案管理规定》，并持续保持。

8.3 良好生产规范 GMP 的要求

组织应符合 GB 14881、GB/T 27304 要求以及专项产品生产企业良好生产规范及目标市场 GMP 标准要求。

8.4 原料要求

8.4.1 在原料储存、运输等过程中应保证温度和时间适宜，不得使用未经许可的或成分不明的化学物质。

8.4.2 捕捞类水产品原料的捕捞船、加工船或运输船应符合卫生要求，船上专门为储存水产品的区域或容器必须保持清洁及良好的保养状态。使用的水或冰必须是饮用水或在合适的情况下使用洁净水。

8.4.3 养殖类水产品的原料应来自主管部门许可养殖场，养殖环境和水质应符合安全卫生要求；养殖用饲料和兽药应符合有关规定，保证来源和成分清楚，并附有相应证明材料。

8.4.4 来料、进料加工类水产品原料应有输出国主管机构卫生证书和原产地证书。

8.5 食品添加剂和非食用物质的管理

8.5.1 食品添加剂使用应符合 GB 2760 要求及目标市场要求，应保持添加剂使用清单。

8.5.2 复合添加剂应明确具体成分并符合使用规定，所有使用的添加剂应与产品标签标注相符。

8.5.3 应在风险分析的基础上对使用的食品添加物质策划检验验证活动，保持检验结果证明。

8.6 生产过程卫生控制

8.6.1 在生产过程中应按照生产工艺先后次序和产品特点，将原料前处理、半成品粗加工、精加工、成品包装等不同清洁卫生要求区域有效分开设置，各加工区域的产品应分别存放，防止人流、物流交叉污染。

8.6.2 加工过程中产生的不合格品应隔离存放，有明显标志，并在质量管理人员的监督下妥善处理。

8.6.3　应定期对仪器设备进行维护和校准。

8.6.4　企业应制定虫鼠害控制计划，并按计划对所有捕鼠及杀虫设施进行检查和清理。

8.6.5　加工用淡水和制冰用水应符合 GB 5749 要求，加工用海水应为清洁海水。企业应备有供水网络图，并标注水质监测取样点编号。

8.6.6　有温度要求的工序或场所应安装温度显示装置。加工车间的温度不应高于 21℃（加热工序除外）。产品经冷冻后进行包装时，包装间的温度应控制在 10℃以内。

8.7　包装、标识

8.7.1　包装

8.7.1.1　包装容器和包装物料不得含有有毒有害物质，不得改变水产品的感官特性。

8.7.1.2　水产品的包装不得重复使用，除非包装是用易清洗的、耐腐蚀的材料制成，并且在使用前经过清洗和消毒。

8.7.2　标识

8.7.2.1　产品标识应符合 GB 7718、GB 28050 要求以及相关产品专项标签标准要求，如 GB/T 32950 要求。

8.7.2.2　出口产品应符合 CODEX STAN 1 预包装食品标签通用标准及相应目标市场标签标准要求。

8.7.2.3　认证产品标识应符合相关认证要求。

9　贮藏与运输

9.1　总要求

贮藏与运输应符合 GB/T 31080 的要求。

9.2　物流装备标准化

9.2.1　应使用符合国际、国家通用规格、性能、材质的标准装备，在其堆码、包装、装载、搬运、运输及仓储过程中按照统一的规范进行。

9.2.2　在供应链过程中，物流设备设施应树立单元化、模块化、标准化理念，促成物流设备设施循环共用系统建立。

9.3　贮藏

9.3.1　基础设施

9.3.1.1　库房设计应符合 GB 50072 、GB 28009 要求。

9.3.1.2　库房栈板、货架等应使用不会对水产品造成污染的材料，保持完整，不得生锈。库房内叉车等运输工具应使用不会对水产品产生污染的类型。

9.3.2　温湿度

9.3.2.1　库房内应设置温湿度计，应定期监控温湿度，偏离时须采取相应措施。

9.3.2.2　预冷库（或保鲜库）、速冻库、冷（冻）藏库应配备自动温度记录装置，并定期校准。预冷库（或保鲜库）、速冻库、冷（冻）藏库的温度应符合 GB/T 31080 要求；干制品等其他成品库的温度、湿度应满足产品特性要求。

9.3.2.3　冷藏库、速冻库、冻藏库应配备温度记录装置，并定期校准。保存温度记录和校准记录。

9.3.3　食品防护

9.3.3.1　食品不得与其他有毒物品混放。同一库内不得存放可能造成交叉污染的食品。

9.3.3.2　应制定防护制度，防止装卸货等操作过程对水产品产生损伤，防止人为恶意污染食品。应定期对库房设施、制冷系统和水产品产品巡检，确保设施设备满足储藏要求、产品安全储存。

9.3.4　标识与追溯

库房应做好进出库品、在库品信息登记及标识，实现追溯，并确保产品先进先出。在库品应根据品种、规格、产地等分类储藏，并挂牌标识。

9.3.5　清洁卫生

9.3.5.1　储存库内应保持清洁、整齐，不得存放有碍卫生的物品。应设有防霉、防鼠、防虫设施。库房及其内设施设备应保持卫生、整洁，应确定消毒方法，定期清洁消毒，保留记录。

9.3.5.2　可重复使用栈板或周转筐等包装容器，应制定相应的回收、清洁消毒制度；确保物质可以及时、无损回收，同时需满足水产品运输的卫生要求。

9.4　运输

9.4.1　运输工具使用前应清洗消毒，保持清洁卫生。

9.4.2　运输时应采用防护包装，确保水产品卫生安全并做好运输标识。不与其他可能污染水产品的物品混装。

9.4.3　运输工具应根据产品特点配备制冷、保温等设施。运输过程中应保持适宜的温度。冰鲜品运输符合 GB/T 24616 要求，冷冻品和超低温品运输应符合 GB/T 24617 要求，运输期间箱体温度应符合 GB/T 31080 要求。

9.4.4　运输车辆应满足 GB 29753 要求。

9.4.5　冷藏运输车辆装车前应检查车辆制冷性能、箱体预冷温度。运输过程中应定时观测并记录温度和湿度等环境条件，并保持运输工具内的气流通畅。对于长途运输，应制定应急预案。

9.4.6　运输水产品时应严禁与可能造成气味或有毒化学物质污染的其他货物混装在一起。车厢应干净整洁、无虫害活动迹象。应制定并执行车辆清洁消毒制度或要求，装车前应对车辆状况和卫生检查。

9.4.7　装载及运输过程中应做好运输档案记录，包括运输水产品的品种、产地代码、入库日期（批次）、数量、质量等级、储藏时间、装车时间、运输人员、车牌号和货柜号、卸载时间、地点、箱体温度等可追溯性信息并登记业务系统。

10　批发和零售

10.1　交易原则

10.1.1　国家及地方相关法律法规禁止上市和违法捕捞的水产品不得入场交易。

10.1.2　市场交易应公开、公正、公平。

10.1.3　市场应制定并完善交易管理机制，促进物流高效。鼓励市场通过行业信用等级评定。

10.2　交易市场基本要求

10.2.1　市场应根据鱼类大类设置交易区，分别陈列淡水鱼和海水鱼，干制品与非干制品应分区，活鱼、冰鲜鱼、冷冻鱼应分区。

10.2.2　市场设施设备的配备及管理应符合 GB/T 19575 的相关要求。鼓励市场统一称重、统一电子结算。

10.2.3　市场应设置交易管理员，维护交易现场秩序，确保产品购销单上的交易信息翔实。

10.2.4　产品质量要求

10.2.4.1　鱼类产品的质量应符合 GB 2733 的相关要求。

10.2.4.2　鱼类产品应分成不同的规格等级后交易。

10.2.4.3　包装应能满足产品的保鲜保活要求，包装容器的尺寸、强度、重量和容量应符合国家相关标准的要求。

10.2.4.4　包装标识应符合 GB 7718 的相关要求。产品包装上应明确标识产品的名称、品种、等级规格、净重、产地（捕捞区）、生产单位（捕捞单位）、生产（捕获）日期等相关信息。

10.2.5　经销商与采购商准入要求

10.2.5.1　经销商进入市场经营应具备合法的经营资质，并在经营场所的显著位置悬挂营业执照、税务登记证及其他证件。

10.2.5.2　市场应与入场经销商签订进场经营合同，应明确规定市场对经销商经营水产品的索证索票、质量检验和不合格品处理等管理方式，明确经销商对产品安全的责任、争议解决方法等相关事项。

10.2.5.3　市场应根据交易管理需要建立采购商准入制度，经审核符合条件后入场采购。

10.2.6　信息管理要求

市场应建立鱼类交易及质量信息可追溯系统，及时做好鱼类产品批发各环节的信息记录，相关记录应最少保存 2 年。

10.3　车（船）入场

10.3.1　市场应查验入场经销商经营资质证明材料，索要鱼类产品检验检疫合格证明、产地证明等票证并存档备案，无相关票证的禁止入场交易。

10.3.2　市场应做好入场等级工作，详细记录供货商姓名、联系方式、车（船）牌号、产品名称、数量、产地（捕捞区）等信息。

10.4　产品检测

10.4.1　无有效产品检验检疫合格证明的，市场应自行或委托具有法定资质的检测机构进行检测，检测合格后方可交易。

10.4.2　市场应做好巡查工作，定期或不定期地对产品进行抽样检测。

10.4.3　产品检测项目及检测结果处理等应符合《农产品批发市场食品安全操作规范》及国家相关标准的要求及目标市场的监控要求。

10.5　产品陈列与贮存

10.5.1　经销商进入市场后应在市场指定交易区陈列产品或将冷冻产品存入指定冷库。

10.5.2　产品应挂牌陈列，标明区产品名称、品种、规格等级、产地（捕捞区）等信息。

10.5.3　产品陈列、贮存条件应能满足其保鲜和品质保障要求，冰鲜品中心温度应控制在0~4℃，冷冻品中心温度应控制在-18℃，其他产品根据产品要求进行控制。

10.5.4　市场或经销商应做好库存管理工作，详细记录水产品名称、数量、规格等级、产地（捕捞区）、贮藏条件、出入库时间等信息并交市场备案。

10.6　交易

10.6.1　购销双方应严格按照市场流程入场交易。

10.6.2　市场应记录并及时发布产品当日到货情况（包括各种货物的名称、品种、规格等级、数量及供应商等）、交易价格等信息。鼓励市场建立购销双方信用风险管理制度。

附　录　A

（资料性附录）

推荐性国际通行管理体系标准

ISO 9001：2015　质量管理体系要求

ISO 14001：2015　环境管理体系

ISO 22000：2018　食品安全管理体系—食品链中各类组织的要求

HACCP 体系及其应用准则

全球良好农业规范标准（Global GAP IFA All Farmbase Crop Base and FV V4.0）

IFS 国际食品安全标准（IFS International Food Standard・V6）

FSSC 22000 欧盟食品及饮料产业联盟食品安全管理体系标准要求

GMP 良好生产规范（ Good Manufacturing Practice）

SSOP 卫生标准操作程序（Sanitation Standard Operating Procedure）

BRC 国际食品安全标准（ BRC Globle Standard -Food Safety Issue 8）

SQF 2000 食品安全标准（Comprehensive SQF 2000 System Implementation）

NOP 美国国家有机项目

Japanese Agriculture Standard 日本有机农业标准

附　录　B
（资料性附录）
法律法规清单

美国国家有机项目标准 NOP
日本有机农业标准 Japanese Agriculture Standard
日本肯定列表　水产品渔药残留限量标准
国际食品法典委员会（CAC）水产品渔药残留限量标准

附　录　C
（资料性附录）
通用要求符合性文件与信息清单

条款	体系文件	体系信息
4.1　管理体系的建立与保持	管理体系文件	管理体系认证证书 管理体系评价报告 不符合及整改报告
4.2　食品安全风险管理	HACCP 计划	食品安全法律法规标准清单
4.3　食品链供方管理		合格供方名录 合格供方评价及证明材料
4.4　人员能力、培训与管理要求		培训计划及培训实施记录 食品加工管理人员健康证明 专业培训证明
4.5　信息保持、记录与通报要求	食品安全管理体系文件	内审 \ 外审报告与记录 管理评审报告与记录
4.6　可追溯管理		原料验收记录 生产记录 不合格品处理记录 召回记录
4.7　食品防护	食品防护计划	食品防护演练记录
4.8　召回和不合格品管理	不合格品管理程序 产品召回程序	产品召回记录 不合格品处理记录 纠偏记录 产品召回演练记录
4.9　信用管理	食品安全信用管理程序	食品信用管理记录
4.10　生态、环保要求	环境保护控制程序 环境因素、危险源识别评价控制程序 废弃物控制程序	排污许可证

（续表）

条款	体系文件	体系信息
5.2　产品监控、验证计划	原材料验收程序 原材料验收标准 过程、成品检验程序	过程、成品检验报告 自检自控计划
5.3　检验机构、取样抽样及检验方法要求	实验室管理制度 检验方法标准 产品留样制度	出厂检验记录 抽样记录 留样记录
6.1　渔业捕捞许可证要求		船舶技术证书 渔业捕捞许可证
6.2　船只要求		温度记录
7.1　总要求	GAP 体系文件	
7.2　场址、设施、设备	应急预案	场所位置图 平面布局图 土壤、水质监控报告 防虫防鼠图 来访人员记录 应急演练
7.3　苗种管理	育种计划	亲本供方清单 苗种供方清单 育种监控记录
7.4　化学品管理		化学品清单 化学品使用记录
7.5　渔药管理		渔药供方清单 渔药使用记录
7.6　疫苗管理		疫苗供方清单 疫苗使用记录 温度记录
7.7　饲料管理		饲料供方清单 饲料使用记录 饲料配制记录
7.8　养殖管理	养殖计划 苗种放养程序 病害防治计划 水质监控计划 药物残留监控计划 抽样程序	苗种放养记录 水质监控记录 死亡率监控记录 病死养殖动物处理记录 药物残留检测报告
8.1　基于 HACCP 的食品安全危害管理要求	食品安全管理体系/HACCP 体系文件	食品安全管理体系/HACCP 认证证书 危害分析表及 HACCP 计划表
8.4　原料要求	原料验收程序 原料验收标准	原料验收记录

（续表）

条款	体系文件	体系信息
8.5　食品添加剂和非食用物质的管理		食品添加剂使用清单 食品添加剂供方评价及资质证明 食品添加剂检验计划及检测报告
8.6　生产过程卫生控制	不合格品处理程序 虫鼠害防治计划	生产记录 清洁记录 不合格品处理记录 仪器设备校准记录 车间温度记录
8.7　包装、标识		产品标识 产品认证证明 产品包装标准及检测报告 包装材料验收记录
9.1　总要求	贮藏与运输管理文件	
9.2　物流装备标准化		物流装备清单 物流装备标准及检测报告
9.3　贮藏	产品贮藏方法	产品贮藏记录
9.4　运输		监装记录 运输过程监控记录
10.1　批发和零售总要求	批发/零售市场管理文件	
10.3　交易管理	市场准入制度	入场产品索证证明 市场商品检测记录 不合格产品处置记录 市场投诉记录
10.4　人员管理		市场人员培训记录

附　录　D
（资料性附录）
水产养殖禁用渔药

药物名称	化学名称（组成）	别名
地虫硫磷　fonofos	O-2基-S苯基二硫代磷酸乙酯	大风雷
六六六　BHC（HCH）benzem，bexachloridge	1,2,3,4,5,6-六氯环己烷	
林丹　Lindane，gammaxare，gamma-BHC，gamma-HCH	γ-1,2,3,4,5,6-六氯环己烷	丙体六六六
毒杀芬　camphechlor（ISO）	八氯莰烯	氯化莰烯
滴滴涕　DDT	2,2-双（对氯苯基）-1,1,1-三氯乙烷	

（续表）

药物名称	化学名称（组成）	别名
甘汞　calomel	二氯化汞	
硝酸亚汞　mercurous nitrate	硝酸亚汞	
呋喃丹　carbofuran	2,3-二氢-2,2-二甲基-7-苯丙呋喃基-甲基氨基甲酸酯	克百威、大幅农
杀虫脒　chlodimeform	N-（2-甲基-4-氯苯基）N’，N’-二甲基甲脒盐酸盐	克死螨
双甲脒　anitraz	1,5-双-（2,4-二甲基苯基）-3-甲基-1,3,5-三氮戊二烯-1,4	二甲苯氨脒
氟氯氰菊酯　cyfluthrin	α-氰基-3-苯氧基-4-氟苄基（1R，3R）-3-（2,2-二氯乙烯基）-2,2-二甲基环丙烷羧酸酯	百树菊酯、百树得
氟氰戊菊酯　flucythrinate	（R，S）-α-氰基-3-氧苄基-（R，S）-2-（4-二氟甲氧基）-3-甲基丁酸酯	保好江乌氟氰菊酯
五氯酚钠　PCP-Na	五氯酚钠	
孔雀石绿　malachite green		碱性绿、盐基块绿、孔雀绿
锥虫胂胺　tryparsamide		
酒石酸锑钾　antimonylporassiumtartrate	酒石酸锑钾	
磺胺噻唑　sulfathiazolumST，norsultazo	2-（对氨基苯磺酰胺）-噻唑	消治龙
磺胺脒　sulfaguanidine	N-脒基磺胺	磺胺胍
呋喃西林　furacillinum，nitrofurazone	5-硝基呋喃醛缩氨基脲	呋喃新
呋喃唑酮　urazolidonum，nifulidone	3-（5-硝基糠叉胺基）-2-噁唑烷酮	痢特灵
呋喃那斯　furanace，nifurpirino	6-羟甲基-2-［-（5-硝基-2-呋喃基乙烯基）］吡啶	P-7138（实验名）
氯霉素（包括其盐、酯及制剂）chloramphennicol	由委内瑞拉链霉素产生或合成法制成	
红霉素　erythromycin	属微生物合成，是 streptomyceaeyythreus 产生的抗生素	
杆菌肽锌　zincbacitracinpremin	由枯草杆菌 Bacillussubtilis 或 B. leicheniformis 所产生的抗生素，为一含有噻唑环的多肽化合物	枯草菌肽
泰乐菌素　tulosin	S. fradiae 所产生的抗生素	

（续表）

药物名称	化学名称（组成）	别名
环丙沙星　ciprofloxacin（CIPRO）	为合成的第三代喹诺酮抗菌药，常用盐酸盐水合物	环丙氟哌酸
阿伏帕星　Avoparcin		阿伏霉素
喹乙醇　olaquindox	喹乙醇	喹酰胺醇羟乙喹氧
速达肥　fenbendazole	5-苯硫基-2-苯并咪唑	苯硫哒唑氨甲基甲酯
己烯雌酚（包括雌二醇等其他类似合成等雌性激素）　diethylstil bestrol，stilbestrol	人工合成的非甾体雌激素	
甲基睾丸酮（包括丙酸睾丸素、去氢甲睾酮以及同化物等雄性激素）ethyltestosterone，metandren	睾丸素 C 的甲基衍生物	甲睾酮甲基睾酮

注：摘自 NY 5071《无公害食品渔用药物使用准则》。

附　录　E
（资料性附录）
出境水产品追溯示例
GB/T 29568 农产品追溯要求　水产品

E1　批次的确定

E1.1　原料批：同一时间收购，在同一捕捞区域（海区、水域或养殖池等）或者同一批进口原料，同一品种的为 1 个原料批。

E1.2　生产批：同一天、同一车间或同一生产线加工的同一原料批加工的产品为 1 个生产批。

E2　识别代码的确定

E2.1　原料批识别代码的确定：

每 1 个原料批确定 1 个原料识别代码，用“数字+字母”表示：AAAB。

AAA：表示原料收购流水号，1 年为 1 个流水周期编号。加工企业可根据本企业的年收购批量确定流水号的位数，一般至少为 3 位数。

B：表示原料的性质，原料的性质分以下 4 种：

（1）海洋捕捞原料用“H”表示；

（2）养殖原料用“Y”表示；

（3）淡水捕捞原料用“D”表示；

（4）来（进）料加工原料用“J”表示。

E2.2　生产批识别代码是在原料批识别代码前加生产日期（年月日），如 160704003H 表示 2016 年 7 月 4 日生产的第三批海捕原料的产品。

E3 识别代码管理

E3.1 原料批识别代码：在原料收购记录上必须确定原料批识别代码，并记录识别代码、品种、数量、收购来源，海捕的注明捕捞区域、船名及备案登记号；养殖的注明养殖场（塘）及备案号；进口的注明进口报检单编号、输出国卫生证书号；淡水野生的注明收购水域等有关信息。

E3.2 生产批识别代码：在生产加工记录上确定生产批识别代码，并在记录上显示加工该批产品的原料批代码。如有并批的，同时记录并批的其他原料批代码。

E3.3 企业的所有生产、检验记录上必须标明相应的产品识别代码，并符合《出口水产品加工企业注册卫生规范》等要求。

附录十三

山东省地方标准（预计 2019 年发布）

农产品产业链全过程管理规范
第 12 部分：鱼　技术指南

Standard for the whole process management of agricultural product industry chain
Part 12：Specification for Fish

1　范围

本标准规定了山东省出口农产品质量安全示范区内鱼类各生产环节的管理要求。

本标准适用于山东省出口农产品质量安全示范区内鱼类养殖、捕捞、生产、储运、销售等产业链全过程管理。

2　规范性引用文件

GB 2733　食品安全国家标准　鲜、冻动物性水产品
GB 2759　食品安全国家标准　冷冻饮品和制品
GB 2760　食品安全国家标准　食品添加剂使用标准
GB 3097　海水水质标准
GB 5749　生活饮用水卫生标准
GB 7098　食品安全国家标准　罐头食品
GB 7718　食品安全国家标准预包装食品标签通则
GB 10136　食品安全国家标准　动物性水产制品
GB 11607　渔业水质标准
GB 14881　食品安全国家标准食品生产通用卫生规范
GB/T 19000　质量管理体系　基础和术语
GB/T 19575　农产品批发市场管理技术规范
GB/T 20014　良好农业规范系列标准
GB 20941　食品安全国家标准　水产制品生产卫生规范
GB/T 24616　冷藏食品物流包装、标志、运输和储存
GB/T 27638　活鱼运输技术规范
SN/T 2699　出境淡水鱼养殖场建设要求
SC/T 9001　人造冰
SC/T 9103　海水养殖排放要求

3 术语和定义

GB/T 19000、GB/T 20014 确立的术语和定义适用于本标准。

4 鱼类质量安全标准要求

4.1 产品标准

鱼类产品应执行 GB 2733 的要求以及目标市场的要求。

4.2 产品监控

组织应当在捕捞后或收获前进行产品检测，检测内容根据捕捞海域或养殖情况以及目标国要求制定监控计划，监控计划应包含鱼类产品食品安全危害验证。

5 淡水鱼养殖要求

5.1 淡水选址和环境要求

5.1.1 淡水鱼养殖场应选择生态环境良好、交通便利的水域，无工业“三废”及农业、城镇生活、禽畜养殖、医疗废弃物等污染，且周边距离 1 千米内无水产加工厂。

5.1.2 场区应位于水生动物非疫区。

5.1.3 网箱养殖区应符合淡水水域功能区划分要求，并远离工业区、人口密集区或港口，周边无污染源，且避开洪水等自然灾害频发的区域。网箱养殖区的选址和规划符合 GB/T 20014.13 的要求。

5.1.4 淡水鱼养殖场应有独立水源，水源充足，水质符合 GB 11607 要求。

5.1.5 淡水鱼养殖场底质要求无工业废弃物和生活垃圾，无异色、异臭、有毒有害物质。

5.1.6 淡水鱼养殖场养殖水域面积应由一定规模，水泥池养殖面积一般不少于 20 亩，土池养殖面积不少于 100 亩。开放式水域养殖面积不少于 500 亩，网箱养殖的网箱数一般不少于 20 个。

5.1.7 网箱应位于水深适度的区域，水深应符合 GB/T 20014 的要求。

5.1.8 出境淡水鱼养殖场建设应符合 SN/T 2699 要求。

5.2 池塘养殖设施布局

5.2.1 淡水鱼养殖场应布局合理，分设生活办公区、养殖区。养殖区应包括养殖池、隔离观察池、工器具存放室、药物储藏室、水产技术工作室等，且设置明显的标识。

5.2.2 淡水鱼养殖场进排水系统应符合 GB/T 20014 要求。进排水应分别设置，防止交叉污染，并有相应的进出水过滤消毒处理措施。进排水应高进低排，进水口高于池塘水面，排水口位于池塘最低水位线以下。

5.2.3 淡水鱼养殖场应设有能满足装卸需要的装卸设施以及车辆、生产工具清洗消毒场所，并配备必要的消毒设施。

5.2.4 养殖区要求

5.2.4.1 淡水鱼养殖池布局应合理，形状规则。池底形状易于排水和捕捞，池深应符合养殖种类特性的要求。

5.2.4.2　淡水鱼养殖场应具有独立的、与养殖池标准相一致的引进水生动物隔离观察池，观察池与养殖池排水系统应完全独立，并有相应的进出水过滤消毒处理措施。

5.2.4.3　淡水鱼养殖场的工器具存放室应与本场养殖规模相一致，已消毒工具和未消毒工具应分开摆放，渔具专池专用。

5.2.4.4　淡水鱼养殖场的饲料存放室应清洁干燥，通风良好，具有防鼠、防虫、防火、防尘防霉设施，存放室专人管理。饲喂鲜活饵料应来自水生动物疫病非疫区，且有相应的冷藏或冷冻设备，以防饵料腐败变质。

5.2.4.5　淡水鱼养殖场应配备独立的药物储藏室，专人管理。

5.2.4.6　水产技术工作室应备有必要的水质监测设备和水生动物疾病诊疗设施及药物，监测、诊疗工作应由具有水产养殖相关专业的专业技术人员实施。

5.2.4.7　应建有独立的废弃物无害化处理区，并配备死鱼和废弃物的无害化处理设施。

5.2.4.8　应建有和养殖规模相适应的污水处理设施，污水排放应经过无害化处理且达到环保要求。

5.3　网箱养殖设施布局

5.3.1　网箱养殖水域应科学规划、网箱布局合理，并根据养殖种类和水域环境保护要求确定网箱间距、网箱设置总面积。

5.3.2　应绘制网箱平面布局图，标注相关设施位置。

5.3.3　网箱设置应与水体养殖容量相适应，网箱面积与养殖水体容量比例要符合 GB/T 20014 的要求。每个网箱区面积、每个网箱区之间的间隔距离和每个网箱面积、各网箱之间的宽度以不影响水域水质环境、水体交换、操作方便以及航道航行为宜。

5.4　淡水养殖收获

收获前，应根据监控计划对产品进行检测，产品检测合格后方可收获和销售。检测结果不符合要求的产品，应采取隔离、净化或延期捕获等措施。

6　海水鱼养殖要求

6.1　海水选址和环境要求

6.1.1　养殖场水域应无工业“三废”及农业、城镇生活、医疗废弃物污染，具有可持续性生产能力。

6.1.2　养殖场应实施环保措施，合理利用资源，提倡养殖用水循环使用，排放应符合 SC/T 9103 及其他相关规定。

6.1.3　养殖场应在醒目位置设置产地标识牌，内容包括产地名称、面积、范围、防污染警示等。

6.2　海水养殖底质要求

底质应无工业废弃物和生活垃圾，无大型植物碎屑和动物尸体，无异色、异臭。

6.3　海水养殖排放水要求

海水养殖水排放应符合 GB 3097 中规定的二类海水的要求。

6.4　海水养殖收获

收获前，应对产品进行检测，产品检测合格后方可收获和销售。检测结果不符合要求的产品，应采取隔离、净化或延期捕获等措施。

7　鱼类加工

7.1　生食鱼类加工

7.1.1　原材料要求

7.1.1.1　用于生食的鱼类原料应深度冷冻或冰鲜储存，产品应符合 GB 2733 的规定。

7.1.1.2　加工用水应符合 GB 5749 的规定。

7.1.1.3　原料检验合格后，方可使用，并做好记录。

7.1.1.4　原料温度应严格管理，深冷鱼类中心温度控制在-18℃以下，冰鲜鱼类贮藏中心温度控制在-2~4℃，加工车间温度宜保持 10℃以下。

7.1.2　场地和设施要求

7.1.2.1　应设立原料储藏、粗加工、切配、成品储藏等场所，并根据工艺流程合理布局，防止交叉污染。

7.1.2.2　操作场所宜配备净水设备和专用冷藏设备，操作场所应设置洗手、消毒、更衣设施。

7.1.3　加工过程要求

7.1.3.1　加工企业符合 GB 14881、GB 20941 的规定。用于加工生食鱼类的工器具、容器应符合相应的卫生标准和卫生要求，接触成品的工器具、容器应经有效的清洗、消毒处理。加工后的产品立即包装。每次加工后的所有器具都必须进行清洗、消毒，以防污染。

7.1.3.2　鱼类原料和最终产品都必须在使每个部位不高于-20℃的温度下冷冻不少于 24 小时，以杀灭寄生虫。

7.1.4　检验要求

7.1.4.1　应依据鱼类原料特点、加工情况和目标国标准制定监控计划，监控计划应包含原辅料、生产加工过程和成品。

7.1.4.2　每批产品应按照监控计划进行检测。检验项目可包括感官、微生物、寄生虫、药物残留、重金属等理化指标。鲭科鱼类应检测组胺含量。

7.1.4.3　检验合格签发检验合格证，凭检验合格证入库或出厂。

7.2　冷冻鱼类加工

7.2.1　原料要求

7.2.1.1　速冻鱼原料应为品质良好、可作为鲜品供人类消费的鱼，应符合 GB 2733 的规定。

7.2.1.2　加工或渡冰衣用水应为饮用水或清洁海水。饮用水应符合 GB 5749 的要求，清洁海水应符合 GB 3097 的规定。

7.2.1.3　加工生产中所用的食品添加剂品种及用量应符合 GB 2760 的规定。出口水产品还应符合进口国的要求。

7.2.2　加工要求

7.2.2.1　产品经过适当的预处理后，应在符合条件的加工环境中加工。冻结应在合适的设备中进行，并使产品迅速通过最大冰晶生成带，产品的中心温度达到≤-18℃或以下。

7.2.2.2　在产品的加工和包装过程中应采取渡冰衣等措施，防止在贮存过程中脱水和氧化作用影响产品质量。

7.2.2.3　前处理、烹煮、油炸、冷却和加工等工序的时间和温度控制应严格按照产品工艺及卫生要求进行。

7.2.2.4　有温度控制要求的工序或场所应安装温度显示装置。加工车间应有适当的降温措施，温度不应高于 21℃，加热工序除外。

7.2.2.5　产品经冷冻后进行包装时，包装间的温度应控制在 10℃以下。

7.2.2.6　对于易产生鲭鱼毒素的鱼种，应根据产品特性加强对从原料到成品全过程的温度和时间控制，必要时应进行组胺等指标的检测。

7.2.2.7　对于易产生鲭鱼毒素的鱼种，在加工过程中应控制产品内部温度和暴露时间。

7.2.3　检验要求

7.2.3.1　应依据鱼类原料特点、加工情况和目标国标准制定监控计划，监控计划应包含原辅料、生产加工过程和成品。

7.2.3.2　每批产品应按照监控计划进行检测。检验项目可包括感官、微生物、药物残留、重金属等理化指标。

7.2.3.3　鲭科鱼类要检测组胺。检验合格签发检验合格证，成品凭检验合格证入库或出厂。

7.3　特殊加工

7.3.1　烟熏鱼类加工

7.3.1.1　烟熏应在单独的烟熏间（炉）进行，必要时，应装有通风系统，以使燃烧产生的烟和热不影响水产品的其他生产加工工序。

7.3.1.2　用于烟熏的发烟材料应符合卫生要求，不应存放在烟熏间内，其使用不应污染产品。

7.3.1.3　禁止使用涂有油漆、清漆的、经胶合的或经过任何化学防腐处理的木料进行燃烧发烟。

7.3.1.4　产品烟熏后、包装前应迅速冷却至产品保存所需的温度。

7.3.1.5　在熏制或加热过程中，应严格执行工艺要求以有效防止肉毒梭状芽孢杆菌的生长和毒素的形成。

7.3.2　腌制鱼类加工

7.3.2.1　腌制操作应在独立的加工区域内进行，不应影响其他的加工操作。

7.3.2.2　加工用盐、糖应符合卫生要求，不得重复使用，储存场所应清洁干燥，避免污染。

7.3.2.3　用于腌制的容器，其结构和材质应能防止产品在腌制过程中受到污染。

7.3.2.4　产品符合 GB 10136 及相关标准要求。

7.3.3　罐藏鱼类加工

7.3.3.1　加工罐藏水产品（冷藏产品除外）的生产企业应符合 GB 14881 及目标市场

相关要求。

7.3.3.2 加热杀菌设备应进行热分布测试，以确保加热杀菌的均匀性；热杀菌工艺应进行确认以保证其科学有效。

7.3.3.3 产品符合 GB 7098 及相关标准要求。

7.3.4 其他

对于必须使用传统工艺和宗教习俗生产加工的产品，在保证产品安全卫生的前提下，可以按传统工艺和宗教习俗生产加工。

8 包装、贮存和运输

8.1 包装

8.1.1 标签

8.1.1.1 预包装产品标签

预包装产品标签应符合 GB 7718 的规定，还应遵守以下规定：

a）标签上出注明该品种鱼的常用名外，对已去内脏的鱼应注明“带头”或“去头”。

b）标签上应恰当注明产品是养殖的，还是捕捞的，以及产品来自水域的说明。

c）用海水镀冰衣的产品，应予以说明。

d）标签上注明产品应贮藏在-18℃或更低的温度条件下，在运输、分销过程中应保持在-8℃或更低的温度条件下，以保证其质量。

e）非零售包装产品标签应标明食品名称、批号、制造或分装厂名、地址，以及贮藏条件。

8.1.2 包装

8.1.2.1 包装材料所用塑料袋、纸盒、瓦楞纸箱等包装材料应洁净、无毒、无异味、坚固。

8.1.2.2 包装箱中产品要求排列整齐。纸箱上下用封箱带粘牢或用打包带捆扎。

8.2 运输

8.2.1 活鱼运输

8.2.1.1 活鱼运输、暂养的流通过程中，严禁使用未经国家和有关部门批准的渔药和渔用消毒剂、杀菌剂及渔用麻醉剂产品。禁止使用法规规定的禁用药和对人体具有直接或潜在危害的其他物质。

8.2.1.2 待运活鱼应选择无污染、大小均匀、体质健壮、无病、无伤、活力好的鱼。

8.2.1.3 活鱼在装运前应经停喂暂养 1~2 天，可采用网箱、水池或池塘暂养，密度视不同的品种而定，一般为 20~45 千克/平方米。暂养过程应注意水温、盐度、溶氧、pH 值等水质变化、鱼的体质和暂养密度情况，并剔除体质较弱和受伤较重的个体。

8.2.1.4 每批收购、发运的活鱼应由专职质量检验人员进行验收，记录品种、数量、养殖（捕捞）地点、日期、养殖（捕捞）者的姓名，并进行编号和签名。

8.2.1.5 活鱼运输分为充氧水运输、保湿无水运输和活水舱运输，运输和暂养过程应符合 GB/T 27638 的规定，用水水质应符合 GB 11607 的规定，用冰应符合 SC/T 9001 的规定。

8.2.2　冷藏鱼运输

8.2.2.1　包装不耐压冷藏鱼时，应在包装容器内加支撑物或衬垫物，以减少食品的震动和碰撞。包装易失水冷藏鱼时，应在包装容器内加塑料衬。

8.2.2.2　冷藏鱼在装载前箱体应进行预冷，温度应预冷到 0~4℃以下或达到双方约定的预冷温度。应严格控制装卸货时间，包装装卸期间，鱼体温度升高幅度不超过 3℃。

8.2.2.3　冷藏鱼的堆积排列应稳固，必要时可使用支架、栅栏等固定装置防止货物移动；货物与箱壁、箱门之间应留有缝隙，货物与箱体顶部的距离应不少于 15 厘米，以保持箱体内冷风循环顺畅。

8.2.2.4　在装载和卸货前，应检测冷藏鱼的温度；检测位置有托运方或承运方与收货方共同决定，并在低温环境下完成检测工作，温度检测记录应作为运输单证附件提交给收货方。

8.2.2.5　在装卸和运输过程中，应按规定控制和记录箱体内部温度，每次运输作业结束后，应将温度记录写入运输单据或作为运输单证附件，提交给相关方。

8.2.3　冷冻鱼运输

8.2.3.1　冷冻鱼的运输包装应坚固完整，防湿，有足够的耐压强度，封口严密，不易散包，便于运输和装卸。

8.2.3.2　冷冻鱼在装载前箱体应进行预冷。

8.2.3.3　冷冻鱼装载时没货物堆积要紧密，与箱壁周围应留有缝隙，货物与后门之间宜保留至少 10 厘米距离，箱体的顶部和货物之间宜留出至少 25 厘米距离，保持冷气循环。

8.2.3.4　冷冻鱼应按照不同的目的地加以筛选和分组，根据“后卸先装”的顺序装载。

8.2.3.5　在装卸和运输过程中，应按规定控制和记录箱体内部温度，每次运输作业结束后，应将温度记录写入运输单据或作为运输单证附件，提交给收货方。

8.2.3.6　装载或卸货作业中断时，应保证运输设备箱门即时关闭，制冷系统保持正常运转。

8.3　贮存

8.3.1　应按规定温度和质量有效期的时间堆垛，同一品种的水产品宜以原料品、半成品、成品分开垛放，标识清晰。贮存要求符合 GB/T 27638 的要求。

8.3.2　活鱼暂养

8.3.2.1　活鱼运达目的地后，应根据不同的品种，投放在适宜的水体中暂养。暂养池的水温应预先控制在与运输基本相同的水体温度，投放鱼时温度相差不应超过 5℃以上。

8.3.2.2　投鱼后需调控水温时，降温梯度每小时不应超过 5℃。

8.3.2.3　在暂养期间，应保持开动水泵循环过滤水质和开动充气机增氧。

8.3.3　冰鲜鱼贮存

8.3.3.1　冷藏库的温度要求应符合 GB/T 24616 要求。

8.3.3.2 冷库各冷藏间应配置温度、湿度监视装置，监视装置应放在不受冷凝、异常气流、辐射、震动和可能冲击的地方。监视点的多少视库容而定。

8.3.3.3 冷库应进行预冷，当温度降至冷藏鱼要求的范围时，方可入库。未经冷却或温度高于规定的食品，应先进行冷却，达到要求的冷藏温度后方可入库。

8.3.4 冷冻鱼贮存

8.3.4.1 大中型冷库宜建有低温穿堂和封闭式站台，并配有与运输车辆对接的密封装置。

8.3.4.2 冷库应定期除霜、清洁、消毒和维护保养，冷库内应干净、整洁、无异味，不同冷冻食品的冷库作业工具也要区分使用，防止交叉污染。

8.3.4.3 冷库用具备逃生指示、自救设施和被闭报警系统，应定期检查确保其处于完好状态。

8.3.5 其他贮存要求

8.3.5.1 速冻库温度应控制-28℃以下。

8.3.5.2 需 6 个月以上储存期的超低温品应在低于-50℃库温储存。

8.3.5.3 干制品等其他成品库的温度、湿度应满足产品特性要求。

9 批发零售

9.1 交易原则

9.1.1 国家及地方相关法律法规禁止上市和违法捕捞的水产品不得入场交易。

9.1.2 市场交易应公开、公正、公平。

9.1.3 市场应制定并完善交易管理机制，促进物流高效。鼓励市场通过行业信用等级评定。

9.2 交易市场基本要求

9.2.1 市场应根据鱼类大类设置交易区，分别陈列淡水鱼和海水鱼，干制品与非干制品应分区，活鱼、冰鲜鱼、冷冻鱼应分区。

9.2.2 市场设施设备的配备及管理应符合 GB/T 19575 的相关要求。鼓励市场统一称重、统一电子结算。

9.2.3 市场应设置交易管理员，维护交易现场秩序，确保产品购销单上的交易信息翔实。

9.2.4 产品质量要求

9.2.4.1 鱼类产品的质量应符合 GB 2733 的相关要求。

9.2.4.2 鱼类产品应分成不同的规格等级后交易。

9.2.4.3 包装应能满足产品的保鲜保活要求，包装容器的尺寸、强度、重量和容量应符合国家相关标准的要求。

9.2.4.4 包装标识应符合 GB 7718 的相关要求。产品包装上应明确标识产品的名称、品种、等级规格、净重、产地（捕捞区）、生产单位（捕捞单位）、生产（捕获）日期等相关信息。

9.2.5　经销商与采购商准入要求

9.2.5.1　经销商进入市场经营应具备合法的经营资质，并在经营场所的显著位置悬挂营业执照、税务登记证及其他证件。

9.2.5.2　市场应与入场经销商签订进场经营合同，应明确规定市场对经销商经营水产品的索证索票、质量检验和不合格品处理等管理方式，明确经销商对产品安全的责任、争议解决方法等相关事项。

9.2.5.3　市场应根据交易管理需要建立采购商准入制度，经审核符合条件后入场采购。

9.2.6　信息管理要求

市场应建立鱼类交易及质量信息可追溯系统，及时做好鱼类产品批发各环节的信息记录，相关记录应最少保存2年。

9.3　车（船）入场

9.3.1　市场应查验入场经销商经营资质证明材料，索要鱼类产品检验检疫合格证明、产地证明等票证并存档备案，无相关票证的禁止入场交易。

9.3.2　市场应做好入场登记工作，详细记录供货商姓名、联系方式、车（船）牌号、产品名称、数量、产地（捕捞区）等信息。

9.4　产品检验

9.4.1　无有效产品检验检疫合格证明的，市场应自行或委托具有法定资质的检测机构进行检测，检测合格后方可交易。

9.4.2　市场应做好巡查工作，定期或不定期地对产品进行抽样检测。

9.4.3　产品检测项目及检测结果处理等应符合国家相关标准的要求及目标市场的监控要求。

9.5　产品陈列与贮存

9.5.1　经销商进入市场后应在市场指定交易区陈列产品或将冷冻产品存入指定冷库。

9.5.2　产品应挂牌陈列，标明区产品名称、品种、规格等级、产地（捕捞区）等信息。

9.5.3　产品陈列、贮存条件应能满足其保鲜和品质保障要求，冰鲜品中心温度应控制在0~4℃，冷冻品中心温度应控制在-18℃，其他产品根据产品要求进行控制。

9.5.4　市场或经销商应做好库存管理工作，详细记录水产品名称、数量、规格等级、产地（捕捞区）、贮藏条件、出入库时间等信息并交市场备案。

9.6　交易

9.6.1　购销双方应严格按照市场流程入场交易。

9.6.2　市场应记录并及时发布产品当日到货情况（包括各种货物的名称、品种、规格等级、数量及供应商等）、交易价格等信息。鼓励市场建立购销双方信用风险管理制度。

附　录　A
（规范性附录）
法律法规标准清单

GB 28009　冷库安全规程
GB 28577　冷链物流分类及基本要求
GB 28843　食品冷链物流追溯管理要求
国际食品法典委员会（CAC）水产品渔药残留限量标准
欧盟 852-854（2004）规章
日本有机农业标准 Japanese Agriculture Standard
日本肯定列表　水产品渔药残留限量标准
出口水产品生产企业注册卫生规范
出口罐头生产企业注册卫生规范

附　录　B
（规范性附录）
标准与记录对照表

条款	体系信息
5.1　淡水选址和环境要求	场所位置图
5.2　池塘养殖设施布局	厂区平面图
5.3　网箱养殖设施布局	网箱平面布局图
6.1　海水选址和环境要求	场所位置图
6.4　海水养殖收获	成品检测报告
7.1　生食鱼类加工	水冰检测报告 车间平面图 加工、库房温度记录 成品检测报告
7.2　冷冻鱼类加工	水质检测报告 车间平面图 加工、库房温度记录 成品检测报告
7.3　特殊加工	热分布测试报告 热穿透测试报告
8.3　贮存	运输温度记录 库房温度/湿度记录 温度计校准记录 活鱼运输记录

附　录　C

(规范性附录)

鱼类常用农药残留项目各国家/地区标准比对表

农药名称	日本	欧盟	美国	中国香港
硝基呋喃代谢物	不得检出	不得检出	不得检出	不得检出
孔雀石绿	不得检出	不得检出	不得检出	不得检出
隐性孔雀石绿	不得检出	不得检出	不得检出	不得检出
结晶紫	不得检出	不得检出	不得检出	不得检出
隐性结晶紫	不得检出	不得检出	不得检出	不得检出
氯霉素	不得检出	不得检出	不得检出	不得检出
恩诺沙星	—	—	0.01	—
达氟沙星	0.1	—	—	—
诺氟沙星	—	—	—	—
磺胺嘧啶	—	—	—	—
磺胺甲噁唑	—	—	—	—
磺胺甲嘧啶	—	—	—	—
磺胺间二甲氧嘧啶	—	—	—	—
磺胺间甲氧嘧啶	—	—	—	—
组胺	50	200	50	—
铅	—	—	0.3	—
镉	—	—	0.05	—
汞	0.3	—	0.3	—

附录十四

农产品产业链全过程管理通用要求评价规范

1 总则

1.1 本规范适用于山东省出口农产品质量安全示范区（以下简称示范区）内对实施《农产品产业链全过程管理规范》的组织进行准入评价及持续评价。

1.2 本规范规定了组织实施山东省农产品产业链全过程管理通用要求的评价依据、评价准则、评价方法、评价活动及第三方机构的组织管理要求。

1.3 评价活动应采用有资格的第三方机构实施。商务厅对第三方机构实施持续评价与管理。

1.4 评价工作应坚持客观公正、科学有效、突出重点、简便可行的原则。

2 评价准则

《农产品产业链全过程管理通用要求》

《农产品产业链全过程管理专项指南》

《山东省出口农产品质量安全示范区考核管理办法》

《农产品食品质量安全标准》

3 申请与评价流程

3.1 示范区申请与评价

3.2 组织申请

3.3 示范区推荐

3.4 第三方机构对推荐申请组织的评价

3.5 跟踪评价与退出

4 评价基本原则

4.1 建立以风险评估为基础的评价模式

第三方机构应建立风险评估机制，跟踪国家、政府相关部门食品安全预警信息，实施对示范区及其所属组织及产品的风险评估，并作为制定具体评价方案的信息输入。

4.2 第三方机构应根据风险评估的结果，对示范区及其所属组织实施分级监督评价。

4.3 第三方机构应建立信息预警及外部信息收集、分析制度，持续跟踪各级政府部门产品质量安全监督抽查结果，并将抽查结果作为风险评估及日常持续评价的信息输入。

5　示范区评价

5.1　示范区评价内容

主要评价内容包括以下方面：

a）示范区组织保障体系运行情况；

b）示范区初级农产品化学投入品控制效果；

c）本地区主要农产品风险识别及控制措施；

d）示范区组织可追溯体系运行效果；

e）示范区对组织的监管措施、执行效果及组织诚信评价；

f）示范区内农产品质量安全要求满足标准的程度；

g）示范区内预警机制、农产品食品安全事故事件及处置有效性；

h）示范区检测体系运行情况。

5.2　示范区评价方式

评价方式包括以下一种或多种方式的组合：

a）示范区申报材料评价；

b）示范区现场重点管理状况抽查；

c）示范区内农产品食品生产企业产品抽样检测；

d）示范区所属组织日常监督情况评价；

e）示范区主管部门评价结果采信。

5.3　示范区风险分级

示范区根据风险评估情况分为一级、二级两个级别。一级为风险较低示范区，二级为风险较高示范区。

存在以下情况时，经综合评价可确定为风险较高示范区：

a）示范区组织保障体系持续运行能力较弱；

b）示范区初级农产品化学投入品控制管理不严；

c）示范区对本地区主要农产品风险识别及控制措施不充分；

d）示范区对组织的监管措施、执行效果及组织诚信评价不充分；

e）示范区发生重大食品安全问题及存在重大食品安全隐患并对组织食品安全存在较大影响；

f）示范区在国家、地区产品质量监督抽查、政府主管部门及第三方监督检查/审核中发生重要食品安全不合格状况；

g）第三方机构对示范区所属组织日常监督结果评价风险较高。

5.4　示范区评价频次

示范区应按照鲁政办发〔2009〕43 号文件要求持续保持六大体系运行的有效性，并对示范区及其所属组织及产品进行监督管理。第三方机构对示范区进行初始评价，根据示范区运行风险进行首次分级。一般以文件评审方式进行，若文件资料评价未能提供充分信任，风险评估结果为风险较高，应对示范区进行现场检查，必要时对示范区产品实施抽样检测，对运行效果进行验证。

每一年度示范区至少实施一次跟踪评价，根据示范区运行风险及第三方机构对其所属组织日常监督情况，进行再次分级。一般以文件评审方式进行，若文件资料评价未能提供充分信任、最近一次风险评估结果为风险较高、本地区所属A级组织低于60%时，应对示范区进行现场检查，必要时对示范区产品实施抽样检测，对运行效果进行验证，实施动态调整。

6 申请组织准入评价

6.1 申请组织评价方式

应在对示范区评价、组织及产品风险评估的基础上，采用综合评价方法实施评价活动，评价方式包括：

a）文件资料评价；

b）现场运行过程评价；

c）采集数据的监督与评价；

d）产品抽检；

e）市场产品监督抽查；

f）其他政府、第三方等外部审核、抽查、评价结果的评价；

g）自我符合性声明评价；

h）其他。

6.2 组织风险分级

对申请评价组织进行分级管理。申请评价组织分为A、B两个级别。A类为风险较低企业，B类为风险较高企业。

存在以下情况时，经综合评价可确定为风险较高组织：

a）所在示范区发生重大食品安全问题及存在重大食品安全隐患并对组织食品安全存在较大影响；

b）组织生产、经营的产品类别发生重大食品安全问题并对组织食品安全存在较大影响；

c）组织在国家、地区产品质量监督抽查、政府主管部门及第三方监督检查/审核中发生重要食品安全不合格状况；

d）组织产品出现进口国、客户等因产品质量严重不合格拒收及严重质量投诉等情况 ；

e）组织经现场评价、产品抽查的食品安全管理体系经评价出现系统性问题，不能提供充分保障食品安全的能力；

f）组织在申请前两年内发生过较大食品安全事故事件。

6.3 申请评价组织准入评价

6.3.1 申请组织应通过其所在示范区专门机构向第三方机构推荐，并提交规定条件的证明文件及材料。第三方准入评价以文件资料评价及采信其他评价结果作为主要评价方式。必要时，实施现场评价。

6.3.2 文件资料评价的重点内容：

a）基本资质要求的有效性；
b）标准要求自查表及自我符合性声明的有效性及完整性；
c）其他政府、第三方等外部审核、抽查、评价结果的采信评价；
d）企业产品检测结果的采信评价。

6.3.3 以下情况第三方机构应考虑实施现场评价及产品抽样评价等评价方法：
a）文件资料评价未能提供充分信任；
b）风险评估结果为高风险企业；
c）风险预警信息显示为高风险产品；
d）前两年内发生严重食品安全事故、事件。

7　申请组织监督评价

7.1 第三方机构应建立信息预警及外部信息收集、分析制度，持续跟踪各级政府部门产品质量安全监督抽查结果，并将抽查结果作为风险评估及日常持续评价的信息输入。

7.2　组织监督评价方式

对组织监督评价的方式包括：
a）例行信息评价；
b）监督检查及产品监测；
c）临时监督活动：专项监督检查、飞行检查及产品抽检。

7.3　例行信息评价

应对每个组织每年至少实施一次例行信息评价，评价以文件评审及调查访问等方式实施，主要内容包括：
a）可追溯信息系统中采信信息的持续评价与验证；
b）组织基本信息的持续更新与评价；
c）客户满意度调查，外部审核评价信息等的持续评价；
d）各级政府部门产品监督抽查结果的持续跟踪与问题确认。

7.4　监督检查及产品监测

7.4.1 第三方机构在风险评估的基础上，根据组织所属示范区运行有效性评价分级、组织日常持续评价信息、风险预警信息等制定对组织的监督抽查工作方案，确定组织所在示范区的监督抽查评价比例、频次，制定抽查计划，报山东省商务厅。商务厅批准后，由第三方机构实施组织的监督抽查。

7.4.2 监督抽查方案应包括现场验证检查、生产过程产品及市场产品抽样检测内容。

7.4.3 现场监督检查重点内容为种植、生产、运输、贮存、流通等食品链中关键控制点实施效果与标准的符合性。

7.4.4 风险较高的示范区内组织监督抽查比例不得少于30%，风险较高的组织现场监督抽查比例不得少于50%。

7.5　产品抽样检测要求

组织每年应至少接受一次已受理的产品生产过程或市场产品抽样检测。产品抽检项目根据风险评估情况由第三方机构确定，每类产品至少实施一个抽检项目。

检测重点内容包括：

a）农药残留、转基因等高风险食品安全项目；

b）近期进出口产品检测预警信息中的食品安全项目；

c）出口国家、地区重点监测的食品安全项目；

d）近期国家、政府监督抽查中发现问题的食品安全项目；

e）其他社会热点、公众关注的食品质量、安全项目。

7.6　临时监督活动

发生以下情况时，第三方机构应对相关组织实施临时性专项抽查：

a）地区、行业发生重大食品安全事件；

b）示范区内的企业或产品发生外部抽检、评审、评价重要不符合；

c）进出口检测检查发生拒收等情况；

d）媒体曝光。

8　申请组织周期性评价

8.1　组织每 3 年应至少实施一次全面的周期性评价。

8.2　每三年周期性评价应对本周期内组织的日常连续评价结果、产品质量安全水平，标准化实施效果进行综合评价。

8.3　周期性评价以文件及信息评价为主要方式。在以下情况下应实施现场评价及产品抽样检测：

a）经文件及信息评价，综合评价结果显示企业风险等级较高；

b）在周期内，客户投诉及反映问题较多；

c）在周期内，外部检测、审核及评价结果出现重要不符合。

8.4　周期内，应保证每个组织实施一次现场抽查，并至少实施一次覆盖所有产品标准项目的产品检测结果评价。

9　申请组织评价结果及报告

9.1　评价结果分类

评价结果分以下 3 种类型：

a）评价符合要求；

b）评价存在不符合，整改后验证；

c）经评价不符合要求。

9.2　推荐原则

以下情况可对评价组织实施推荐：

a）综合评价全面满足标准要求时；

b）综合评价中发现有轻微不符合项，但不影响系统整体食品质量安全保证能力的。

以下情况应认定为评价为不通过：

a）产品抽样检测发生食品安全质量安全指标不合格；

b）食品链过程发现系统性或严重不满足标准规定；

c）发生食品安全事故，未处理或在处理中的组织；

d）不符合项不能够按期有效整改。

9.3　评价报告

第三方机构对申请组织出具评价报告，报告内容应至少包括：

a）企业名称、地址；

b）推荐产品类别；

c）产品执行标准；

d）评价基本信息；

e）评价结果。

9.4　信息报告

第三方机构在评价结果形成后5个工作日内将评价报告上传至山东省出口农产品质量安全示范区信息管理公共平台。

10　动态管理机制

10.1　第三方机构每年根据监督情况确定示范区及申请组织是否持续保持资格并实施动态分级管理。

a）产品抽检中抽查两类以上产品或一类产品连续两次出现不符合；

b）现场检查不符合较多或上次不符合仍存在整改无效；

c）各相关方信息中存在不能提供持续信任的情况。

10.2　评价通过的组织在推荐有效期内，若出现以下情况将给予暂停和撤销推荐的处罚：

a）不配合接受持续评价；

b）提供虚假信息或严重不符合评价要求；

c）发生严重食品质量安全事故；

d）客户重大投诉。

10.3　示范区在持续评价过程中存在以下情况时，对示范区及组织实施暂停推荐：

a）示范区不配合接受持续评价；

b）示范区监管体系失效，未能履行监管职能，存在系统性食品安全隐患；

c）发生系统性食品安全事件时。

若上述食品安全事件仅涉及某一类产品时，可仅对示范区内该类产品组织实施暂停推荐。

10.4　首次暂停期为30日，信息系统将自动锁定。出现问题的组织应对问题产品实施召回并进行影响效果评价。在暂停期内由第三方机构根据示范区及组织的运行情况和风险，进行现场检查后作出符合性评价，方可解除暂停。

10.5　自暂停期开始的45日内，示范区及组织未提供符合性证据表明对标准的持续符合，第三方机构将给予撤销证书并在信息系统进行锁定并登记。

各类评价结果及暂停、撤销信息由第三方机构定期报送山东省商务厅相关部门。

10.6 山东省商务厅根据第三方机构报送的示范区评价结果及暂停、撤销信息对示范区进行监督考核，发现问题的按照《山东省出口农产品质量安全示范区考核管理办法》的有关要求处理。

11 评价组织管理

11.1 第三方机构应按照相关认证认可要求，建立管理体系，实施评价过程管理。
11.2 第三方机构应保持人员管理、评价过程管理的相关记录。